Sebastian Brunner

Gesammelte Erzählungen und poetische Schriften

Sebastian Brunner

Gesammelte Erzählungen und poetische Schriften

ISBN/EAN: 9783743630369

Hergestellt in Europa, USA, Kanada, Australien, Japan

Cover: Foto ©ninafisch / pixelio.de

Weitere Bücher finden Sie auf **www.hansebooks.com**

Gesammelte
Erzählungen
und

poetische Schriften.

Von

Sebastian Brunner.

Der Wahrheit eine Gasse, dem Recht, der Ehrlichkeit,
Und keine Furcht vorm Hasse der Niederträchtigkeit,
In meiner Feinde Schaaren, da ist kein Ehrenmann,
Und nie als Freunde waren mir Schufte zugethan.

Dreizehnter Band.
Woher? Wohin?
Neue Folge. III.

Regensburg.
Druck und Verlag von Georg Joseph Manz.
1866.

Woher? Wohin?

Geschichten, Gedanken, Bilder und Leute

aus meinem Leben.

Von

Sebastian Brunner.

Neue Folge. III.

Regensburg.
Druck und Verlag von Georg Joseph Manz.
1866.

Vorwort
zum fünften Bande.

Der Inhalt dieses Bandes wird zunächst aus „Bildern" und „Gedanken" bestehen, wie solches auf dem Titel angekündigt worden ist.

Zuerst erscheinen einige kleinere Reiseskizzen (größere Reisebilder aus Italien, Frankreich und England hat der Verfasser unter verschiedenen Titeln in 5 Bänden in der Hofbuchhandlung Braumüller zu Wien herausgegeben); dann kommen Aufsätze über religiöse und sociale Zustände, Betrachtungen über den sehr bedenklichen Charakter verschiedener Allarmtrompeter gegen die Kirche und das Christenthum, wie solche in neuerer Zeit aufgetaucht und wieder untergetaucht sind, sammt Polemiken gegen Literaten, die sich in den Kopf gesetzt haben, Standhaftigkeit und Frechheit im Lügen, Verläumden und Schmähen seien ganz besondere und sehr achtenswerthe Merkmale eines aufgeklärten und freiheitliebenden Bewohners des neunzehnten Jahrhunderts.

Betrachtungen über einige Phasen der verschiedenen Revolutionen im Jahre 1848 wurden hier veröffentlicht, weil wir im Jahrhundert der Revolutionen leben, und die Leute in großen Städten, wenn selbige mit dem Gährungsstoff imprägnirt sind, überall eine große Aehnlichkeit miteinander haben. Das arme vom Wind der Schlagwörter hin und her bewegte Volk wie es Shakspeare im

Julius Cäsar schildert, bleibt sich überall gleich. Die aufgeregten Massen werden von den Treibern wie Thierheerden behandelt, und immer dorthin getrieben, wo die Treiber sie eben benöthigen.

Wer die Handlungsweise der wüthendsten Gegner der Kirche und des positiven Christenthums betrachtet, der kann den Ausspruch verstehen lernen: „Aus ihren Früchten werdet ihr sie erkennen." Ich habe mit vielen dieser Herren zu thun gehabt und in der Regel konnte ich mich im Kampfe mit demselben über eine pedantische Gewissenhaftigkeit und Ehrlichkeit von ihrer Seite nie beklagen; das positives Sittengesetz scheint ihnen ebenso lächerlich vorzukommen wie das positives Glaubensdogma, und in dieser Weltanschauung begründen sie das, was sie Glaubens= und Gewissensfreiheit nennen.

Wenn Professoren auf ihren Kathedern

für die Pavian=Theorien der Menschengenesis wirksam sind, so sucht eine große Zahl der früher bezeichneten Herren durch eine eben so unverschleierte und ungekünstelte wie auch sehr gelungene Brutalität, für die Abstammung aus der Thierwelt Beweise liefern, und für diesen Aberglaubenssatz Anhänger gewinnen zu wollen.

Wer der Wahrheit und dem Recht ehrlich und entschlossen dient, der wird wohl oft überschrieen werden, aber sich nicht einschüchtern lassen, er wird oft von der Brutalität niedergeworfen werden, er wird aber auch wieder aufstehen, das Vertrauen auf eine höhere Macht wird ihn erheben, während jeder scheinbare Sieg, den ein Mensch im Bunde mit der Niederträchtigkeit erringt, diesem nur einen neuen Stachel ins Gewissen bohrt. In Anbetracht vieler Gegner konnte ich das Kämpfen nur für eine schwere Pflicht, nicht aber für ein Vergnügen halten, und ich habe oft meine Person den Insulten vollendet gewissen= und ehrloser Menschen Preis gegeben, wenn ich meinte, es könne der Sache der Wahrheit und des Rechtes dadurch ein Dienst erwiesen werden.

Wenn betreffs der hier vorkommenden Betrachtungen über den ungebührlich von den Neu=Juden und ihrem Anhange vergötterten Heine hie und da ein christlicher Judenlakei sich aufhalten sollte, so wollen wir diesem Eiferer für die gute Sache schon im vorhinein ein jüdisches und zwar rabbinisches Urtheil über denselbigen Dichter entgegenstellen. Der Rabbiner Philippson sagt in seiner Allg. Juden=Zeitung im Blatt vom 19. April 1858 (nachdem derselbe Rabbiner in demselben Blatt 1855 Heine als den „größten Künstlergeist" gelobt und von ihm ausgesagt hat: „daß, wenn er auch ein frivoler Dichter, doch immer ein wahrer Jude gewesen sei)" Folgendes:

„Es war für Heine ein Unglück, daß sein Geist vorzugsweise eine epigrammatische Richtung nahm, und sich in Witzeleien gefiel. Nachdem er diesen Pfad betreten, schwand aller Ernst aus ihm und jede tiefere Empfindung kannte nur den Zweck, um so mehr in ein witzelndes Epigramm umzuschlagen. Daß er hierdurch seine ganze schöpferische Kraft veröbete, wie er durch ausschweifende Lebensart seinen kerngesunden Körper verheerte, war die gerechte Strafe, welche die Sittlichkeit an ihm nahm. Es war das Unglück Heines, daß er ein ins Französische übersetzter Deutscher war, lange zuvor in seinem Geiste, ehe sein wirklicher Lebensgang ihn dahin brachte."

„Daß die jüdische Jugend, und zwar

gerade der intelligenteste Theil derselben sich dieser Heine'schen Richtung zuwandte, war ein großes Unglück. Hierin liegt die wahre Ursache der in ihr herrschenden Irreligiosität."

"Natürlich ist es, daß aus der Heine'schen Richtung sich dann die Kladderadatsch=Literatur als Schößling herauswand, die Sentimentalität und das tiefere Wesen des ursprünglichen Heine waren verflüchtigt, und es blieb nur die Witzelei übrig; der glänzende Esprit war zu Flimmerstückchen zerfallen."

So redet nicht vielleicht ein orthodoxer, sondern ein Reform=Jude und Reform=Rabbiner erster Classe selbst über Heine, ein Umstand, der unsere Urtheile über diesen letzteren genugsam decken mag. In der That ist Heine wie es der obige Rabbi sagt — das Vorbild der jungjüdischen Schreiber; — den Mangel an Witz wissen diese frommen

XII

Jünger durch eine doppeltgezwirnte Frechheit zu ersetzen, und an Bosheit und Schmähsucht habe viele schon ihren Meister weit überflügelt. Daß auch viel Christen den in moralischen Koth eingetretenen Fußstapfen Heines nachgehen, ist ohnedieß bekannt.

Sollte der Verfasser noch einige Jahre leben, und andere Begebenheiten, die in seinem Lebenskreise vorgekommen sind, zum Erzählen reif werden, so gedenkt er über dieselben in der bisher geübten Weise einen ferneren Bericht zu erstatten.

Wien, den 20. Januar 1866.

Das polnische Rom.

> Es wird gewöhnlich Krakau
> Genannt das polnische Rom,
> Weil hier in allen Straßen
> Sich reihet Dom an Dom;
> Doch mag man es auch heißen
> Fast eben so bequem
> Ob seinen Judenmassen
> Polnisch=Jerusalem.

Wer hat noch nicht gelesen oder gehört von der alten Residenz=, Krönungs= und Begräbnißstadt der polnischen Könige? Krakau hat aufgehört Residenzstadt und Krönungsstadt zu sein — nur Begräbnißstadt der Könige von Polen ist es geblieben bis auf den heutigen Tag, und wird es so lange bleiben, so lange dort die Gebeine der Könige in ihren Särgen ruhen. Der Tod behält am längsten sein Recht.

Krakau ist der letzte Vorposten der deutschen Kunst gegen Nordost. Wann man begonnen hat, die Stadt das polnische Rom zu nennen, kann ich nicht angeben. Es muß diese Titulatur aber schon vor 126 Jahren sehr gebräuchlich gewesen sein; denn im Jahre 1740 sagt der alte Iselin, indem er über die Gründung der Krakaueruniversität berichtet, Folgendes: „Die Universität wurde anno 1364 von dem Könige in Polen, Casimiro I. angelegt, allein von Uladislao Jagellone anno 1400 erst völlig zu Stande gebracht und von Urbano V. confirmiret; da dann die Professores aus der Sorbonne geholet wurden, weßwegen die Universität Sorbonne genannt wird, gleichwie man Krakau das polnische Rom nennet."

Durch Vermittlung der Eisenbahn ist eine Reise von Wien nach Krakau zu einer Spazierfahrt geworden; — der Weg dahin kann mit dem Eilzug in vierzehn Stunden zurückgelegt werden. Vorliegende kleine Abhandlung über Krakau wird durchaus nicht das Gebiet der Oberflächlichkeit verlassen, sie ist nur dazu bestimmt, einen Fingerzeig auf die Masse von Kunstschätzen zu geben, welche in jener Stadt noch ungekannt — unbeschrieben, unerörtert und unbeachtet — im Staube liegen. Hier in dieser Stadt mögen Kunstkritiker ein Material auf viele Jahre finden.

Im August 1858 als mich eben Baron Philippsberg (Gesandter Oesterreichs in Hessen, früher in der Schweiz und in Carlsruhe), ein tüchtiger Kunstkenner besuchte, kamen wir auf Krakau zu sprechen und zum Entschluß, diese merkwürdige Stadt anzuschauen. Gleich am Morgen darnach rollten wir auf den Schienen gegen das alte Polenreich zu.

Der Weg bietet nichts Erquickliches dar. Das österreichische Marchfeld hat wegen seiner ungeheuren Langweile weithinige Berühmtheit erlangt. Auch das alte Mährenreich ist mit Weltwundern nicht absonderlich ausgestattet. Originelles wird demnach blutwenig dargeboten. Eine unglaubliche Masse von polnischen Juden, theils im schwarzen Talar, theils im bunten quadrilirten Schlafrock summst an den Stationen bei den Waggons dritter Classe bienenschwarmartig aus und ein; so daß diese Waggons Bienenstöcken gleich sind — nur mit dem Unterschied, daß dieselben nicht sehr nach Wachs und Honig riechen mögen. In Bisenz haben sich ein Paar Störche vorgenommen, die Aufmerksamkeit der Reisenden auf sich zu ziehen. Die beiden Wandervögel haben auf dem hohen Dampfrauchfang einer stillestehenden Fabrik ihr Nest hergerichtet — und sehen, auf ihren langen Beinen stehend, in hochmüthiger Storchenposition auf die vorbeirollenden Wagenburgen herab, als ob sie sagen wollten: „Bildet Euch nichts ein auf euren Dampf — das können wir Alle weit besser und geschwinder; wir brauchen keinen Tunnel, keine Brücken, keinen Damm, keinen Durchschnitt und kein Holz, uns sind Meeresuntiefen so gleichgültig, wie hohe Felsenzacken; auch kommen wir nicht aus dem Geleis, und stossen nicht aneinander — in hoher Luft liegen unsere Schienen, und unser Geschäft rentirt sich gut — so lange es Froschteiche und Krötenpfützen gibt — dort sind wir die Börsenkönige und holen uns mit sicherm Blick und festem Stoß unsere Opfer heraus: unbekümmert um Geschrei und Gequack des grünhosigen Gesindels, welches froh sein soll, daß wir uns manchmal zu demselben herablassen, und dann es an uns heranziehen, um es zu erhöhen." So wenigstens habe ich mir die tiefsinnige Rede ausgelegt, welche das Storchenmännlein vom hohen Rauchfang herabklapperte, während der Zug auf der Station Bisenz einige Minuten anhielt.

Ja — die Störche reden nicht nur, sondern sie halten sogar Reden, wer daran zweifelt, der lese das Büchlein: Pflichten gegen die Thiere von J. J. Ziegler, herausgegeben vom Münchnerthierschutzverein; daselbst steht Seite 7 wörtlich Folgendes: „Alle Thiere haben eine Sprache, wenn auch diese Sprache nicht für alle Gegenstände eigene Worte hat, wie die menschliche." „Störche halten lange Reden, drücken ihren Beifall oder Mißfallen aus über das Vorgebrachte."

Während ich so nachdachte über die Grundsätze einer neuen Grammatik für Störche, ging es immer weiter und weiter, in einigen Stunden über zwanzig Meilen weit, als an dem Stationsplatz Chibi in Schlesien eine Gesellschaft von viel vollkommener redenden Störchinen beisammen stand — Bäuerinen aus der Umgegend in purpurrothen Strümpfen; ein in dieser Gegend an Sonntagen übliches Bekleidungsstück. Zu Dzbiebitz, hart an der Grenze von Preußisch=Schlesien, zeigte sich der Inhalt eines preußischen Militärwaisenhauses aus Pleß; die armen Jungen waren zu ihrem Sonntagsausgang auf den Bahnhof hieher befohlen, und gewährten einen mitleiderregenden Anblick. Bleich und erfroren mit dünnen Blousen, leinenen Beinkleidern, viele unter ihnen barfüßig, todt, ohne alles jugendliche Leben standen diese armen Buben da, ein wahres Jammerbild; aber — an der Wand lehnte ihre schwarzweiße preußische Fahne, und einer trug die Militärtrommel! Der Verfasser würde Anstand nehmen, dieses zu schreiben, wenn es nicht seine eigenen Augen gesehen hätten. In Oesterreich wird bei den armen Waisenknaben mehr auf das reele Leben geschaut — sie haben zwar keine Trommel, aber volle Suppen= und Fleischtöpfe, keine Fahnen, aber gute Schuhe an den Füßen.

In Oswiecim fängt das Polenreich an — ein Umstand, der durch eine erstaunliche Masse von polnischen Juden angekündigt wird, welche hier zu Lande scherzweise „die polnischen Herrschaften" genannt werden, ein Titel, der übrigens mehr und mehr im Ernst als im Scherz genommen werden kann.

Kaum ist man im Bahnhof zu Krakau ausgestiegen — als auch schon ein Rudel wortreicher Juden sich zu allen möglichen Diensten anbietet; man hat seine Noth, sich ihrer aufdringlichen Zuvorkommenheit zu erwehren. Die Fiaker befinden sich in einem gewissen Urzustande. Ausgemusterte schwerfällige Herrschaftskaleschen — taubenkobelartige Kästen sind ihre Fahrzeuge. Was ihnen an Wetteifer in Eleganz mit den Großstädten abgeht — das suchen sie in der Spannung der Fahrpreise wieder auszugleichen. Als erstes Hotel Krakaus rühmte man den goldenen Anker, auch Hotel Voller genannt. Unterm Thor wird man von einem Juden empfangen, der seine Dienste mit der vertrauenerweckenden Bemerkung anbietet: daß er der Hausjude sei, auf den man sich verlassen könne; neben ihm steht ein kleiner ad latus Hausjude, wahrscheinlich des Alten hoffnungsvoller Sohn.

Als einheitliches gothisches Bauwerk kann, als die Perle Krakaus, die Marienkirche genannt werden. Ein gothischer Bau von imposanter Größe und wunderbarer Schönheit. An der Fronte zwei von einander sehr verschiedene Thürme, die Spitze des einen ziert eine kolossale vergoldete Krone aus Bronce. Die Kirche verdient ein volles Buch; denn man kann schon sagen: es gibt kaum in Deutschland ihresgleichen. An kunstreichen Holzschnitzereien und an höchst originellen Bronce-Basreliefs, die hier in der Form von Grabsteinen sehr im Schwunge waren, wird sie sicher nirgend überboten. (In Amiens fand ich ähnliche.) Der holzgeschnitzte Flügelaltar im Presbyterium, groß, prächtig erhalten, sucht seines Gleichen. Die Chorstühle mit Basreliefdarstellungen aus Christi Leben, im sechzehnten Jahrhundert angefertigt, sind so schön, daß aus derselben Zeit wenig Besseres geliefert worden ist. Die kunstreichsten Holzschnitzereien in kleinen Figuren finden sich an den Seitenaltären oft hinter Bildern versteckt. Die feinste alte Glasmalerei an den Fenstern ober dem Hochaltar; Broncelufter aus dem fünfzehnten Jahrhundert, wie man ähnliche schon eine Weile suchen kann. Am Ende des Schiffes der Epistelseite paralell mit dem Hochaltare, ein großes Altarblatt aus Silber ciselirt — Jerusalem darstellend; es wird Benvenuto Cellini zugeschrieben. Viele Seitenkapellen im reichen originellen Schmuck. Kurz hätte Krakau nur die Marienkirche allein, so wäre diese schon geeignet der Stadt einen Weltruhm zu verschaffen.

Am auffallendsten sind die schon erwähnten Grabplatten aus Bronce in Grabsteinform, sie liegen nie auf dem Boden, sondern sind entweder stehend oder liegend an den Seitenwänden der Kapellen eingemauert. Meistens finden sich darauf Rittergestalten entweder in mehr als halberhobener Arbeit, oder auch eingegraben wie die kolossale Platte eines Kupferstichs. Es war hier Sitte, sämmtliche Ritter und Krieger auf Stein und Bronce nicht in der ruhigen Lage des Todes, sondern in der Stellung eines auf die Erde geworfenen aber wieder aufstehen wollenden Kriegers darzustellen, so zwar daß immer ein Knie so erhoben ist, daß der Fuß einen spitzen Winkel bildet. Die meisten dieser Grabplatten finden sich in der Marien- und oben in der Domkirche; sie sind aber keineswegs eine Dutzendarbeit, sondern lassen auf eine vor Zeiten stattgefundene Kunstblüthe hier zu Krakau schließen, wie wir Beweise für eine ähnliche in keiner der deutschen Residenzen aufzutreiben vermögen.

Die Schloß- oder Domkirche, ist was ihre Einheitlichkeit anbelangt, derartig aus allen Fugen gerissen, oder vielmehr sie ist ein Comglomerat von so verschiedenen Kapellen, Kunstgegenständen und Monumenten, alles von einander abgeschlossen — daß man in der Kirche selbst nur immer kleine Räume zu übersehen vermag. In der Mitte der Kirche steht — wie in Maria Einsiedeln in der Schweiz, oder wie in Mariazell in Oesterreich, eine eigene Kapelle mit dem Silbersarge des heiligen Martyrers und Bischofs von Krakau Stanislaus. Der Sarg wird von vier silbergegossenen Engeln getragen, oben Infel und Stab aus Silber. Die Arbeit nicht anziehend, weil schon aus der Zeit bedeutenden Kunstverfalles. Der Chor ist mit einer Steinwand ganz abgeschlossen, und der Kapellenkranz läuft wie ein großartiger Corridor um denselben herum.

Der Hauptpunkt der ganzen Kirche befindet sich beim Eingange rechts. Hier die Grabkapelle polnischer Könige, die auf rothem Marmor ausgehauen mit langen Bärten und der polnischen Königskrone geschmückt auf ihren Sargkisten ruhen. In dieser Kapelle steht ein ganz unbeachteter verstaubter für gewöhnlich geschlossener Flügelaltar von großem Werthe.

Vor dieser Kapelle ist eine Fallthür aus Erz; sie muß aufgehoben werden und es führt eine Stiege in die Gruft — die ursprünglich, wie aus den Steinsäulen noch zu ersehen, eine Krypta gewesen und aus dem zwölften Jahrhundert, vielleicht noch früher herrühren dürfte. Die Särge, welche hier stehen, sind zwar prachtvoll und reich mit purem Gold geschmückt, Kunstwerth haben sie aber keinen. Hier ruhen Johann Sobiesky, ein Mann, dessen jeder Wiener mit besonderer Dankbarkeit sich erinnern muß — dann Thaddäus Kosziusko und Joseph Poniatowsky.

Was für ein Hochgefühl mag Sobiesky empfunden haben, als er über den Kahlenberg zum Entsatze Wiens mit seinem Heere herabgehen wollte — und als er sah, wie die Türken kaum ansichtig der Heeresmasse, die mit ihren silbernen Speeren und Panzern wie ein rollender Strom über den Bergabhang herabzufließen begann — wie diese gefürchteten Türken von panischem Schrecken erfaßt augenblicklich zur Flucht ihre Zuflucht nahmen.

In der That, man darf es einem Polen nicht übel nehmen, wenn er hier in der Grabeshalle, in der Todtenluft seiner großen Männer — traurig wird. Es ist eben eine Zeit, die vorübergegangen, das Leben war aus der Nation gewichen, wie das Blut aus einem Organismus, sie hatte aufgehört lebensfähig zu sein; nachdem sie schon längere Zeit todesfähig hinsiechte. Es ist ein polnisches Sprüchwort: „Wo drei Polen beisammen sind, hat man fünf Meinungen," oder: „Aus Sand kann man keine Peitsche flechten."

Hier in der Königsgruft mag man vorerst seinen Gefühlen freien Zug lassen — dann kann man sich aber auf die treffenden Worte erinnern, die Bogumil Goltz in seiner Charakteristik der Polen spricht:

„Polen verendete wie einst Rom an seiner eigenen Elendigkeit, an seiner innern Unmacht. Politisch genommen war Polen nur noch ein in Zuckungen liegender Körper; der russische Koloß gab ihm mit einem Gnadenstoße ohne Anstrengung den Rest. Polen verendete an seinen beispiellos widersinnigen Institutionen, an seiner Unvernunft, seinem innern Zerwürfniß, seiner nackten baaren Natürlichkeit, durch welche es hinter der Civilisation, Cultur und Politik aller Nachbarstaaten und mit Ausnahme der Türken hinter ganz Europa zurückblieb: so daß der polnische König Sobiesky den letzten ritterlichen Fürsten repräsentirt, ritterlich nicht bloß in abenteuerlicher Tapferkeit, wie Karl XII. bei Schweden, sondern in großmüthiger Gesinnung, und in höchst unpolitischer Resignation." — —

Der polnische Kirchendiener versucht es mit seinem Deutsch selbst in diese düstern Hallen, die so sehr geeignet sind, ernste Gedanken in Fülle anzuregen — einige komische Blitze hereinzubringen. So sagte er unter anderm an Einem der Königssärge, indem er auf einen in der Mitte stehenden Sarg hinwies: „Dos is Mon von derer burt in große Trugel mit klane Trugel bei Fieß." (Das ist der Mann von der dort in der großen Truhe mit der kleinen Truhe zu ihren Füßen.) Wie bespektirlich werden todte Könige behandelt! In einer fürstlichen Begräbnißkapelle — wo von Canova eine trauernde Frauengestalt in Marmor — vor Schmerz in sich selbst zusammengebrochen dasitzt, erklärte derselbe Führer: „Is schöne Figur, mochte Canova" (von Canova gemacht.) Am verständlichsten wußte übrigens dieser polnische Jüngling sich am Schluße des Herumführens auszudrücken, als die Zeit des Trinkgeldes heranrückte, indem er auf eine durchaus nicht melancholische sondern sehr zufriedene Weise auf die Theilung Polens anspielte, mit den Worten: „Bittine sans uns viere zum dahln." (Es sind unser vier zum theilen.) Uebrigens war diese zarte Anspielung in einem sehr naiv-gemüthlichen Tone hervorgebracht. Denn so lange ein Pole überhaupt gut aufgelegt ist, gehört große Artigkeit zu den Haupttugenden desselben.

Neben der Kapelle mit den Königssärgen eine

ganz im modernen Styl gehaltene, prächtige Kapelle, Marmorwände, kostbare Teppiche, mit Standbildern des Grafen Potoki und der Gräfin Potoka von Thorwaldson. Canova und Thorwaldson sind hier in dieser Kirche oft vertreten. Tadellose Gestalten, heidnisch schön — aber durchaus nicht christlich, durchaus unpassend für eine alte gothische Kirche, und wie bei einer dieser Statuen ein alter Canonicus von Krakau sehr gut bemerkte: „Paßt eher für ein Gartenhaus, als hieher."

Lauter marmorne Verzweiflung in schönen Menschenleibern, polirtes Heidenthum — Gestalten voll Schmerzen und ohne Trost!

Eines muß aber an diesen polnischen reichen Cavalieren hervorgehoben werden — es ist die ritterliche Liebe zu ihren Frauen — auch nach dem Tode derselben, man findet das nicht überall, es gibt sehr hohe, reiche Aristokraten aus hohen, klangvollen und uralten Familien — die viel viel Geld ausgeben — ihren verstorbenen Frauen aber Kunstdenkmale zu setzen, fällt ihnen nicht ein, oder — es findet sich Niemand, der sie darauf aufmerksam macht.

Das berühmte goldene Dächlein zu Innsbruck findet hier eine entsprechende Uebersetzung ins Polnische. Die Jagellonische Kapelle, deren rundes Kuppeldach aus großen Bronceschuppen stark vergoldet Jahrhunderte lang dem Schnee und Regen trotzt, und das in der Kirche drinnen geschonte vergoldete, ähnlich geformte Dach auf der in der Mitte freistehenden Kapelle des heiligen Stanislaus.

Auch wird hier merkwürdiger Weise eine Kapelle gezeigt — welche die Toiletten=Kapelle der Könige vor der Krönung war; oder besser gesagt die Königssakristei, denn die Krönung war ein ritueller kirchlicher Akt — und der Krönungsmantel galt als eine Art Kirchengewand.

So ist nun in diesem wundervollen Bau — der zugleich ein polnisches Nationalmuseum abgibt, Kapelle an Kapelle geklebt (es sind deren sechzehn) — wie in einem großartigen nach und nach entstandenen Wespennest, es gibt da eine Masse von einzelnen Wunderdingen an Kunst und Schönheit — aus allen Baustylen, aber von Harmonie oder auch nur von der Möglichkeit eines Ueberblickes keine Spur. Man sieht höchstens immer nur einige Klafter weit vor sich hin.

Auffallend ist der Broncereichthum an Grabplatten und an Kapellengittern und Altarbalustraden — Krakau muß vortreffliche Erzgießer besessen haben. Vor dem Hochaltar liegt eine mächtig große Erzplatte mit eingegrabener Zeichnung und Inschrift. Unter ihr ruht ein Cardinal — dessen Namen ich früher nie vernommen — und den ich auch wieder vergessen habe. Der Bischof von Krankau führte in der Zeit der Könige den Titel: Herzog von Severien.

Im Domschatz werden die Krönungsmäntel der polnischen Könige aufbewahrt. Die Kirche selbst benöthigte vor allem andern eine Entfernung der rothen Behänge aus scandalös zerrißenen Sammt- und Seidentapeten, in deren Anbetracht einem unwillkührlich das Wort in den Mund kommt: „Herunter mit diesen Fetzen."

Der Thurm enthält die größte Glocke Polens, Sigmundsglocke genannt. Wegen dieser auf den halsbrecherischen mehr plumpen Leitern als Stiegen ähnlichen Holzgerüsten hinaufzuklettern, lohnt sich nicht der Mühe — während die Aussicht hier oben immerhin mitzunehmen und für Polen auch hinlänglich schön zu nennen ist.

Außer der Erzgießerei muß hier auch das Schlosserhandwerk, über das Handwerk hinaus auf einer gewissen Kunsthöhe gestanden sein. Es dürfte kaum irgendwo eine so große Masse ganz vorzüglich und höchst originell gezeichneter eiserner Thüren und Thore an Kirchen, Pallästen und öffentlichen Gebäuden zu finden sein, wie hier in Krakau.

Da sollen Architekten herkommen, hier können sie etwas lernen; und zwar durch einfaches Nachzeichnen, Schlosser zum Ausführen einer solchen Zeichnung muß man sich freilich auch erst heranbilden. Unsere eingebildeten Industriellen verschiedener Gattung dürften überhaupt öfter — ohne daß es ihnen Schaden brächte, zu den Alten in die Schule gehen.

Von außen macht die Schloßkirche gar keinen besonderen Eindruck. Am Hauptportale hängen einige Mamuthsknochen, die bei einem alten, kleinen und dicken Kirchendiener in besonderer Verehrung stehen, denn er unterläßt es nicht, so oft ein Fremder in die Kirche eintritt oder aus derselben herausgeht, mit den oft hintereinander ausgesprochenen Worten „Mamuth, Mamuth" auf dieselben hinzuweisen. Der Mann ist eigentlich ein großer Chemiker — denn er versteht aus den tausendjährigen Knochen doch noch einiges Fett herauszupressen; das Wort Mamuth im polnischen Accent mit dem Schwerpunkt auf der letzten Sylbe heißt nämlich auf deutsch: „Ich ersuche sie um einige Kreuzer oder Kopeken, denn auch Mamuthe wollen nicht umsonst hergezeigt sein." Was läßt sich oft mit einem einzigen Wort alles sagen!

Das ehemalige Königsschloß auf dem Wawelberge dient jetzt als Kaserne. Der Scenenwechsel ist eben die Weltgeschichte, und wenn alles beim Alten bliebe, so wäre Adam und Eva noch im Paradies.

Festungsmauern mit Schießscharten umringen das ganze Gebäude sammt der Schloßkirche — und die Aussicht ringsum ist erquicklich. Die Weichsel zieht sich durch grüne baumreiche Ebenen und im Hintergrund ragen die Berge empor;

unten Krakau mit seinen Vorstädten und seinen lieblichen, schattigen Baumgängen, die rings um die Stadt laufen.

Der verheerende Brand, welcher acht Jahre früher in Krakau gewüthet, hat an Bauten und Kunstwerken einen unermeßlichen und unersetzlichen Schaden angerichtet.

Drei große gothische Kirchen sind durch den Brand Ruinen geworden. Die Franziskanerkirche hat sich aus dem Verfall erhoben. Die mächtige Dominikanerkirche lag noch in Trümmern da, die Wolken des Himmels schauten auf die eingesunkenen Gewölbe, der Gottesdienst wurde in einer noch erhaltenen Kapelle gefeiert. Es war eben das Begräbniß eines Ordenspriesters. In dem Mittelschiff der Kirche mitten unter gewaltigen Steintrümmern von einer eingestürzten Gruft, aus welcher die Särge und viele Todtenknochen drohend heraufsahen — stand eine improvisirte Kanzel aufgeschlagen. Das Volk war zur Predigt versammelt. Frauen und Kinder setzten sich auf die zerstreuten Steintrümmer nieder und die vorne gegen die Kanzel zu standen — hatten die hinter ihnen herandrängenden abzuwehren und zurückzuhalten, um nicht von ihnen in den klaffenden Schlund des Todes durch das eingesunkene Gruftgewölbe hinabgestürzt zu werden.

In der That die schönste Gelegenheit zu einer Bußpredigt, wenn man die Vergänglichkeit in so grellen Thatsachen vor seinen Augen sieht und das Memento mori in vermorschten Schädeln und Todtenbeinen zu seinen Füssen liegen hat. Man wird nicht leicht eine Kanzel finden, die schon an und für sich — ohne erst eines Predigers darauf zu bedürfen — so drohend und mahnend mit knöchernen Frakturbuchstaben den Ausspruch verkündet hätte: „Gedenke Mensch, daß du Staub bist und zum Staube wiederkehren wirst."

Viele Bilder aus der Albrecht-Dürer-Schule sind in den Kreuzgängen noch erhalten worden.

Auf dem Wege zu jener Kirche — die an der Stelle gebaut ist, an welcher der heilige Stanislaus ermordet wurde — zeigt sich wieder eine großartige gothische Kirchenruine. Es wird Einiges an Seitenkapellen — die von reichen

Familien gestiftet sind, restaurirt. Sonst gibt es hier noch viele Kirchen, theils im Zopfstyl gebaut — theils im Zopfstyl restaurirt.

Eine der erstern ist jene der Bernhardiner. Die Säulen des Hochaltars sind mit Gold- und Silberblech überzogen. Ein fürchterlicher, höchst unangenehmer Anblick. Dafür hat diese Kirche aber Holzschnitzereien an Bilderrahmen, die ihres Gleichen suchen an zarter, sinniger Behandlung verschlungenen Laubwerks. Interessant ist aus dem siebenzehnten Jahrhundert ein großes Bild — in der Mitte der Sündenfall und ringsum in ungefähr zwanzig Scenen, Darstellungen eines Todentanzes nach dem Holbeinischen Muster.

Die werthvolle Sammlung sarmatischer Alterthümer in der erzbischöflichen Residenz ist leider ein Raub der Flammen geworden.

Die Jagellonische Universität kann auch in ihrer Art ein Unicum genannt werden. Der Hof ein Venetianischer Dogenpallast in Miniatur, gothische Erker-Ballustraden — eine hohe gothische Kanzel, wahrscheinlich zur feierlichen Proclamation der Doktoren bestimmt. Kaum waren wir

in der Halle des Universitätshofes — als ein
Rudel polnischer Juden, die uns aus der Ferne
von der Strasse in die Universität hineinschreiten
sahen, nachfolgte, und dienstfertig und handelge-
schäftig sich um uns herumtrieb.

Die Vorstadt Kasimierz gehört zu einer der
größten Raritäten Krakaus — sie ist das lebendige wimmelnde Nationalmuseum der polnischen
Juden, die hier in den Erdgeschoßen links und
rechts ihre Trödelhöhlen besitzen; wahrhaft besitzen, denn drei bis zehn Männlein und Weib-
lein sitzen darin lauernd, und stürzen auf den
Fremden und jeden, von dem sie vermuthen: es
könne ein Geschäft mit ihm gemacht werden.

Daß man uns nicht den Vorwurf mache:
wir übertreiben oder schildern Kasimierz partheiisch,
wollen wir einige Zeilen eines Correspondenten
der Allgemeinen Zeitung (Nro. 70. Beilage 1858)
darüber folgen lassen. Er sagt: "Wirklich läßt
auch der erste Eintritt in diesen Stadttheil keinen
Zweifel, wo man sich befindet, denn vom ersten
bis zum letzten Haus wird man von den Bewohnern förmlich überfallen, und wohl ist es

jedem Fremden anzurathen, sein Augenmerk auf seine Taschen zu richten, damit nicht unberufene Hände sie erleichtern. Die Trottoirs wimmeln von Menschen und will man nicht fortwährend gestoßen und getreten werden, so muß man auf dem schlechten Pflaster des Fahrwegs gehen. Mit der größten Zudringlichkeit fassen Juden Vorübergehende, besonders wenn sie mit dem ihnen eigenthümlichen Scharfblick Fremde in ihnen zu erkennen glauben, bei den Armen oder Kleidungsstücken an, so daß man oft genöthigt ist, Gebrauch vom Stock zu machen, was sie — daran gewöhnt — nicht übel nehmen." — —

Sich des Stockes als Abwehr zu bedienen — war unserer Ansicht nicht gemäß. Ein halbmodernisirter Judenjunge von fünfzehn bis sechzehn Jahren bot uns als Cicerone gerade vor der Judenstadt seine Dienste an. Er trug nicht den Kaftan und den hohen Hut — auch baumelten an seinen Schläfen nicht die beliebten Stöpselzieher-Locken (Peißen genannt,) er trug eine auf dem Hinterhaupt hängende Kappe, der Schirm derselben, seiner Schneide nach gegen den Himmel

gerichtet, einen langen Frack, ausgefranztes Bein-
kleid, schiefgequätschte Stiefel und in der Hand
ein Stäbchen, welches er mit großer Eleganz und
Leichtigkeit stutzerähnlich zu schwingen versuchte.

Mein Herr Begleiter unterhandelte mit dem
Jungen, wie folgt: „Wir können dich nur brauchen, daß du uns sämmtliche Juden vom Leibe
hältst — willst du das thun, so wirst du dafür
bezahlt!"

Der Junge ging sogleich auf den Vorschlag
ein — und entledigte sich seines Auftrages mit
vieler diplomatischer Klugheit, indem er vor uns
herging, und mit den lieblichsten und freundlichsten
Mienen von der Welt seinen wie Fische in einem
Teich auf hineingeworfene Brodsamen — heran-
fahrenden Stammesgenossen immerfort sagte: „Die
Herren kaufen nix, die Herren kaufen nix!" —
Das sagte er aber ja nicht barsch oder laut,
sondern in fast flehentlicher Stimme, doch wichen
aber die Judenfrauen und Judenmädchen zurück,
denn sie hatten es gleich los: Der Maxl Beer
führt Fremde herum und kann sich auch ein paar
Groschen verdienen. Sonst war Maxl sehr dienst-

fertig. Es begann zu regnen — wir flüchteten in die Bernhardinerkirche; der Bursche besorgte in Eile trotz des dichtfallenden Regens einen Fiaker; und er mußte ihn ziemlich weit herholen.

So lernt man es durch Thatsachen verstehen, wie leicht sich die polnischen Edelleute das Bedürfniß eines dienstfertigen Hausjuden, der als Faktotum in allen nöthigen und vielen unnöthigen Angelegenheiten dient — derartig angewöhnen, daß ihnen der Hausjude am Ende unentbehrlich ist. Diesen Hausjuden des Edelmanns schildert Goltz ergötzlich genug, wie folgt:

„Der Pole stellt sich in der Regel als ein manierlicher Ehemann und zärtlicher Familienvater dar; aber einen Juden hat er sich an die linke Seite getraut. Mit seinem Faktor lebt er im ökonomischen Concubinat. Dieser muß ihm, wenns nach dem alten Lebensstyl hergeht, den Warschauerschlafrock und die russischen Saffianpantoffeln kaufen, er muß ihn aus- und anziehen, wenn der Pflegebefohlene im Ungarwein betrunken ist, ihn rasiren, vor sein Bette kommen, ihm guten Morgen und gute Nacht sagen, ihm gratuliren und condoliren, die Stadt- und Dorfzeitung erzählen, er muß ihn in Wichs und in Negligée bewundern, ihm die Lotterieloose besorgen, ihm das Gesinde und die Hausoffizianten miethen, Pferd und Wagen erhandeln, die Gouvernante, den Hauslehrer und mitunter auch die zukünftige Hausfrau in Vorschlag bringen, ihm Karte legen und endlich auch Morisons Pillen und Palliative vorschmecken. Das israelitische Faktotum ist es, welches des Polen schwindsüchtige Börse spicken, seine Projekte berathen, seine Intriguen verspinnen, seinen Zorn ertragen, seine Großmuth profitiren, sich abwechselnd foppen, kajoliren und mißhandeln lassen muß. So sind beide Racen eigentlich ein Sinn und ein Herz. Ohne Juden fehlt zumal dem polnischen Landedelmann sein Instrument, sein Witz, sein Schatten, sein anderes Ich. Und so verderben sich beide gegenseitig bis zu dem Grabe, wo Laster und Unmacht wieder in Naivetät, Poesie und Gemüthlichkeit übergehen, wenigstens scheint es dem Polen so."

Unter den hunderten der Verkaufsläden von Kasimierz findet man kaum ein Paar, die solide

Waare zur Schau bringen — es ist durchwegs Trödelkram — auch das Neue darunter gehört zu jener Gattung, welche die Juden unter sich selbst mit dem Wort „Povel" bezeichnet.

Auch das sagt mit derberen Worten jener Correspondent über Kasimierz: „Die Läden, einer neben dem andern, sind schmutzige Spelunken, die nur selten einmal von einem sauber eingerichteten Galanterieladen unterbrochen werden."

Im Jahre 1815 waren in Krakau siebentausend Juden, jetzt sollen über zwanzigtausend hier sein. Es ist ein wahres Räthsel — von was diese Leute leben, die man den ganzen Tag über in allen Strassen herumlungern, reden, speculiren und feilschen sieht. Arbeit — ist natürlich ihre Sache nicht. Ihre Anzahl ist in schneller Zunahme, der Kindersegen ganz außerordentlich, in den Häusern wimmelt es wie in Ameisenhaufen.

Wenn man die Juden, d. h. die eigentlichen, specifischen, uncivilisirten, in so großen Colonnen aufmarschiren, in so ungeheuern Massen sich bewegen sieht, kann man wohl an zwei Aussprüche von Bogumil Goltz (in seiner Charakteristik der Juden) denken, er sagt einmal: „Man soll nicht Juden beurtheilen und mit ihnen verkehren, ohne zu beherzigen, daß eben unter diesem Volke der Weltheiland, der Weltlehrer erstand, und daß die Jünger und Apostel Juden waren;" und ein andermal: „Wer einmal Jude ist, dem darf freilich nicht der christliche Standpunkt zugemuthet werden, der kann unmöglich ein Freund der mittelalterlichen Kulturfundamente und jener Zeiten sein, die den Juden wie einen Paria gemißhandelt haben. Uns Christen aber ist es auch nicht zu verdenken, wenn wir in den Juden die Hefen der Gesellschaft, die literarischen Unruhstifter, und die Leute ersehen, die durch ihren frechen Profanverstand unsere christlichen Heiligthümer säkularisiren."

Eine Art polnischem Palazzo della Raggione zu Padua sieht man hier in der Tuchhalle — das Gebäude ist 180 Ellen lang und 28 Ellen breit. Das Erdgeschoße bildet im Innern eine Reihe von ganz außerordentlich schlampichten Marktbuden und Verkaufstischen. Die Gewölbe, vor benen massive Eisenleuchter hängen, sind hoch und imposant. In früheren Zeiten wurden hier Bälle gegeben.

Eine Notiz können wir den Feinschmeckern und Gaumenschmeichlern nicht vorenthalten — es werden ihnen die Zähne wässern, wenn wir ihnen nur eine Mehlspeise beschreiben, welche besonders im Judenviertl unter den Thoren auf eigenen kleinen Tischen — zum Nahrungsbehufe und als besondere Gustosache israelitischer Jugend und Damenwelt, verkauft wird. Wir meinen die runden kleinen Kuchen (in Mähren und Böhmen Gollatschen genannt), welche hier durch ein besonderes weithinduftiges Gewürz aufgemuzt werden. Auf dem süßen Teig liegt zwei Zoll hoch feingeschnitten und bleichgelb jene Wunderblume, die man das Vergißmeinnicht der Juden nennt — und die für gewöhnlich unter dem Namen Knoblauch cursirt. Es läßt sich denken, wie der lüsterne Verspeiser von einem solchen Kuchen mindestens durch zwei Tage lang mit einem dergestalt scharfen gewürzigen Geruch behaftet bleibt, daß es ihm ein Leichtes wird, mit jedem giftathmenden Basilisken eine Wette einzugehen — wer von ihnen beiden, auf eine gleiche Distanz gemessen, einen Menschen durch den tödtlichen Hauch in kürzerer Zeit umzubringen vermag.

In diesen Knoblauchgolatschen wäre somit der entgegengesetzte Pol der indianischen Vogelnester glücklich aufgefunden. Wenn man so in einer Stadt als lernbegieriger Reisender herumgeht, muß man sich auf einen beständigen Wechsel der heterogensten Scenen gefaßt machen.

Es gibt hier auch noch mehrere Frauenklöster. In einer sehr kleinen — ursprünglich, wie aus den vermauerten Thurmfenstern zu ersehen, aus dem dreizehnten Jahrhundert herrührenden Kirche, tönte der Gesang von Klosterfrauen aus dem Chor. Wie im Kirchengesang der Polen überhaupt eine ungeheure Wehmuth liegt — so tönten besonders diese harmonischen Stimmen der Frauen, welche eben Psalmen in lateinischer Sprache sangen — derartig klagend und umflort mit jenen eigenthümlichen polnischen Trauermelodien, als ob dieser Gesang alle Sehnsucht der Weltcreatur nach Erlösung in sich trüge.

Sollen wir den geneigten Leser noch durch die Gänge und Hallen des in Polen sogenannten achten Weltwunders, des Salzbergwerkes von Wieliczka führen, — zweimal so tief als der Wienerstephansthurm, mit ihm unter die Erde hinabsteigen, die Kapelle mit den am Altar knieenden aus Steinsalz ausgehauenen Ministranten besichtigen, und in einem Schiff durch den melancholischen Todtensee fahren? — Nein, denn das Salzbergwerk ist in Pfennigmagazinen, Kalendern, Zeitungen und Jugendbibliotheken schon derartig literarisch ausgebeutet, daß in dieser Richtung — kein Salz mehr aus demselben genommen werden kann.

Nur Eines sei erwähnt. Die erste Viertelstunde waren wir — da der deutsche Führer eben eine andere Gesellschaft herumführte, mit welcher wir dann zusammenstießen — zwei polnischen Führern überlassen. Der eine explicirte unermüdlich polnisch, alles Deuten von unserer Seite, daß wir ihn nicht verstehen, half durchaus nichts. Da war es nun unendlich komisch, wie dieser arme Teufel — in der Meinung: es wäre doch eine Möglichkeit sich uns verständlich zu machen, das Polnische mit so einschmeichelnden und weinerlichen Tönen sprach: daß man den Gedanken in seinen Mienen lesen konnte: „Nun — wenn man es so gut meint wie ich, da müssen sie mich doch verstehen!" — Ein trauriges Leben das Leben der Bergleute, so Tag für Tag da unten in der Nacht zuzubringen.

Da wir noch nicht so glücklich gewesen sind, den polnischen Parnaß kennen zu lernen, uns somit auch keine Blümlein, wie sie ohne Zweifel auf selbigem gedeihen, zu Gebote stehen, so müssen wir zum altbekannten Florentiner unsere Zuflucht nehmen.

Man findet sich beim Heraufsteigen aus den schauerlichen Labyrinthen so angenehm angeregt, wie Dante als er aus der Hölle kam (L' Inferno Canto XXIV.):

> Mein Führer stieg mit mir auf dunklen Wegen
> Hinauf — zur lichten Welt zurückzukehren;
> Wir dachten nicht daran der Ruh' zu pflegen;
> Er geht voran, ich folge seinen Füßen
> Bis uns der Himmel leuchtet klar entgegen
> Und uns die goldnen Sterne freundlich grüßen.

Eine Fahrt ins Krainerland.

Oft schon war ich mittelst der Eisenbahn durch dieses herrliche Land geflogen, ohne davon etwas kennen zu lernen, außer das, was man rechts und links des Bahngeleises mit den Augen erhaschen kann.

Da wollte ich es nun einmal auf ein Naturwunder und auf die Hauptstadt des Landes absehen, und so wählte ich Adelsberg und Laibach zu den Zielpunkten meines Ausfluges.

Am Samstag vor Pfingsten 1859 langte der Train um 11 Uhr Abends in Marburg an — es war eben Hochfluth des italienischen Krieges — und die Wege und Wagen von den Truppenzügen gewaltig in Anspruch genommen. Die Beförderung der Reisenden mußte darum bedeutend langsamer als sonst geschehen, — daß irgend ein Zusammenstoß der Wagen oder ein anderes Unglück ferne bleibe.

Am Morgen des Pfingstsonntages war der erste Weg in die neu restaurirte Stadtpfarrkirche, welche eben zur Domkirche der Lavanterdiöcese bestimmt worden war, und wo man im Verlaufe des Sommers den Einzug des Lavanter Fürstbischofs aus seiner bisherigen Residenz zu St. Andrä im Lavant-Thale erwartete.

Die Kirche war ursprünglich gothisch, wie es aus den noch gut erhaltenen Ribben der Gewölbe und aus der Pfeilerstellung ersichtlich ist. Das Gotteshaus wurde offenbar in der Zopfzeit dem ersten gräulichen Ruin unterzogen, aus jedem der schönen hohen Spitzbogenfenster machte man zwei Fenster, unten ein oblong viereckiges und oben darüber ein halbrundes. — Auch jetzt wurde wieder an der Kirche restaurirt und ist besonders an der Reinhaltung des Gotteshauses, an der Renovirung der Altäre sehr viel guter Wille zu ersehen.

Der Maler, welcher an verschiedenen Stellen der Kirche gothische Pinselübungen anstellte, hat sich die Bewunderung der Kunstfreunde freilich nicht in hohem Grade erworben; — daran ist aber schon deshalb nicht viel gelegen, weil das gothische Exercitium bei nächster bester Gelegenheit überstrichen werden kann und auch überstrichen werden soll.

Im Ganzen macht die Kirche einen guten Eindruck. Die Altäre und die Kanzel sind sehr schön — und die Andacht der Leute wahrhaft erbauend.

In der windischen Pfarrkirche rührte mich der wehmüthig melodische Gesang der slavischen Frauen und Mädchen. Es wurde eben ein Marienlied am Schlusse des Gottesdienstes gesungen, und die Männer unter dem Musikchore beteten zumeist still. Dieses slavische Volk hat für seine Andacht einen Ausdruck, der zum Herzen geht, in den weichen Tönen liegt ein flehentliches Gebet, und das ganze Lied ist ein wehmüthiges, bittendes Weinen.

An einem Hause des Kirchenplatzes ist ein Monument ersichtlich, welches auf eine jener zweideutigen Heldenthaten hinweist, deren sich die galante Nation der Franzosen auch im jetzigen Kriege schuldig gemacht hat, — nämlich die Ermordung eines Wehrlosen eben vor 50 Jahren (1809).

Ober der Inschrift zeigt sich aus Sandstein gehauen das Gesicht eines todten Soldaten — es ist sehr naturtreu — und dem Anscheine nach — nach einer Gypstodtenmaske angefertigt. Die Inschrift besagt wörtlich Folgendes:

„Wenzel Karlik.
Ein Böhme 39 Jahr alt Korporal
des löbl. k. k. Fürst von Hohenlohe Dragoner
Regiments starb am 5. Juni 1809
hier auf diesem Kirchenplatze den
Heldentod fürs Vaterland.
Unter Anführung des tapfern Herrn Majors
von Beigl allarmirte er am obigen
Tage die ganze feindliche Besatzung
in Marburg und wurde, nachdem er sich
von der Draubrücke bis auf den
Kirchenplatz muthig durchgeschlagen
erst durch einen Schuß ins Knie verwundet
und dann als das angeschossene Pferd
unter ihm stürzte und er sich dem
aufgeschreckten Feinde gefangen ergab
von drei feindlichen Infanteristen
durch Flintenschüsse und Bajonnetstiche
wehrlos ermordet!"

Doppelt wehmüthig mußte das Lesen dieser Inschrift in einem Momente stimmen, in welchem Tausende österreichischer Krieger eben mit dem=

selben Feinde im Kampfe begriffen waren auf den Wahlplätzen der durch ein Jahrtausend mit Blut gedüngten Lombardei. So lange die kleinen Länder und Städte in jenem Gebiete bestanden, so lange währten auch perennirend die blutigsten Fehden, und es hat den Anschein, als ob diesem Volke gar nicht gut wäre im Frieden, und ob es die blutigen Tage seiner Vergangenheit so oft als möglich heraufbeschwören wolle, daß dieselben ja nicht in Vergessenheit gerathen.

Die ehemalige Burg ist jetzt das Schloß der Grafen Brandis. Darin eine Lorettokapelle, ganz der wirklichen, selbst in den von dem Mörtel entblößten Ziegeln nachgebildet — mit drei Broncelampen, von denen die mittlere — byzantinisch mit Renaissance-Engelköpfen als Kettenhälter — so außerordentlich schön gearbeitet ist, wie irgend eine jener herrlichen Lampen im Dome zu Florenz.

Der Burghof ist inwendig mit wilden Weinreben umsponnen, und durch eine kleine Pforte geht der Weg außerhalb der Stadtmauer in dunkle Baumgänge hinaus. Man muß geradewegs von Wien kommen, um die balsamische

Landluft der Steiermark würdigen zu können. Eben trugen vier weißgekleidete Jungfrauen eine gestorbene Genossin auf der Bahre in den Gottesacker. Hinterher folgten die weinenden Eltern, die trauernden Gespielen, und beteten, die Rosenkränze in ihren Händen.

Durch alles Weh des Naturgefühls — das erbebt ob der im Tode gebrochenen Menschengestalt, der Blüthe, die der Eisesschauer des Todes vom Lebensbaum herabgestreift — durch allen natürlichen Schmerz der zeitlichen Trennung hindurch der süße Trost, wie ihn gerade am heutigen Pfingstfeste die Kirche im Meßgebete: Veni sancte spiritus (Komm, o heiliger Geist, o komm, gieß von Deines Lichtes Strom einen Strahl auf uns herab) in den Worten der Anrufung des heiligen Geistes ausspricht: „In labore requies, in aestu temperies in fletu solatium." (In der Arbeit gib uns Ruhe, in der Hitze gib uns Kühlung, in der Trauer gib uns Trost.)

Ein wahres Genrebild für einen Maler; — der längst verstorbene Olivier in München hätte es ausführen können, wie kein anderer; er bleibt das größte Genie im Gottesackerzeichnen, seine Friedhöfe sind die lebendigsten Repräsentanten des Todes — man sieht ordentlich die Grashalme und Distelköpfe auf den verwahrlosten Grabhügeln von der leichten Abendluft bewegt.

Hier der üppige Schmuck eines dichten schattigen Baumganges — die grünen Berge und weiter die Alpenzacken im Hintergrunde — die Friedhofsmauer in der Ferne, über welche einige Monumente herausragen, links die üppigsten Wiesen im reichsten Blumenschmucke und rechts das wogende Korn, auf dem wie eine segnende Hand das goldige Sonnenlicht ruht — Vogelgesang in den Zweigen und Zierpen, Sausen und und Brummen von den tausenderlei Insekten und Fliegen, die auch am heiligsten Tage sich keine Ruhe gönnen und ihrem Naturberufe nachleben und mitten durch alle Naturherrlichkeit der Leichnam einer Menschenblüthe — der Geist bei Gott; das bittere Weh im Herzen der Eltern und Geschwistet. — Auf dem schwankenden Sarge eine Blumenkrone, von der flatternde Schleifen hingen aus rosenfarbener Seide.

Wie es einem in der Fremde häufig zu gehen pflegt — durch die Menge von Eindrücken, welche das Gedächtniß ansammelt — so war es mir auch heute in der Kirche ergangen, meine Gedanken flogen immer aus, es gelang mir schlecht, sie zusammenzuhalten. Es hat aber auch der Zwang, das Gebot des Ritus seinen Segen, und von Weisheit ist das Kirchengebot: daß die Gebete des Ritus ohne Auslassen und Schmälern hergesagt werden müssen, ob man nun zur Andacht gestimmt sei oder nicht. Der Stab der Gebetform muß ins Erdreich hineingestoßen werden — und wenn auch nicht augenblicklich die Ranken des innerlichen einstimmenden Gebetes daran sich hinaufschlingen — so kann das im Verlaufe des Tages bei dieser oder jener Veranlassung geschehen!

Die unsägliche Traurigkeit, welche in der Natur liegt und die jetzt noch durch ihren Grundton, den mitten hindurch wandelnden Tod des Menschenleibes sich erst recht ausprägte, rief mir zur Betrachtung und zum Verständniß die Worte des 103. Psalmes ins Gedächtniß, die ich erst vor ein paar Stunden am Morgen mechanisch und ohne in das Verständniß einzudringen, aus dem Missale hersagte:

Emitte spiritum tuum et creabuntur, et renovabis faciem terrae. (Du sendest Deinen Geist aus und sie werden geschaffen, und Du erneuerst das Angesicht der Erde.)

Mit dem Vorüberfahren an den Eisenbahnstationen lernt man nichts kennen, aber man sieht auch nichts als irgend eine Außenansicht von den Städten; — wie sie drinnen aussehen, ja auch von ihrer Lage, von ihren Spaziergängen ist es schwer sich einen Begriff zu machen. Wie oft war ich schon an Marburg vorübergefahren und ich hatte es mir nach dem Bilde, wie es sich von außen darstellt, im Innern und seiner Lage nach ganz anders vorgestellt, als ich es in der Wirklichkeit gefunden.

Der Wagen rollt weiter von Mittag bis gegen Abend. Endlich ist Adelsberg erreicht. Alljährlich wird hier mit großartiger Beleuchtung am Pfingstmontage das Grottenfest gefeiert. Das Fest war in den Zeitungen wohl abgesagt, aber eine bedeutende Zusammenkunft von Fremden und daher eine genugsame Illumination der Grottenräume konnte der mehr Unterhaltungs- und schau- als lernbegierige Pilger wohl erwarten.

In Adelsberg angekommen, wanderte ich nun von Gasthof zu Gasthof — nirgends eine Unterkunft zu finden. Um des italienischen Krieges willen — war hier der Stab eines ganzen Armeekorps postirt; endlich auf vieles Fragen und Zwingen, wird mir eine sehr kleine Kammer gewährt — die nebenbei einem fremden Herrn, der im Zimmer nebenan einlogirt war — als Durchpaß dienen mußte. Auf mein Befragen, was dieser Herr für ein Zeichen trage, konnte ich keine Auskunft erhalten, nur wurde mir eine seiner mir wenigstens in diesem Augenblicke sehr interessanten Lebensgewohnheiten mitgetheilt — nämlich ein spätes Heimtreiben, so zwischen 11 und 12 Uhr, ein Umstand, welcher mir, da ich meiner schon ein paar Nächte zu Schaden gekommenen Ruhe etwas nachhelfen wollte, nicht willkommen war.

Da begab ich mich nun in das sehr nahe Pfarrhaus, um mich, des kommenden Morgens wegen, dem Pfarrer zu zeigen. Derselbe war zugleich Dekan, sein Name Anton Kurz, seiner Geburt nach war er ein Wende, wie auch die Kapläne Wenden waren und die Predigten in slovenischer Sprache gehalten werden.

Der Dekan saß eben mit den zwei Kaplänen beim Abendessen; auf meine sehr zweideutige Erzählung: wie mit dem Geld auf der Hand hier kein komfortables Unterkommen zu finden sei, entgegnete er, dem sehr zweideutigen Angriff einen Widerpart entgegenhaltend: Wie er selbst in seinen Räumen beschränkt sei, und zudem einen Feldsuperior im Quartier habe. — Jedenfalls zwei Thatsachen, auf welche die Worte La-ti-se's, des unbekannten chinesischen Weltweisen, im 5. Capitel seines geistreichen Buches Anwendung finden: „Die festen Mauern einer Wahrheit kannst Du nicht einrennen mit dem Kopfe des Widerspruchs."

Als im Verlaufe des Gespräches der Herr Dekan sich um meinen Namen erkundigte, stellte er nach Nennung desselben die weitere Frage: Ob ich jener Redakteur der Kirchenzeitung sei?

Auf meine Antwort, daß dieses leider der Fall, entgegnete der Dekan und seine Kapläne zusammen: Warum ich denn das nicht gleich gesagt, für den sei jedenfalls ein Zimmer vorhanden. — Der Dekan hatte aber doch früher keine Unwahrheit gesagt: Nur im zweiten Zimmer des Herrn Kaplan Johann Kapus konnte ich aufgenommen werden. Das freundliche Anerbieten war mir unter diesen Umständen sehr willkommen. Am folgenden Vormittag machte ich mit dem Director der Realschule zu Adelsberg, Peter Urch, der zugleich als Pfarrkaplan angestellt ist, einen Spaziergang auf die Anhöhen um Adelsberg, die eine Aussicht in ein weites Thal von großer Schönheit gewähren, eine Rarität im Karstgebirge und eine der schönsten Gegenden desselben.

Die Sonnenstrahlen lieferten einen wohlgemeinten Beweis des südlichen Climas, ich sah vorläufig den Eingang zur Adelsbergergrotte — mit Holzthüren verschlossen, aus den offenen Spalten kam ein eisig kalter Luftstrom heraus, aus welchem abzunehmen, daß es tödtlich sein könne, wenn Jemand an einem heißen Tage den

Weg zum Grottengange zu Fuß macht — und dann, ohne lange im Schatten der Bäume sich abzukühlen, der eisigen Luft, die durch den schmalen Eingangsschlund strömend noch in ihrer concentrirten Wirkung verstärkt ist — entgegentritt.

Der Grottenbesuch von mehr als hundert Officieren und einer guten Anzahl Fremder war auf 2 Uhr Nachmittags bestimmt.

Die Grotte selbst ist vielfach beschrieben. Man geht drei Stunden lang in den vielen Räumen herum, in denen die Tropfsteinfiguren auf die mannigfachste Art sich darstellen in Säulen, Orgeln, Vorhängen, Löwen und anderen Thiergestalten. Die Phantasie der Führer pflegt durch die Explication hier gewöhnlich nachzuhelfen.

Den großartigsten Anblick bietet gleich im Beginn jener kolossale Grottenraum, wo unten — viele Klafter unter einer Gallerie, auf der man wandelt — der Fluß Poige in schäumenden Fluthen über Felsentrümmer und Tropfsteinfiguren cascadenartig tief hinabstürzt, während hoch oben wie ein mächtiger Dom sich die Naturkuppel hinaufwölbt.

Dieser Anblick durch das geheimnißvolle Brausen des Wassers (welches drei Stunden in der Entfernung auftaucht und dort den Zicknitzersee bildet) gehoben, bildet den eigentlichen Glanzpunkt unter allen andern Grottenräumen. An vielen Orten regnet es derartig, daß man fast einen Regenschirm brauchen könnte. Gummischuhe mitzunehmen, ist jedenfalls anzurathen. Ein Ungar sprach über die Grotte, als wir schon in der dritten Stunde in den mächtigen Räumen herumwandelten ein — der Romantik zwar nicht huldreiches, aber dafür sehr naturwüchsiges und wahres Wort aus — welches man in der dritten Stunde des Wandelns hierorts am Besten zu würdigen weiß, indem er sich in dem vollsten Gefühl seines aufrichtigen Herzens äußerte: „Ist schön die Grotten, recht schön — aber longwalig!" Dem Mann wurde von den Nebengehenden vollkommen beigestimmt; — das unheimliche Gefühl der Nässe, welches durch Stiefel und Schuhwerk durchdrang, hatte für das kühngesprochene Urtheil die Herzen von Herren und Damen wie das Leder erweicht und für den Ausspruch zugänglich gemacht.

Mir hat jeder aufrichtige Mensch etwas Ehrwürdiges und es ist im Gegentheil nichts abgeschmackter, als wenn Jemand, daß sein Sinn für Romantik und sein Anspruch auf Bildung ja keinen Abbruch erleide, in ähnlichen Fällen nicht wagt, seine eigentlichen Empfindungen laut werden zu lassen. Als ich auch dießmal weiter nach Italien gehen wollte, wurde mir dieses durch die Schilderungen verwundeter Offiziere, die aus dem Feldzug zurückkamen, verleidet.

Der gute Dekan, welcher mich so freundlich aufgenommen, sagte mir Sonntag Vormittags, als ich mit ihm sprach: er habe nur mehr eine kurze Zeit zu leben und sich auf den Tod bereitet. — Bei seinem blühenden Aussehen hielt ich seine Rede für ein Ergebniß der Melancholie. Der Mann mochte sich gefühlt haben — später hörte ich, daß er acht Tage nach meiner Anwesenheit in seinem Hause plötzlich an einer Herzkrankheit verschied.

―――――――

Kleine Reisebilder von 1863.

Im Jahre 1863 habe ich dreimal von Wien aus das deutsche Reich besucht — hier folgen einige Skizzen aus meinem Tagebuch wie selbe zum Theile in der Wienerkirchenzeitung erschienen sind.

Wer im Zeitalter der Erfindungen lebt, hat Gelegenheit, verschiedene interessante Vergleiche anzustellen. Als Schreiber dieses in seinen Studienjahren zum ersten Male (1837) nach Einsiedel hinzog, gingen von Wien aus vierzehn Tage darauf. Freilich wurde auf allerhand Fuhrwerken gefahren auch bisweilen Rast gehalten.*) Jetzt kann man bequem von Wien aus in zwei Tagen nach Einsiedel kommen und noch in München sechs Stunden schlafen; freilich nimmt der zweite Tag 15 bis 16 Stunden sehr bewegtes Leben in Anspruch. Man fährt um 6 Uhr Morgens von München weg, kommt über Augsburg gegen Mittag nach Lindau, besteigt hier das

---

*) Siehe: Woher, Wohin? — zweite Auflage zweiter Band Seite 77.

Dampfschiff, fährt in einer Stunde über den Bodensee nach Romanshorn, klettert hier aus dem Schiffe in den Waggon, fährt per Bahn über Winterthur nach Zürich; von dem Bahnhofe in einer Viertelstunde mittelst Kutsche zum Dampfer des Züricher Sees, mit dem Dampfer in anderthalb Stunden an den lachenden Ufern im Zickzack, weil bald rechts, bald links Reisende abgesetzt oder aufgenommen werden, bis Richterschwyl, besteigt hier den Postwagen und kommt mit diesem in drei Stunden über Biberbrück nach Einsiedel; so wird es 9 bis 10 Uhr Abends. Wenn sich der Postwagen von Richterschwyl an über den eine Stunde benöthigenden Berg hinaufschleppt, sieht man sehr häufig, bei Wendungen der Straße, den blauen Seespiegel mit den zauberisch schönen Ufern durch Bäume und Sträucher hindurchschauen. Die Fahrt über den See war sehr lieblich, der Wind ziemlich kühl, ein Anzeichen von gutem Wetter. Plötzlich aber ward es windstille und aus einigen Thälern fuhr der warme, widerwärtige Föhn über die Seeflächen hin. Ich fragte einen Schiffsarbeiter, ob das wirklich der

Föhn sei, der Regen bringt. Er erwiederte: „Ja, ja, der ist's schon, und wenn er um diese Zei da einherbläst, kann man sich auf einen anhaltenden Regen gefaßt machen." Traurige Aspekten! Wir arme Menschen sind aber eben nicht geschaffen, das Wetter zu ändern, sondern es in Geduld zu ertragen. Im Postwagen saß eine alte Französin, die aber auch deutsch sprach. Sie begann mit einer neben ihr sitzenden Frau einen Diskurs und fragte, ob diese schon in Einsiedel war? Nein! Ob sie katholisch sei? Ja! Ob sie eine Wallfahrt nach Einsiedel mache? Ja! Nun wurde die Französin lebendig. Sie schilderte, wie schön es in Einsiedel sei, wie sie vier Tage dort zu bleiben gedenke, um recht ungestört beten und ihre Anliegen vorbringen zu können; was da für brave Geistliche seien, und wie sie unermüdet in der Beichtkapelle sitzen, die ungeheuer groß ist u. s. w.

Als Schreiber dieses drei Jahre früher zur Hauptfeier des Millenariums hier einfuhr, sah es anders aus. Die Häuser auf und auf mit Festons aus lebendigem Laub und Tannenreisig behängt, Blumen und Teppiche an den Fenstern, Menschengewoge in den Straßen; der große Platz vor der Kirche mit Tausenden gefüllt, ein Gesurre und Gemurre wie in einer großen Stadt. Heute Abends war Alles todt; der Wagen rumpelte über das Kieselpflaster, und mit matten Schwingen fächelte der Föhn als widerwärtiger Prophet seine Vorhersage von Wetter oder Landregen. In der Post, auch zum Pfauen geheißen, der Kirche gegenüber, auf dem großen Platze, wohnt man ziemlich gut, und hört den herrlichen Brunnen aus seinen 17 Röhren rauschen.

Die Wohnstuben der Gäste sind für den Hochsommer gebaut — für Juli und August — in welchen Monaten die meisten Wallfahrer kommen. Im Juni kann man bisweilen frieren, denn Oefen gibt es in diesen Stuben nicht; die Wände sind aus Holz, mitunter gar nur aus Pappenstyl, aber sehr elegant mit färbigen Papiertapeten überzogen. Als ich in der Nacht durch einen Lärm wach wurde, fühlte ich die Luft durch die Tapete hindurchstreichen. Der Wind riß zwei Fensterflügel mit einem Schlage auf, es begann zu donnern, zu blitzen und zu regnen. Neben mir fing ein Mann, der mit dem Postwagen um halb 3 Uhr nach Brunnen fuhr, ein arges Gepolter an, und spazierte vielfältig mit trabenden und ächzenden Stiefeln in seiner Stube auf und ab, was bei den dünnen Wänden schien, als ob er immer in meiner Stube herummarschirte. Die Rücksichtslosigkeit der Reisenden auf ihre schlafen wollenden Mitbrüder nimmt immermehr überhand. Um halb 5 Uhr begann ein Tischler unter mir einen neuen Boden zu legen; es läßt sich denken, wie man durch den Fleiß und die Thätigkeit eines solchen Mitmenschen, durch sein Genagel und Gehobel zu einer gelinden Verzweiflung gebracht wird. Auch ein Hausknecht gibt durch unablässiges Hin= und Hertraben in den Gängen Kunde von seinem erfreulichen Dasein und seinen weithin dröhnenden Niebelungenstiefeln. Zudem ist der Deutsche im Komfort der Gasthöfe weit zurück. Schmale Betten, zum Zudecken ein schmales Linnentuch, über diesem eine schmale Decke, beide weder aneinander, noch an den Seiten und zu Füßen des Bettes befestiget; dreht man sich um, so fliegt die Decke auf der einen, das Linnen auf der anderen Seite herab; und diese Behandlung muß man sich in ganz Deutschland gefallen lassen. Zum Waschen eine zumeist kleine Flasche, als ob das Wasser ein überaus kostbarer Stoff wäre; dabei aber die Preise auch nicht viel billiger, als in England und Frankreich.

In englischen und französischen, auch italienischen Gasthöfen breite Betten, das obere Linnentuch und die darauf liegende Decke zu Füßen an der Wandseite ganz und an der Außenseite des Bettes zur Hälfte in der Bettlade festgesteckt, so daß Alles in seiner Lage bleibt, Keines verschoben werden oder herabfallen kann, und der Körper wie in einem weiten, bequemen Sacke darin liegt. Wasser zum Waschen die Fülle, zwei große Handtücher, das gehört zum einfachsten Komfort. Deutsche Kammern könnten sich der Sache annehmen, sie würden sich den Dank der reisenden Menschheit erwerben; es ließe sich eine Form finden, die Hotelbesitzer zu diesen englischen und französischen Tugenden zu verhalten; und eine Rede für diesen Gegenstand könnte Deutschland nachhaltig erwärmen, ein Umstand, den Kammern selten und in der Regel kaum auf einige Minuten für die unmittelbaren Zuhörer zu Wege bringen. Eine Rede für den guten Schlaf würde auch gewiß viel dankbarer aufgenommen werden, als die vielen Reden zum Einschlafen. Allen Ernstes würde die Erörterung praktischer Fragen ein allgemeines Genügen hervorrufen, während mit Hirngespinnsten nichts ausgerichtet wird.

Freilich könnte Mancher sagen: Wie kann man denn einer Kammer zumuthen, selbe solle sich mit derlei Albernheiten befassen! Zu diesem Einwurfe aber wäre nur in jenem Lande ein Rechtsboden vorhanden, wo man sich noch mit keinen Albernheiten befaßt, und wo man noch nicht mit unfruchtbarem und unnützem Gewäsche Tage und Wochen todtgeschlagen hat. Schreiber dieses ist um so mehr ferne, auf die eine oder die andere Kammer in Deutschland hinzudeuten, als eben jetzt in verschiedenen deutschen Vaterländern zugleich getagt wird, und er selber, ferne von allen Kammern, in einem Hochgebirge durch

Rauschen der Quellen und durch Sausen der Luft, die durch hohe Fichten und Föhren fährt, sich erquickt und befriediget findet.

"Man soll sich auf Nichts freuen," sagt ein altes Sprichwort. Schreiber dieses hatte sich nun sehr auf den Weg von Einsiedel nach Brunnen gefreut, den er früher schon — in sonnigen Tagen durchgemacht. Er freute sich um so mehr, weil er so glücklich war, diese Reise mit seiner guten Mutter machen zu können, die überglücklich war, daß sie Einsiedeln sehen, und in der Kirche daselbst beten konnte. Diesmal regnete es in Strömen, der Himmel war schwarz und die schweren Nebel hingen über die Berge herunter. Die Waldbäche rauschten, von den Rinnen der Dächer stürzten Kaskaden nieder, die aber nicht vertikal niederfielen, sondern, vom Winde gepeitscht, in schiefer Richtung auf die Erde plätscherten. Die vielen Rohrbrunnen auf dieser Straße, welche das chrystallhelle Quellenwasser in ausgehöhlte Baumstämme ohne Unterlaß ausströmen, und die in warmen sonnigen Tagen erquicklich anzuschauen sind, verlieren allen Effekt bei so argem Regenwetter; da gibt es ohnedies Wasser die Fülle von allen Seiten, und die massenhafte Konkurrenz verbirbt immer das Geschäft.

Eine Bauersfrau aus der Gegend von Luzern wurde im Postwagen von einem Herrn in ganz gutem Deutsch um Etwas gefragt; sie sah ihn befremdet an und erwiederte: „I kann niʒ verstoh, i bi buitsch." Wenn die Schriftsprache durch Jahrhunderte nicht das Band der Einheit in der deutschen Sprache abgäbe, verschiedene Dialekte hätten sich in ganz eigene Sprachäste ausgegliedert. Ungefähr eine halbe Stunde außer dem Städtchen Schwyz liegt auf einer Anhöhe ein prächtiges und mächtiges Gebäude, in der Mitte eine Kirche mit einem zierlichen Thurm und zu beiden Seiten gewaltige mehrere Stock hohe symmetrische Flügel; es beherrscht das Thal wie eine große Königsburg, und ist Schule und Kollegium der Jesuiten, bekannt unter dem Namen „das Schwyzer Jesuiten-Kolleg." Ein junger Mann aus Zürich, Protestant, sagte: „Es sei das eines der besten Erziehungsinstitute der

Schweiz, und die Schule habe besonders tüchtige Fachlehrer aufzuweisen." Die fünfzig Schritte vom Posthaus zu Brunnen bis zum Dampfschiff am Ufer des Vierwaldstätter Sees waren diesmal hinreichend sich vom strömenden Regen durchnässen zu lassen. Die schönste Fahrt der Schweizer Seen mußte in der Kajüte abgehaspelt werden, und einige Bilder aus den Schiffsluken durch die dichten Regenfäden aufgeschnappt, sollten ein Ersatz sein für die zaubervolle Landschaftengalerie, die sich vor den Augen aufrollt, wenn man diese Fahrt an einem heiteren Tage auf dem Verdecke mitmacht.

Mit dem Landen in Luzern hörte der Regen auf, die Gletscher im Hintergrunde glühten wie rothes Gold, von der scheidenden Sonne angeleuchtet, und in die blauen Seefluthen tauchte sich häuptlings das Bild der dunklen Berge im Vordergrund. Ein magischer Anblick.

Was die herrlichen landschaftlichen Bilder in der größten Mannigfaltigkeit und Großartigkeit anbelangt, dürfte Luzern die Königin der Schweizer Städte, selbst Genf nicht ausgenommen, genannt werden.

Regensburg. Zwischen der ehemaligen Klosterkirche Niedermünster und dem Dom zu Regensburg, von letzterem durch ein enges Gäßchen geschieden, gelangt man durch eine schmale Thüre zu einem Kloster-Kreuzgange von großer kunsthistorischer Merkwürdigkeit; eine Masse von Grabsteinen aus Marmor bedeckt den Boden und die Wände — Bischöfe, Aebte, Patrizier und Bürger, wie es die Basrelifs und die verwitterten mit Staub und Spinnenweben überzogenen Inschriften besagen. Die Gänge liegen voll von Brettern, zerfallenen Tumben zum Behufe von Requiem und anderem hölzernen Geräthe und Gerumpel. Alles ruinenhaft. Die Bogenfüllungen von Fenstern zeigen eine in die Spitze hinauf sich schlingende plastische Ornamentik in rothem Marmor, von Figuren, Arabesken, Akanthusblättern übereinander, wie man das in größerem Maßstabe an den Portalen vieler Kirchen in Frankreich, und besonders an dem schönen Portale von St. Gennaro in Neapel findet. Das sogenannte Kreuzgärtchen, welches von den Arkaden rings umschlossen, wurde dem Meßner der

Pfarre Niedermünster zur Benützung überlassen. Er hat es mit verschiedenen Blumenbeetchen und Diagonalgängen mit Kies bestreut, angelegt, auch sich eine Miniatur-Einsiedelei hineingemacht, vor welcher ein niedlicher Springbrunnen einen Wasserstrahl, dünn wie eine Stricknadel, ein paar Ellen hoch aufsteigen läßt. Unter dem Dache der Einsiedelei ist als Reservoir für dieses kleine Wasservergnügen ein altes Bierfäßlein angebracht, welches das Regenwasser von einer Dachrinne auffängt. Es ist etwas Rührendes, wenn ein Mensch, in kleinen Verhältnissen lebend, seiner Freude an der Natur, an Blumen, an belebendem Wasserstrahle einen so genügsamen und vergnüglichen Ausdruck verleiht. Dieser Mann ist übrigens wahrscheinlich viel zufriedener, wenn er in seiner mit Blättern umsponnenen, niedlichen Einsiedelei im alten Klostergarten sitzt, und vor seinen Augen das selbstfabricirte, nach den Gesetzen der Schwere und des Druckes eingerichtete Springbrünnlein flüstert, als sein Zeitgenosse Napoleon; wenn auch dieses Letzteren Augen die prächtigen Kaskaden von St. Cloud ihre kolossalen Wassermassen über die vielen Stufen silberschäumend herabsenden, oder der große blaue Spiegel des Bassins von Fontainebleau vor den Fenstern seiner Gemächer daselbst sich ausbreitet, oder die Wasserstrahlen der Springbrunnen von Versailles wie silberfunkelnde Raketen kreuz und quer in allen Richtungen durcheinander fahren. Und ist dieser Meßner, wenn er am Abende in seiner selbstgeschaffenen Residenz sitzt, nicht eine Art König? Hunderte von großen und reichen Herren liegen huldigend rings um ihn in den Arkaden, welche seinen Garten umschließen; der Meßner kann reden und thun, was er will, keiner rührt sich, sie sind mit allen seinen Plänen und Verfügungen einverstanden. Zudem hat er seine Unterthanen noch in einer recht demüthigen, erbärmlichen Lage um sich versammelt. Staub und Mist liegt auf — und unter den Grabsteinen. Die pomphaften Inschriften von Frömmigkeit, Wissenschaft und allen möglichen Bürgertugenden machen Einen auf den Andern da drunten nicht eifersüchtig, Keiner beneidet den Andern, Keiner setzt den

Andern herab und schwärzt den Andern an, — es ist der bescheidenste ruhigste Hofstaat, welchen der Meßner von Niedermünster in dieser seiner königlichen Stellung um sich versammelt hat.

Wozu doch diese alten Klosterhöfe umgestaltet oder gebraucht werden! Das einst weltberühmte Benediktinerstift St. Emmeran in Regensburg gehört jetzt dem Fürsten Thurn und Taxis. Auch hier existirt noch ein Kreuzgang mit Säulen, gekuppelten Fenstern und einem Portikus von großer Schönheit. Mitten in den von Arkaden umschlossenen Hofraum haben die Fürsten Taxis vor ungefähr 20 Jahren ihre Familiengruft mit einer Kapelle hineingebaut. Der ehemalige Klostergarten ist jetzt zu einem herrlichen Parke und das Kloster zu einem fürstlichen Palast umgestaltet. Eine Galerie von werthvollen Bildern neuerer Zeit wird täglich von 11 — 12 Uhr dem Publikum geöffnet. Die große Vorhalle der ehemaligen Klosterkirche, welche noch im Gebrauche ist, zeigt eine Menge von Grabsteinen, darunter den des berühmten Historikers Aventinus, † 1534. Der Grabstein enthält ein lebensgroßes Basrelif-Brustbild Aventin's. Ein abgemagertes, ernstes, trockenes Gesicht mit einem gekräuselten Bart um das Kinn.

Die Domthürme von Regensburg werden jetzt ausgebaut; der jährliche Ueberschuß von den Kirchenkassen der ganzen Diözese Regensburg wird dazu verwendet, und so ist Aussicht vorhanden, daß dieser schöne Bau seiner Vollendung entgegenreift.

Freising. Der Dom dieser uralten Bischofstadt (der erste Bischof Corbinian starb 370, seit 1817 Erzbisthum, der Erzbischof residirt zu München und der Sitz heißt München-Freising) liegt auf einem vier bis fünf Stockwerke hohen Hügel mit der ehemaligen Residenz, welche jetzt zum Diözesanseminar umgestaltet wurde. Leider hat man den kolossalen Dom im Zopfstyle zur Zopfzeit restaurirt und mit runden Fenstern, mit Scheinkuppeln mit jetzt verblaßten Fresken im selben Style, mit einer Menge von goldenen Schnörkeln versehen. Die ehrwürdigen fast tausendjährigen Grabsteine, welche in den Wänden eingemauert sind, weisen historisch wichtige, in ihrer Zeit berühmte Personen auf. Tritt man in die Kirche ein, so führt eine Treppe in der ganzen Breite des Mittelschiffes auf ungefähr 15 Stufen in die Kirche hinunter, auf eben so vielen breiten Stufen steigt man beim Chor, wo noch die ehemaligen Chorstühle für die Canonici stehen, wieder hinauf. Die eigentliche Kirche bildet also eine Art vertieftes Bassin, wie bei dem alten longobardischen Dome zu Brescia. Unter dem Chore befindet sich eine merkwürdige uralte Krypta mit einem Walde von kleinen Säulen, deren Styl auf ein Jahrtausend zurückreicht. Alte Gräber und Altäre sieht man an den Wänden; draußen im Freien brennt die Sonne, und in diesen tief in der Erde liegenden Räumlichkeiten fühlt man sich von der Temperatur einer Eisluft an allen Gliedern angefallen, und auf der entgegengesetzten Stiege wieder herausgetrieben. Vor dem Dome steht eine Allee mit alten, sehr hohen Bäumen, auf denen Massen von Dohlen krächzen. Unter diesen Bäumen hat man neuester Zeit einem berühmten Baiern, der hier gehaust, ein einfaches Denkmal gesetzt mit der Inschrift:

„Veith Arnpeckh, Pfarrer der St. Andreas-Pfarrei dahier, Kaplan des Fürstbischofs Sixtus, Verfasser wichtiger Quellenschriften zur Geschichte Freisingens, Baierns und Oesterreichs, lebend zwischen den Jahren 1440 — 1496."

Die Aussicht vom Garten und der ehemaligen Residenz umfaßt einen sehr weiten Gesichtskreis, im Süden erblickt man die Münchener Thürme, nach allen Seiten unzählbare Dorfschaften. Der Anblick von der Höhe mahnt außerordentlich an die Aussicht von den Zinnen des Windsor-Schlosses.

Noch sieht man an den Stadtthoren ober dem königlich baierischen Wappen jenes der Fürstbischöfe von Freisingen, die auch weltliche Beherrscher der Stadt gewesen, wie es das Schwert gegenüber dem Pastorale anzeigt, über welch beiden der rothe Fürstenhut schwebt. Das Fürstenthum weg, der Bischofssitz weg, der Straßenverkehr durch die Eisenbahn weg, und Freising ist nun zur ganz stillen Stadt geworden. Im Speisesaal des ersten Hotels (Sporer), Abends 9 Uhr, waren außer mir nur zwei

Gäste, ein Fremder und ein Freisinger, die sich gegenseitig zu unterhalten bestrebten; während ein Gewitterregen niederrasselte, und der Blitz auf dem Stationshause der Bahn zwei Telegraphenapparate mit großem Krachen zerstörte, wie ich am folgenden Morgen vernommen. Der eine Gast erzählte dem andern von einem Bürgermeister einer Stadt folgende jüngste Begebenheit: „Wie nun der Direktor der Affenkomödie ihn ersucht, spielen zu dürfen, sagte er, der Bürgermeister: Was brauchen wir eine Affenkomödie, von 9 — 10 Uhr Abends ist selbige alle Tage bei uns; da werden viele Affen heimgetragen, und es gibt auch mitunter viele Komödie dabei, sagte der Bürgermeister."

Also dieser gute Bürgermeister ist ein kleiner Friedrich der Große, der durch seine witzigen Antworten die Abendunterhaltungen der ganzen Umgegend würzt. Wenigstens hört man in Baiern nicht so viel politisiren, wie in Kleinstädten Oesterreichs, und das ist etwas werth; es zeigt von einem überwundenen Standpunkt. In einer österreichischen Provinzialstadt hörte ich zwei junge Leute im Gasthofe sich gegenseitig das ekelige Gebräue von den Leitartikeln zweier Residenzblätter mit großem Eifer vordemonstriren. Es zeigt von einer großen Bornirtheit, wenn sich Jemand darüber ereifern kann, was der Herr Klimpeles und der Herr Klampeles an einem schönen Morgen über die politische Lage, in der Bedrängniß, einen Leitartikel zu fabriziren, an politischen Alltagsphrasen zusammenstoppeln.

Wie diese Städte durch die Bahnen trocken gelegt werden! Im Jahre 1846 passirte ich Freising; da reihte sich Wagen an Wagen, ganze Burgen schwerer Fuhrwerke standen vor den Gasthäusern; die Bäcker hatten vollauf zu kneten und zu backen, die Fleischer zu schlachten und zu viertheilen, die Schmiede zu hämmern und zu beschlagen, die Wirthe zu sieden und zu braten: jetzt ist es stille geworden, nur die Bierbrauer haben noch zu thun, denn die Abkömmlinge der alten Bojoaren, wenn sie auch im Bienenfluge durch ihr Land dahinsausen, betrachten jede Bahnhof-Station als ein blüthenreiches

Haidefeld, und wissen in Eile eine Menge jener Blumenkelche, die an den Kredenzen bei Ankunft jedes Zuges bereit stehen, ihres duftigen Inhaltes zu entleeren.

Auf der Fahrt von Regensburg nach Freising, an einem gewitterschwülen Nachmittage, saß mir gegenüber im Waggon ein überaus gemüthlicher runder Herr. Bei jeder Station, wo mindestens drei Minuten gehalten wurde, und er die anderen Eingeborenen wie einen Bienenschwarm auf die Restauration losschwärmen sah, schnellte er plötzlich, wie man es bei dem Einfalle eines guten Gedankens oder bei der Selbstanspornung zu einer zu erfüllenden Pflicht zu thun pflegt, den Kopf in die Höhe, und sagte, wie in der innigsten Ueberzeugung, daß es ihm jetzt obliege, einem schweren Berufe nachzukommen: „Ah, da muß ich ja geschwind ein Krügel Bier trinken." Mit der heitersten Miene von der Welt fügte er sich diesem „muß", diesem kategorischen Imperativ bojoarischer Vaterlandsliebe, und segelte wie ein wohlgenährtes Insekt auf die Biergläser los; wenn er sich dann wieder in den Wagen geschwungen und mit jenem „Aaaah!", dem seelenvollsten Ausdruck bürgerlichen Wohlbehagens, in den Polster versenkt hatte, und ein Himmel von Heiterkeit und Frieden auf seinem Gesichte lag, wollte er auch mir von der Befriedigung seiner Seele etwas mittheilen und sprach: „Das muß man sagen, das Bier ist da gar nicht schlecht."

Es sind übrigens diese Ur=Baiern auch ein ur=gemüthliches Volk. Jedermann lebt gerne unter ihnen; wenn es auf sie ankäme, würden sie die Devise: „Leben und leben lassen" in ganz Deutschland aufrollen; an wunderbarer Kunst haben sie in den letzten dreißig Jahren mehr geschaffen, als das ganze übrige Deutschland zu=sammengenommen; auch verstehen sie einen Spaß, und sollte ein Bojoare obige naturgetreue Schilderung eines Stammgenossen zu Gesicht bekommen, so wird er sich darüber sicher nicht ärgern, sondern lächeln und sagen: „Es ist wahr, so machen sie's", selbst für den möglichen Fall, daß er es selber bisweilen so machen sollte.

Einer nordischen Nation in ihrer Stockna=

tionalität sind aber die Baiern besonders abhold; den „Intelligenzschwindel" haben sie ausgekostet und er liegt ihnen im Magen, und man hört nicht selten an öffentlichen Orten in größeren Städten, wie die Geschäftsreisenden in „Intelligenz" auf die gemüthlichste Weise zu allen T..... gewunschen werden.

Konstanz. Die neuere Zeit hat in Deutschland aus politischen Rücksichten uralte Bischofssitze verschoben. Der bischöfliche Stuhl von Konstanz wanderte als Metropolitansitz der oberrheinischen Kirchenprovinz nach Freiburg im Breisgau. Der Münster in Konstanz ist noch heut zu Tage eine prächtige große Kirche. Die Chorstühle blieben als Andenken zurück, die konnte man nicht fortschaffen, sonst aber wanderten die schönsten Paramente, wie der Küster mit Trauer bemerkte, nach Freiburg hinüber. Konstanz besitzt außer dem Münster, und zwar in der Nähe desselben, eine große gothische Kirche; es war eben Sonntag, der Chor über und über mit grünem Laubwerk und Blumen geschmückt, und einige hundert Kommunikanten, Männer und

Frauen, knieten sich in langen Reihen zum Gitter, wo kommunizirt wurde. Trotz allem badischen Liberalismus und Kammerkrakehl gegen die Ultramontanen herrscht hier sehr lebendige erbauende Religiosität. Man hat über den badischen Klerus von verschiedenen Seiten geschmäht, und man hatte eben von vielen Seiten das geringste Recht dazu. Eben nur der Thätigkeit und Intelligenz des Klerus ist es zu danken, daß die Waschbären des blödesten Rationalismus unschädlich gemacht wurden, und die alberne Mode von Seite des Bürgerstandes, ihnen nachzubrüllen, bedeutend außer Kurs gesetzt worden ist. Dieses Konstanz und die Huß-Verbrennung allhier wird von je als ein Glanzpunkt kirchenfeindlicher Geschichte betrachtet. Daß strikte damals der weltliche Arm in häretischen Angelegenheiten richtete, und wie das „freie Geleit" zu verstehen war, das ist historisch schon hinlänglich und oft festgestellt worden. Man kann aber nicht darauf hören und muß das alte Geschrei immer wiederholen, dieser kostbare Braten muß unaufhörlich aufgewärmt, mit dem ranzigen

Fett des Fanatismus begossen werden, und so durch ganz Deutschland seinen Duft verbreiten. Huß und Galilei, Galilei und Huß, — nicht wie ihre Geschicke wahrhaft historisch waren, sondern wie sie romantisch benöthiget werden, so wird die ewige Arie davon dem Volke von den „Aufklärern" vorgesungen.

Nach Anbechs. Schreiber dieses befand sich in Starnberg an den Ufern des deutschen Como-Sees, und hatte sich vorgenommen, kommenden Morgen nach Anbechs zu fahren. Es war 9 Uhr Abends, als er unter den Fenstern des Gasthofes etwas von einer Retourfahrt nach Anbechs vernahm. Der Inhaber einer Kalesche suchte einen Reisenden. Der Mond stieg eben herauf, und es war, als wollte er heute seinen ganzen Zauber aufwenden, um eine effektvolle Beleuchtung hervorzubringen. Die Luft lautlos, die Temperatur zwischen 15 bis 17 Grad. Statt nun hinauszugehen an die See-Ufer und die oben hängende Mondesampel und ihren Wiederschein in dem langen, silbern glitzernden Streifen auf den leichtbewegten Wellen des Seespiegels zu betrachten, wurde geschwind der Entschluß gefaßt, die ausgebotene Retourkalesche zu benützen. Es war eine herrliche Fahrt, vorüber an ein paar lieblichen Weilern, wo die Leute (es war eben Sonntag) im Freien saßen und die prächtige Abendluft tranken (daß dieser poetische Abendtrunk den hiesigen Eingeborenen nicht genügend ist, versteht sich von selbst, denn hier wird die Abendluft gewöhnlich abwechselnd mit Bier getrunken); dann ging es wieder vorüber an Waldessäumen, dann durch dunkles, die Mondesstrahlen absperrendes Laubdach, dann glänzten wieder Kornfelder und zeigten sich in der Ferne fichtenbewachsene Hügel. Es war 11 Uhr geworden. Im sogenannten oberen Gasthof zu Andechs rebellte ein großer Haushund eben nicht sehr einladend. Den Kutscher, der am Fuße des Hügels wohnt, hatte ich verabschiedet. Auf das Bellen des Hundes, der hier die Aufgabe hat, Gäste anzumelden, tritt die Wirthin aus dem Hause. Aus der Gaststube hörte man die wehmüthigen Weisen einer Zither herausklingen; bekanntlich ist es im Hochlande üblich, das Biertrinken auch bisweilen mit den melancholischen Klängen dieses Instrumentes zu begleiten. Auf die Frage, ob ein Zimmer zu haben sei, kam die unangenehme Antwort: Es sei das Haus voll und nur noch eine Art Vorkammer zu haben, durch welche aber einige Parteien in ihre Zimmer durchgehen müssen. Ich ließ mir nun den Weg zur Klosterpforte von Andechs (das Kloster liegt etwas höher als der Gasthof) explizieren, die Noth macht unbescheiden und zudringlich. Ich war entschlossen, den Pförtner aus seiner Ruhe aufzustören, und dachte dabei: „Was dieser arme Klosterbruder für eine Freude haben wird, wenn er aus seinem ersten Schlafe heraus muß." Nach langem Suchen fand ich einen Glockenzug. Ich läutete verschiedene Male an — nichts rührte sich. Endlich pochte ich an ein Fenster, immer stärker und stärker, da zeigte sich eine schlaftrunkene Gestalt, und es ertönte die Frage, was es gäbe? Ich setzte nun in kurzen, drastischen Worten meine Lage auseinander, und der gute Bruder machte mir auf und quartierte mich in ein sehr anständiges Zimmer ein. Ich ersuchte ihn, meinen Paß zu nehmen und ihn am Morgen dem Superior zu übergeben, daß dieser doch wisse, wer der Eindringling sei, der so spät die Pforte durchbrochen. Der Pförtner eines Klosters muß vor Allem ein kleiner Lavater sein, er muß im Gesichte lesen können, das erfordert sein Beruf; der gute Bruder sah mich an und sprach: „Ah, das ist Alles nicht nöthig, das sieht man ja doch, was Einer ist, und daß es solcher Vorsicht bei Ihnen nicht bedarf." Warum soll man nicht eine Freude haben, wenn man ehrlich ist und auch auf den ersten Blick dafür gehalten wird?

Diese Gattung Freude dürfte auch nur von Leuten verhöhnt werden, die es sehr gut fühlen, daß man sie — und auch mit Recht — weder auf den ersten, noch auf die folgenden Blicke hin für ehrlich halten kann.

Es war Morgen geworden; als ich erwachte, leuchtete der heitere Himmel in die Zelle hinein. Was für eine wundervolle Aussicht von dieser Zelle! Der Ammer=See, seiner ganzen Länge nach mit tiefgrünen, waldbewachsenen Hügeln umsäumt, dehnt sich unten aus. Vorige Woche hatte auf der Terrasse vor dem Kloster die königliche Familie das Mittagsmahl eingenommen, um den Zauber dieser Gegend vor sich zu haben und zu genießen.

Die Kirche von Andechs besitzt eine reiche Reliquiensammlung. Die Reliquien sind mitunter von kunstreich gearbeiteten Schreinen umschlossen. Die drei konsekrirten Hostien, welche hier seit vier Jahrhunderten aufbewahrt werden, befinden sich jede in einer Silberkapsel auf einem eigenthümlich in Baumform mit Blättern gearbeiteten Ostensorium. Die alte gothische Kirche wurde leider ein Raub der Flammen, nur die gothische Reliquienkapelle blieb verschont. Als Kanzel wird hier eine Galerie ober dem Hochaltare benützt, die im Hintergrunde einen zweiten Hochaltar sehen läßt. Der Prediger steht sonach gerade ober — nur etwas hinter dem Tabernakel des unteren Hochaltars.

Auch an einer Außenwand der Kirche ist eine Kanzel angebracht; kommt an hohen Festen ein so großer Konkurs von Wallfahrern, daß die Kirche die Menge nicht zu fassen vermag, so wird hier im Freien geprebigt. Merkwürdig sind hier die Massen von den kolossalsten Wachskerzen, die hierher geopfert und sämmtlich aufbewahrt werden. Diese Kerzen haben 6 bis 8 Zoll im Durchmesser und an 6 Schuh Höhe. Sie sind zierlich bemalt, mitunter auch mit Basreliefs, aus Wachs bossirt, umgeben. Viele rühren von Fürsten aus vergangenen Jahrhunderten her, und ist mit ihnen ein großes, langes Gewölbe unter dem Musikchor der Kirche dicht angefüllt; viele stehen um den Hochaltar.

Das Gitter bei den Beichtstühlen bildet ein Kruzifix mit dem Heiland, auf Blech gemalt, und in den Konturen ausgeschnitten; zu den Füßen des Kreuzes knieend die heilige Magdalena als Sinnbild der Buße. Sonst ist der Bau der Kirche mit den sonderbaren viereckigen Pfeilern und den hellen Farben sehr der Kirche von Einsiedel nachgebildet.

Der Superior des hiesigen Benediktinerkonventes, welcher zur Abtei St. Bonifaz in München gehört, schenkte mir viele Aufmerksamkeit, und zeigte mir die ganze, ehemals so sehr berühmte Abtei, die der großmüthige König Ludwig, nachdem dieselbe nach ihrer Aufhebung lange Zeit einem Privatmanne angehörte, für die Benediktiner aus eigenen Mitteln zurückkaufte.

Die hiesigen Benediktiner besorgen die Pfarre, und haben sich außerdem der sehr beschwerlichen Aufgabe unterzogen, aus einer Menge verwahrloster Knaben, die ihnen aus ganz Baiern eingesendet werden, ordentliche, christliche Menschen zu machen. Diese Knaben haben eine eigene Schule, ein Laienbruder unterrichtet sie; fast alle eigneten sich eine ausnehmend schöne, regelmäßige Handschrift an, und sie machen überhaupt die besten Fortschritte. Neben der Schule werden sie in Handwerken unterrichtet. Ein Laienbruder, der Schuhmacher ist, unterrichtet sie in diesem Handwerke; wieder ein anderer in der Schneiderei. Einige lernen drechseln, Photographie u. A. Für Einen dieser Knaben wird jährlich 80 fl. rheinisch gezahlt, dafür ist Wohnung, Kleidung, Speise, Schule und Lehrer, Alles in Allem. Achtzig Gulden rheinisch sind weniger als siebzig Gulden österreichisch. Warum nicht irgend eine Kompagnie von Juden und ihren Gönnern und Lakaien sich eines solchen Knaben-Institutes annimmt? Schlechtes Geschäft! Schaut nichts heraus. Das Urbild eines frechen Juden, der die Jesuiten „dumme Teufel" nennt, weil sie für ihre Entbehrungen so schlecht bezahlt sind, wird diese Benediktinerbrüder nach dem oberflächlichsten Kalkül die dümmsten Mephistophelesse der Welt nennen! „Denn Geld muß man machen in Literatur, in Beredsamkeit, auf der Tribüne, auf der Börse. Geld, Geld, Geld, alles Andere ist Dummheit." Zum Glücke hat dieser Jude und Komp. nicht das Ehrengericht dieser, und nicht das Weltgericht in jener Welt in seinen Händen, und seine Urtheilssprüche sind eben nichts Anderes, als Gespötzel! Es ist etwas Anderes, die Menschen plündern, aussaugen, in Noth und Elend hinausstoßen, und etwas Anderes, sich der armen Verlassenen annehmen, sie um Gottes Willen pflegen, erheben, sie durch Wort und Vorbild die Hoffnung auf Gott lehren, sie mit ihrem Loose versöhnen, —

und sich als Lohn dafür von der potenzirten Niedertracht und Gemeinheit verhöhnen und verspotten zu lassen.

In der nächsten Nähe von Andechs, am Fuße des Berges, gibt es romantisch-melancholische Spaziergänge im herrlichen Kinnthal. Zu unterst schäumt der Waldbach im tief ausgehöhlten Kieselbette. Farrenkräuter mit breiten Palmenfächern wuchern an dem Wege, aus dem tiefen Schatten der Bäume und Sträucher lugen und duften Alpenblumen, bisweilen knattert ein Eichhörnchen oder schreit ein Nußhäher auf den Föhrenwipfeln; man fühlt sich vom Zauber einer großartigen Natur berührt, und nicht mit Unrecht haben die alten Asketen und Begründer der Klöster eben die Waldeinsamkeit zur Einkehr des Menschen in sich selber, zum Nachdenken über seine Bestimmung und sein Ziel für besonders geeignet gehalten.

Herbstblätter von 1863.

In der Schatzkammer-Kapelle zu Maria Zell befindet sich die kleine Sakristei hinter dem herrlichen Renaissance-Altar, mit dem silbernen Tempel auf schlanken Säulen, mit dem silbernen Antipendium, das getriebene Medaillons mit Porträtköpfen zeigt, mit den reichen Opfergaben ringsum in den Schreinen. In dieser kleinen Sakristei bemerkte ich diesmal eine ganz unansehnliche Tafel in einem Rahmen. Ein Krieger, der 1859 bei Solferino nicht mehr als vier bleierne Kugeln in seinen sterblichen Leib hineinbekommen, verlobte sich nach Maria Zell, als die unermeßliche Wucht von Schmerzen und Bedrängniß ihn schier zu erdrücken drohte. Wie mag es dem armen, verlassenen Menschen zu Muthe gewesen sein, als man ihn auf den Kranken- oder vielmehr Leichenwagen hinaufhob, ihn im Spital auf das Folterbett legte, als die Aerzte in Eile wegen der Menge von vorzunehmenden Operationen ihm einige Kugeln aus dem Fleische halb herausschnitten, halb herausbohrten, und als man ihm die gewiß nicht sehr tröstliche Kunde vorhielt, daß die eine Kugel durchaus nicht zu bekommen sei und man abwarten müsse, ob dieselbe nicht vielleicht — sich durch die Wunde später zugänglicher zeigen werde. Einige Wochen hatte er auch diese Bleibohne in seinem Leibe zu beherbergen, und wie durch ein Wunder konnte auch sie entfernt werden. Inmitten der Inschrift auf der Votivtafel ist dieselbe nun eingefügt.

Gerade hier war es an der Zeit, sich des neuesten Anstürmers gegen Christus, den Gottes- und Menschensohn, des modernen Arianers Renan zu erinnern, dem ich auch eben hier am Wallfahrtsorte einige Aufmerksamkeit schenken wollte. Renan hält diesen Menschen in seinem furchtbaren Leiden und in seiner Todesangst für einen sehr beschränkten Geist, weil sich dieser dem Glauben hingab, der allmächtige Gott könne sein Gebet erhören, und es gäbe eine Fürbitte bei Jenem, der nach der Lehre der Kirche der Mittler zwischen Gott und Menschen ist, und es könne jene Seliggepriesene, welche ihn im Fleische geboren, um eine Fürbitte angerufen werden.

Herr Renan sollte auf ein Schlachtfeld gehen und den vor bitterem Schmerz winselnden und aufheulenden christlichen Soldaten Vorlesungen aus seinem Leben Jesu über das türkische Fatum seiner Natur= und Weltanschauung halten, wie z. B.: L'homme étrangère à toute idée de physique, qui croit qu'en priant il change la marche des nuages, arrête la maladie et la morte même, ne trouve dans le miracle rien d'extraordinaire, puisque pour lui le cours des choses est le resultat de la volonté libre de la Divinité.

Was für eine Freude für einen Menschen, der daliegt, von Kugeln durchbohrt: wenn ihm ein sogenannter Gelehrter, der sich zum Prinzip erkiesen hat: „der Lauf der Natur, die Physik, sei die eigentliche reelle Wahrheit, alles Andere sei Blödsinn, Phantasterei, Dunst, Aberglaube, Supernaturalismus" — nun zum Troste vorhält: „Dir bleibt nichts Anderes übrig, als zurückzu= kehren in's Eins und All, deinen Leib der holden Mutter Natur wiederzugeben und den Kreislauf Deines Daseins für ewige Zeiten ab=

zuschließen;" ein Umschwung und eine Veränderung, welche der gemeine Mann in der französischen und deutschen Sprache auf's Verenden des Thieres anwendet, und mit dem drastischen Worte: krepiren bezeichnet; — was für eine Freude, sagen wir, für einen von Leiden und Todesangst gefolterten Menschen, wenn er die Quintessenz der modernen atheistischen Sophisten vernimmt, die in den Worten besteht: „Dir bleibt nichts Anderes übrig, als mit einem Anstrich von Heroismus zu „krepiren!" — — — „Ich bin die Auferstehung und das Leben," sagt Christus der Herr, und Professor Renan sagt: „Ich bin das ewige Grab und der Tod," d. h. ich bin die unabwendbare Naturnothwendigkeit — das Zurückkehren in das All, und dann — ist's aus für ewige Zeiten."

Wenn der Krieger auf dem Schlachtfelde nach diesen Lehren des Feldkaplans auf dem modernen Schlachtfelde der „bodenlosen Wissenschaft," der nicht freien, sondern willkürlichen Forschung, mit seinen Kugeln im Leibe sich aufraffen und zu seinem modernen heiligen Geiste, dem „Tröster," sagen würde: „Herr Professor Renan, meinen schönsten Dank für Ihre Theorie. Sie glauben an keine Gebeterhörung und Ihre Freude ist der unabwendbare Lauf der Natur; ich möchte gerne Ihren Starkmuth und Ihre Theoreme in der Praxis bewundern," und der Krieger würde bei diesen Worten seine Reiterpistole abfeuern und dem Herrn Professor Renan ein Loch in den Magen bohren, um zu sehen, ob die Macht der „Wissenschaft" den Herrn Professor Renan auch in dieser unangenehmen Situation nicht verläßt, und um ein Vorbild im Vertrauen auf die unabwendbaren Naturgesetze vor sich zu haben; — was könnte der Professor Gründliches entgegnen? Mit vier Kugeln im Leibe beten am Ende die Meisten lieber: „Herr, hilf mir," oder: „Vater, in Deine Hände empfehle ich meinen Geist," als Einer sich an der Wunderscheu und dem Glauben an „unabwendbare Naturgesetze" und an den „ewigen Tod," der Theorie des Herrn von Renan, erfreuen wird. Herrn Renan geht es jetzt gut; Allen, denen Christi Joch eine Bürde ist, die nach dem Verlangen des Bauches leben wollen, wie der Apostel sagt, denen ist es lieb, daß Christus nicht mehr ihr Gott sein soll, eben weil ihr Gott ihr Bauch ist. Diese feiern Herrn Renan, der das Sammelsurium des Dr. Strauß in einer französischen Brühe aufgewärmt hat, und der Verleger, Herr Levy (was für ein Geschäft das Leben Jesu!), gibt natürlich diesmal mit wahrer Seelenfreude das Honorar; wenn es aber mit Herrn Renan einst zum Abfahren kommt, so möchte ihm trotz allen seinen Theorien — ein einfacher Dorfkaplan, der ihm St. Pauli's Worte zuruft: „Tod, wo ist dein Sieg, Tod, wo ist dein Stachel?" am Ende lieber sein, als die Schnabelnase des Herrn Buchhändlers und Verlegers Levy, der Herrn Renan sagen könnte: „Herr Renan, nehmen Sie den Trost mit sich, daß ich mit Ihnen ein sehr gutes, ein sehr brillantes Geschäft gemacht habe, und was kann es geben Tröstlicheres, was kann einem Menschen mehr sein zur Beruhigung, als der Gedanke, daß er gemacht hat ein gutes Geschäft. Schade, daß Sie mir nicht noch ein Leben Jesu schreiben können!" Am Ende hätte dann Herr

Renan möglicher Weise doch so viel Bodensatz früherer Reminiszenzen und so viel Abscheu vor'm Mammon, daß er Herrn Levy zuriefe: Hol Dich der — v......... —.

Es ist konstatirt, daß Jung=Israel, was in Zeitungen und Korrespondenzen macht, besonders thätig ist, wenn es gilt, antichristliche Bücher zu rühmen und zu verbreiten. Eben lese ich in einem Blatte die hohe und reine Sittlichkeit des Dr. Strauß gerühmt. Es ist zwar nicht erlaubt, gegen solche Behauptungen das mindeste Bedenken auszusprechen, ohne daß man riskirt, hierfür als ein alberner Fanatiker, als ein Verbreiter der Finsterniß gescholten zu werden. Uns aber kommt es sehr bedenklich vor: daß Strauß den Ruf als Professor der Dogmatik nach Zürich angenommen hat; denn wozu eine Dogmatik, wenn er an seinen Prinzipien festhält; uns kommt es ferner bedenklich vor, wenn er sich den Jahres= gehalt dennoch auszahlen läßt, nachdem er nicht in Zürich doziren durfte, weil das ganze noch positiv gläubige Volk gegen diese Berufung des hochweisen Rathes von Zürich sich erhob. Uns kommt es ferner sehr bedenklich vor, wenn Strauß den Ulrich von Hutten nicht nur weißzuwaschen unternimmt, sondern ihn völlig verhimmelt, und, wie es dem Strauß nachgewiesen worden, offenbare Lumpereien und Gemeinheiten seines „Heiligen." mit einem ehrfürchtigen Stillschweigen übergangen hat, um dem Heiligenbilde keinen Makel zu belassen, wenn er an Hutten das theilweise in Wahrheit thut, was er mit Unrecht den Evangelisten vorwirft, indem er dieses, nach erwiesenen historischen Thatsachen zu urtheilen, sehr anrüchige Subjekt der Weltgeschichte — zur frommen Legende des Geniuskultus macht. Wer den Gottmenschen verleugnet, schafft sich Menschengötter, der Kult ist eben ein Bedürfniß, nur richtet er sich nicht immer an den einzig würdigen Gegenstand. —

Deutsche und slavische Prozessionen ziehen eben singend über den Platz; arme Leute, sie kommen, mit ihrem ärmlichen Mundvorrath auf dem Rücken, Tage weit her; und doch sind sie Besitzer einer großen, beneidenswerthen Kunst — diese Leute können beten aus reichem, vollem

Herzen, sie finden nichts Außerordentliches in dem Wunder der Gebeterhörung (l'homme — — non trouve dans le miracle rien d'extraordinaire etc.) und sie sind blöde in den Augen des Herrn Renan, der von der Kunst, zu beten, nichts wissen will.

Uns dünkt, der edle Stolz dieser armen Leute auf ihre Kreatürlichkeit, um die ein persönlicher, selbstbewußter Gott Sorge trägt, sei ein weitaus höheres Gut, als der desperate Glaube an das unabwendbare Fatum der experimentirenden Natur, dem sich Herr Renan in die Arme geworfen.

Eben tönt durch den Korridor ein furchtbares Geschrei, ich gehe hinaus und sehe bei einem Fenster in den Hof hinab; ein Schwein wird abgestochen; eine Magd fängt das Blut in einer Pfanne auf; das Thier schreit schwächer, zuckt noch einige Male, streckt sich und rührt sich nicht mehr!

Unterläge der Menschengeist den Gesetzen der Natur, d. h. wäre er nur eine Blüthe der Natur, eine schwimmende Blase auf dem ewig wogenden

Meere der Erscheinungen, und würde der Menschengeist nach dem Tode des Leibes nicht erhalten auf eine dem Laufe der Natur gegenüber wunderbare Weise, — — dann wäre nach solcher Weltanschauung dieses Schwein zu beneiden! Ohne Selbstbewußtsein hat es gelebt, und ohne Todesbewußtsein, nur in dem instinktiven dunkeln Trieb der Selbsterhaltung, wie er jedem organischen Naturgebilde eigen ist, konnte es verenden! Eine traurige Philosophie, die von ihren eigenen Prinzipien in der nothwendigen Ausgliederung der Konsequenzen, auf den endlichen Standpunkt gedrängt wird, ein abgeschlachtetes Schwein glücklich zu preisen.

Seeshaupt. Die Perle am Starnberger See, 15. September. Eine Rundfahrt an den reizenden Ufern dieses tiefblauen, in den Sonnenstrahlen schimmernden Gewässers ist überaus lohnend. Gleich von Starnberg aus an der rechten Seite beginnen liebliche Schlösser, darunter (eine Stunde von Starnberg) das Eldorado des Sees, Possenhofen, in einen Kranz von üppigem Laubwerk, die Mauern und Thürmlein theilweise von Immergrün umsponnen. Das Ufer bei Possenhofen ist von zauberhaften Villen reicher Münchener besäet, der Volkswitz nennt diese Strecke deshalb: „Protzenhausen." Auf der Anhöhe ober Possenhofen liegt Feldafing, wohin die Feinschmecker wallfahrten, um dort das feinste Erzeugniß der blauen Fluthen, die Renke (salmo), zu genießen. Die Renke hat sogar ihre begeisterten „Naturförster" (wie man in Schwaben scherzweise die Naturforscher nennt) gefunden, und diese Herren berichten, daß die junge, zarte Renke: „Züngel", die nach einem Jahr halbgewachsene: „Riedling", und die ausgewachsene, welche 6 — 9 Pfund erreicht: „Bodenrenke" genannt wird.

Es ist erstaunlich, welche gemüthliche Aufmerksamkeit diesem Fische zugewendet wird. Man siedet ihn gleich nach dem Fange im Seewasser, um ihn ja nicht aus seinen Angewöhnungen und aus seinem Lebenskreise unsanft herauszureißen. Auch den „Hechten" des Starnberger Sees muß man den Ruf angedeihen lassen, daß sie überaus feine Hechte sind, die an Schmackhaftigkeit mit den Hechten der ganzen Welt in die Schranken treten oder — ins Netz laufen können. Eines ähnlichen guten Rufes und deshalb einer schändlichen Verfolgung und Nachstellung erfreuen sich die Lachsferchen, die Karpfen, Rutten, Praxen, Rothaugen u. s. w. O wäret ihr ungenießbar und geschmacklos, was für ein ruhiges Leben könntet Ihr in Euerem Elemente haben! Doch genug von den Fischen, sonst könnte uns irgend eine mißgünstige Seele des Sybaritismus beschuldigen und uns selbst das nach vielen Tagen der Mühen und der Arbeit gewiß höchst unschuldige Vergnügen mißgönnen, über die unterwässerigen Seebewohner Betrachtungen anzustellen. Vom goldigen Lichte der Sonne angeleuchtet tauchen in der Ferne über den glitzernden Spiegel der blauen Wellen allerhand sehr anständige Berghäupter, wie der Wendelstein 6300 Fuß, der Breitenstein 5100 Fuß, die Brecherspitze und der Hohen-Mising, jeder der Beiden über 5700 Fuß, und noch an zwanzig andere Berghäupter in ähnlicher Höhe hervor. Der See hat 5½ Stunden Länge, die größte Breite bei Bernried beträgt 1¼ Stunden, die größte Tiefe 69 Klafter.

Tief bewegt wurde der Schreiber dieses an jener Stelle, wo Graf M., sich der Verzweiflung über seine ungünstigen Vermögensverhältnisse hingebend, mit seiner Tochter vor einigen Jahren den Tod gefunden hat! Er war ein liebenswürdiger Mann, von eminenter wissenschaftlicher Bildung und religiösen Sinnes. Ich hatte ihn in früherer Zeit oft gesprochen. Was für stürmische, verzweifelte Stunden mögen dem unheilvollen Entschlusse vorangegangen sein, der in diese wahnwitzige That auslief!

Doch — wo ist die Perle des See's? — Gehen wir zum Grabe einer edlen Frauengestalt, die im seligen Frieden ruht, wie sie in heiliger Hoffnung hingegangen. Wie von der Roseninsel des See's der liebliche Duft der Königin aller Blumen über die Wellen streicht, so ist zu Bernried in der ehemaligen Kloster- jetzt Pfarrkirche das Grab der seligen Jungfrau Herluca eine segensreiche Stätte, die vom Duft der Heiligkeit erfüllt ist.

Die Benediktinerin Herluca, gestorben 1142, ruht hier unter dem Grabstein, der mit einem einfachen Kreuze bezeichnet ist. Die Bewohner der Umgegend kommen oft an dieses Grab und verehren die gottgeweihte Bekennerin noch Jahrhunderte nach ihrem Tode; sie ist im Rufe der Heiligkeit gestorben. Sie war Freundin der berühmten Nonne Diemud, der Schreiberin einer ganzen Bibliothek im nahen Wessobrunn. Beide stärkten sich durch Briefe in ihrem frommen Lebenswandel, von denen es nach einem alten Katalog der Wessobrunner Aebte heißt: Extant adhuc epistolae suaves valde in monasterio Beronica quod vulgariter nunc dicitur Pernried per ipsam Diemodam ad Herlucam virginem sanctam misse, et iterum ipsius Herluce vice versa transmisse, quibus se mutuis recrearunt exhortationibus charitativis in Domino exhortando se confortantes! —

Kostbare Manuscripte der Wessobrunner Nonne Diemud bewahrt noch die Münchener Bibliothek. (Siehe: „Die Kunstgenossen der Klosterzelle." Braumüller, 1863. 2. Band. S. 449.)

Die Münchener Bibliothek dankt ihre größten Schätze und Herrlichkeiten den Bibliotheken aufgehobener Klöster. Die österreichische „Aufklärung" im vorigen Jahrhundert warf an Millionen im Werthe aus den Bibliotheken aufgehobener Klöster — an Käsestecher, und Pergament-Codices an Goldschläger weg!!! Es geht nichts über den Blödsinn und die Dummheit jener Leute, die sich in den Kopf gesetzt haben, ihre Geistlosigkeit und Unwissenheit mit dem schönen Mantel der „Aufklärung" zu umhängen!

Wenn man auf einer der reizenden Anhöhen die Augen über die zauberhaften Ufer gleiten läßt und nebenbei einige Achtung vor einem gottgeweihten Leben und einen Sinn für eine glaubensfreudige Vergangenheit, die hochherzige Menschen hervorbrachte, in sich trägt, so wird man mit einer eigenen Empfindung auf jenes Gotteshaus hinschauen, wo die heilige Jungfrau, die Patronin des Sees und der Umgegend, ihre Ruhestätte im Leben und Tode gefunden hat.

Dieses heilige Grab birgt die Perle am Starnberger See.

Zur Befreiungshalle. Es war ein herrlicher Oktober-Morgen — Schreiber dieses hatte schon einige Tage zu Regensburg, und zwar nicht im dolce far niente, sondern unter einem Wust von allerhand Schriften und Korrekturen am Schreibtische zugebracht. Vom Fenster aus zeigten sich die mit Gerüsten zum Ausbau derselben umkleideten Domthürme; das Gestein und Holzwerk war von der aufgehenden Sonne lieblich angeleuchtet; lauter Lockungsmittel hinaus in die freie Natur, lauter Gründe, um sich selber huldvollst einen Feiertag zu vergönnen. Also hinaus zum Landungsplatze der Dampfschiffe, und jenes bestiegen, welches stromaufwärts fährt. Um 7 Uhr geht es von Regensburg ab, gegen 11 passirt man die neue, jüngst eingeweihte Eisenbrücke über die Donau; rechts auf einem steil abfallenden Bergvorsprunge, zu dessen Füßen das Städtchen Kelheim liegt, zeigt sich hoch oben die Befreiungshalle: eben waren am vorigen Tage die letzten Gerüste abgeräumt, und wurden im Innern auf dem Korridor hinter den Statuen noch Marmorplatten des Fußbodens polirt. Am 18. Oktober mußte ja die Einweihung stattfinden. Vor der Besichtigung der Befreiungshalle konnte aber noch die schönste Donaugegend, die berühmte Felsenpartie von Weltenburg, angesehen werden. So fährt man nun noch mit dem Dampfer eine Strecke aufwärts. Das Alt=Mühlthal mit seinen kolossalen hochaufstrebenden Felsenmauern scheint den Strom bisweilen förmlich einzuschließen. Da gibt es keinen Fußweg mehr, die Schroffen steigen nicht nur steil aus den Fluthen empor, es hängen die Felsen auch öfter wie das Laubdach eines Riesenbaumes oben über die Wasserstrasse. An der Seite sieht man eine lange Reihe von Eisenringen; die Schiffer, welche stromaufwärts fahren, fangen sich mit eigenen, an langen Stangen befestigten Eisenhacken hier ein, um so das Schiff durch die Stromschnellen aufwärts zu führen. Der Dampfer fährt stolz in der Mitte, er bedarf der Eisenringe nicht, seine gewaltigen Räder peitschen die Fluth, und bezwingen den Zug der abwärts fluthenden Donau. Die Felsen bieten allerhand Figuren und Gruppen dar, welche, von der Phantasie in Gebilde umgeschaf=

fen, auch allerhand Namen führen. Bei der Benennung mancher Gestaltungen und Gruppen hat der rastlose obszöne Volkswitz auch seine Gaben geliefert. Da sieht man unter Anderem die „lange Wand," den „Kuchelfelsen", die „drei Brüder", die „drei Schildkröten", „unsere liebe Frau", „Peter und Paul", den „alten Napoleon", „das Nürnberger Thor", „die lutherische Kanzel" u. s. w. Endlich kommt man links in einem Felsenthale hart an der Donau zum Benediktinerkloster Weltenburg. Man kann sich nicht leicht eine romantischere Lage für ein Kloster denken. An dieser Stelle stand einst Artobriga, eine Römerburg, mit einem Minerven-Tempel. Herzog Thassilo in Baiern stiftete 775 das Benediktinerkloster, das älteste in Baiern. Die Hunnen zerstörten es, der heilige Wolfgang ließ es wieder aufbauen, 1803 wurde es durch den Klostersturm aufgehoben, König Ludwig gab es 1842 dem Orden wieder zurück, und es besteht jetzt als Priorat.

Bei Weltenburg verließ ich das Dampfschiff und miethete einen Kahn, um in selbem dieselbe

Felsenpartie stromabwärts bis zu jener Stelle zu machen, von der man auf den Berg der Befreiungshalle hinaufsteigt. Nun hat man erst recht Zeit, sich umzuschauen. Am linken Ufer zeigt sich wie in einer mächtigen Felsenstube hinter Mauern ein Gärtchen mit einigen Gebäuden auf einem schmalen Streifen Landes; die Ansiedelung wird „Klösterl" genannt; der Eremit Anton aus Siegenburg hat es 1450 gegründet. Da bauten die Waldbrüder die Kapelle St. Nikolaus, deren Decke, Rückseite und Seitenwände pures Felsengestein ist. Darum hat die Kapelle auch kein Dach vonnöthen. Man konnte sich nicht leicht mehr von der Welt abschließen. Jetzt sind die Eremiten längst dem Zeitgeist als ein Opfer gefallen; ein Wirthshäuslein steht an der Stelle der Zellen, und es soll darin abgestandenes Bier geschänkt werden. Man fährt noch eine Weile weiter, und jetzt zeigt sich die Halle als Krone auf dem Berge in's Donau=Thal niederschauend, am günstigsten. Die Felsenzacken des Vordergrundes, die schwarzen Tannen geben eine schöne Basis, und oben schneidet sich die weiße

Rotunde in scharfen Konturen aus dem blauen Himmel heraus.

Der Bau war 1842 von Gärtner begonnen. Der Architekt Klenze setzte nach Gärtner's Tod den Bau fort, und änderte Gärtner's Plan ab. Ewig Schade, nach einer uns vorliegenden Zeichnung Gärtner's dünkt uns sein Plan weitaus schöner und prächtiger als der, welcher ausgeführt wurde.

Gärtner projectirte eine Rotunde, die von einem offenen herrlichen Portikus umgeben ist, der ein Polygon von 18 Ecken bildet, oben steigen zierliche Kolonaden der Hauptmauer, von der Kuppel gekrönt, empor. Die Säulen des offenen Portikus sind pfeilerartig; die Pfeiler werden durch Zusammenstellung mehrerer kleiner Säulen und Flächen gebildet. Dieser Bogengang sollte sich mit einem Pultdache an die Hauptmauer zurücklehnen, die 18 Halbkreisgewölbe sollten mit Fresken geschmückt werden. Der Styl erinnert an die duftige Blüthenzeit der Baukunst in Italien, an Dioti Salvi, Giotto und Orcagna. Die Gesimse sind, wie der Plan es zeigt, mit Akroterien (stehenden Ziegeln) gekrönt.

Gärtner's Plan wurde abgeändert. Die prächtigen Arkaden wurden gestrichen, an ihre Stelle traten massive Strebepfeiler, auf jedem derselben steht eine Jungfrau mit einer Tafel in der Hand. Auch die Kuppel, welche den Bau überwölbt, wurde ganz und gar unter den Außenmauern versteckt. Ein Unterbau von drei mächtigen Abstufungen trägt die Rotunde. Die Zahl 18 (Erinnerung an den 18. Oktober 1813) wiederholt sich symbolisch sehr oft. Der Unterbau bricht sich in 18 stumpfe Kanten, 18 Strebepfeiler mit 18 Frauengestalten oben umgeben den Außenbau, 18 Trophäen schmücken das Kranzgesimse unter dem Dache, 18 freistehende Kandelaber aus Marmor umringen außen den Bau. Sie machen, von unten gesehen, gar keinen guten Prospekt. Man hält sie für noch nicht weggeräumte Pfähle des Gerüstes. Im Innern der Rotunde stehen aneinander 36 kolossale Viktoria-Gestalten mit Flügeln, je zwei und zwei halten eine Tafel (also 18 Tafeln) mit 18 Namen von

Schlachten des Befreiungskrieges. Das Licht fällt von oben ein, wie beim Pantheon in Rom.

Die Tafeln, welche die Frauengestalten auf den Strebepfeilern halten, zeigen folgende Namen: Oesterreicher, Baiern, Tiroler, Böhmen, Franken, Schwaben, Rheinländer, Thüringer, Hessen, Westphalen, Mecklenburger, Pommern, Brandenburger, Schlesier, Sachsen, Mährer, Hannover, Preußen.

Auf den Tafeln, welche die Viktoria=Gestalten im Innern halten, stehen folgende Schlachten (in römischen Zahlenbuchstaben, wir geben sie hier der Kürze wegen in arabischen):

Treffen bei Dannikow, 5. April 1813. Schlacht bei Groß=Beeren, 13. August 1813. Schlacht an der Katzbach, 26. August 1813. Schlacht bei Kulm, 30. August 1813. Schlacht bei Dennewitz, 6. September 1813. Treffen bei Wartenburg, 3. Oktober 1813. Schlacht bei Leipzig, 16. bis 19. Oktober 1813. Schlacht bei Brienne, 1. Februar 1814. Treffen bei Bar sur Aube, 17. Februar 1814. Treffen bei La Guillotiere, 3. März 1814. Schlacht bei Laon, 10. März 1814.

Treffen bei Limonest, 20. März 1814. Schlacht bei Arcis sur Aube, 20. bis 21. März 1814. Treffen bei La Fere Champenoise, 25. März 1814. Schlacht von Paris, 30. März 1814. Schlacht von Waterloo, 18. Juni 1815. Treffen bei Straß=
burg, 18. Juni 1815.

Die Tafeln sind aus eroberten französischen Geschützen gegossen, wie dieser Umstand auf der ersten Tafel hinten eingravirt zu lesen ist.

Ueber den Segmenten der Nischen liest man die Namen von 18 Heerführern mit dem Namen des Landes, welchem sie angehörten: Schwarzen=
berg, Blücher, Wrede, Radetzky, Scharnhorst, Gneisenau, Wilhelm von Würtemberg, Wilhelm von Braunschweig, Friedrich von Hessen, York, Klenau, Bülow, Gyulai, Kleist, Colloredo, Tauen=
zien, Ziethen, Bubna.

Die hochgewölbte Kuppel hat theils viereckige, theils nach Innen im Dreieck gebrochene Kasseten, nach Art des Pantheons in Rom. Marmordessins, welche sich konzentrisch verjüngen, bilden den glat=
ten Fußboden, in dessen Mitte auf einer Kreisfläche mit großen Unzialbuchstaben die Worte zu lesen sind:

"Möchten die Deutschen nie vergessen, was den Befreiungskampf nothwendig machte, und wodurch sie gesiegt." Von Außen liest man über dem Marmorportale mit seinen mächtigen Bronzeflügeln: "Den deutschen Befreiungskämpfern Ludwig I., König von Baiern, 1863."

Der Gesammteindruck des Innern imponirt durch das Massenhafte von Marmor und Goldglanz, durch die gelungene Farbenstellung, aber man bleibt dabei eiskalt, wie bei allen heidnischen Bauten. Dasselbe meint Schreiber dieses auch von der Walhalla trotz der Pracht ihrer inneren Ausstattung sagen zu dürfen.

Die Außenseite der Befreiungshalle in ihrem gegenwärtigen Zustande ist gar zu sehr kuchen- oder pastetenartig, gar zu einfach in der Profilirung, und gibt gar keine Ahnung von dem Bau im Innern. Die Aussicht von der Höhe ist außerordentlich schön und malerisch.

Gedanken über religiöse und sociale Zustände und Vorurtheile.

1. Ein öder Spaziergang.

Es ist ein Sonntag Nachmittags. Geh' mit mir, lieber Leser, auf einen der großen Gottesacker der guten Stadt Wien, auf den Schmelzerfreudhof. Was für ein Lärm und Gesurre begegnet einem da schon auf der Straße! Tausende und tausende von Spaziergängern schnappen nach frischer Luft; und aus den zahllosen Wirthshausgärten trägt der Wind das Schmettern der Trompetenbläser und das Gepumme der türkischen Musiken herüber. Auch Leichen werden vorbeigeschleppt — meistens in großer Eile; die Vorbeter dabei machen ihre Sach' mit bekannter Rührung und unverwüstlicher Andacht; und den Trägern kann es Niemand verargen, wenn sie durstig sind. Vergönnt es ihnen, daß sie etwas mehr trinken als andere Leute, denn es ist ja auch keine kleine Arbeit, Stundenlang den Verwesungsgeruch einzuathmen, und tagtäglich am

Rande des Grabes zu stehen. Die nächsten Verwandten weinen gewöhnlich um den stillen Mann, der jetzt in den sechs Brettern eingenagelt liegt — und das bittere Gefühl, den auf dieser Welt nicht mehr zu sehen, mit welchem man so viele trübe und heitere Stunden verlebt hat, drückt ihnen schier das Herz ab. Gehen wir nun hinein beim großen Thor, und drängen wir uns durch die Menge der Bettelweiber; was für ein Wald von Grabeskreuzen, was für Gassen von steinernen Denkmälern sieht man da vor sich ausgebreitet! Eine gute Anzahl großer und kleiner Gräber ist immer aufgewühlt, um die neuen Gäste in Empfang zu nehmen. Ein kleines, d. h. ein eigenes Grab kostet hier an 40 fl. Silber; eine Leiche, für welche das nicht gezahlt werden kann, wird in ein allgemeines Grab gesenkt, in welchem gewöhnlich ein Dutzend beisammen liegt. — Für den Todten ist es wohl alles eins, ob er dort oder da liegt, ob er vereinsamt ist oder in Gesellschaft sich befindet; aber denen, die ihm nachschauen müssen in's Grab, thut es oft weh, ihre Hingeschiedenen bei so viel unbekannten Leichen zu wissen.

Wohl würde dieser Gedanke nur einen geringen Kummer machen: aber eine andere Frage ist's, die viel tiefer einschneidet, nämlich die Frage: Was geschieht nach dem Tode? Ist es da aus mit dem Menschenleben? Gibt es kein Jenseits, keine ausgleichende Gerechtigkeit? Sind die Menschen nicht mehr als die Thiere, die verenden, verwesen und von denen keines mehr zum Vorschein kommt? Sind die Menschen nicht mehr als die Blumen, die blühen und verwelken? Was ist der Mensch mit all' seinem Stolz und seinem Hochmuth, mit seinem Reichthum und seinem Genuß, mit seiner Ehre und seiner Berühmtheit, wenn er nach dem Tode nichts mehr ist? Was nützt ihm da ein Leben in Glück und Freude zugebracht, und was hat er davon, wenn die Leute noch nach Jahrhunderten rühmend und lobend von ihm reden? Das ist alles keinen Groschen werth! Denn wenn es nach dem Tode rein aus ist, so weiß der Mörder und Dieb eben so wenig, daß ihn die Leute schmähen, als der Held oder Künstler, daß sie ihn loben. Was für ein herrlicher Palast ist das Belvedere in Wien! Seiner

Lage und seinem Baue nach gewiß einer der schönsten in der Welt. Und wer ließ ihn bauen? Einer von jenen Menschen, die selten gefunden werden, die in Allem, was sie unternehmen, vom ungeheuersten Glücke begünstigt sind — der Prinz Eugenius von Savoyen, der siegreiche Feldherr gegen die Türken. Am 16. August 1717 gewann er die bekannte Hauptschlacht gegen die Türken bei Belgrad. Türken blieben über 40,000 todt auf dem Platze, 52 Fahnen, 356 Kanonen und eine zahllose Menge von Kugeln und Pulver erbeutete das kaiserliche Heer. Es war eine der bedeutendsten Schlachten in der Weltgeschichte. Der Name Eugens, des großen Helden, flog von Mund zu Mund. Die Eugenius-Capelle im St. Stephansdome birgt in einem Marmorgrabe seine Gebeine. Er starb 1736 in seinem 71. Jahre. Der Leichnam wurde in seinem Palaste (dem heutigen Münzgebäude in der Himmelpfortstraße zu Wien) vier Tage lang ausgesetzt und mit dem Pomp eines Erzherzogs begraben. Der Mann besaß Kunst- und Gemäldesammlungen, Bibliotheken und Paläste, Reichthum und

Ruhm und Ehre vor den Menschen, und es thut ihm doch jetzt so wenig ein Zahn weh, wie irgend einem Bettler, der in einem Grubenwinkel eines Gottesackers liegt! — Oder wollt ihr noch mehr sehen, wie alle menschliche Herrlichkeit vorbeigeht, so kommt auf ein paar Minuten in die Kaisergruft — da seht ihr mächtige Herren in enger Behausung aneinandergereiht — aus den ungeheuern Burgen und Palästen, in denen sie gewohnt haben — sind kleine metallene Häuser geworden, und kupferne Dächlein decken die Gebeine zu.

Da werdet ihr nun sagen: das ist Alles recht, nach dem Tode ist's freilich aus mit aller Herrlichkeit — aber wir sind eben noch nicht gestorben, wir leben noch, und das ist uns ein schlechter Trost, wenn wir wissen, daß jene, die in Reichthum und Macht leben, auch sterben müssen wie wir — das macht uns im Hunger nicht satt und im Mißmuth nicht zufrieden. Uns wäre es auch lieber, nicht ringen und kämpfen zu müssen um das bischen tägliche Brot, und die Unsern nicht zurücklassen zu müssen in einem Elend, wie wir selber es getragen haben Jahre lang. Uns wäre es auch lieber, Theil nehmen zu können an den vielen Genüssen, welche das Leben dem darbietet, der Geld hat; und nicht als arme Teufel gequält und verachtet von allen Seiten durch's Leben zu gehen — und zum Grabe zu wandeln.

Da kommen wir nun zu einer andern Frage, nämlich zu der: Was ist's nach dem Tode? Ist's was, oder ist nichts? Ist's etwas Gewisses, oder ist's nur was Ungewisses? Das ist nun eine Hauptfrage — und sie geht keinem Menschen aus dem Weg, sie pflanzt sich vor Jeden auf wie eine Riesenschlange als ein großes mächtiges Fragezeichen. Wäre es nach dem Tode aus mit dem ganzen Menschen, dann fürwahr, würde der am gescheitesten thun — der das Leben genießt, so viel er kann und so lange es ihn freut — und der, wenn er es satt bekömmt — geradewegs einen Strick nehme, um sich aufzuhängen; oder eine Pistole, um sich eine bleierne Bohne als letzte Speise dieses Lebensgastmahls in's Hirn zu knallen.

Wenn man so die tausend und tausend Grabhügel anschaut, so dünkt es einem, als ob man schon 5 Schuh hoch Erde und Schutt auf der Brust liegen hätte. Es ist, als ob einem der Teufel allerhand desperate Fragen vorhielte, wie z. B.: Was haben nun die Leute davon, die da unten liegen — wenn sie fleißig in die Kirche gegangen sind und gebetet haben; wenn sie es vorgezogen haben, lieber Unrecht zu leiden, als Unrecht zu thun; wenn sie aus Gewissenhaftigkeit arm geblieben sind, da sie doch durch irgend einen Betrug sich hätten bereichern können? u. s. w. Und alle diese verschiedenen kleinen Fragen drängen immer zur großen hin: Ist's nach dem Tode aus, oder ist's nicht aus — ist nach dem Tode etwas, oder ist's nichts? Bekommen wir die Bekannten und Verwandten, die Lieben und Getreuen, die Aeltern und Kinder, die Geschwister und Freunde, die hier oder auf andern Gottesäckern zerstreut liegen, wieder zu Gesicht — oder sind unsere Thränen und Wünsche, ist unsere Hoffnung und Sehnsucht zu gar nichts — als um uns selbst eine Zeit lang zum Besten zu halten? ———

2. Inmitte der Gräber.

Es gibt nur einen einzigen Weg, aus all' dieser Trübsal zu kommen. Schaut einmal das Bildniß des gekreuzigten Mannes an, das in der Mitte des Gottesackers aufgestellt ist — und lernt Jenen kennen, den dies Bildniß vorstellt. Wir haben zuvor gesagt: Entweder ist's was nach dem Tode, oder es ist nichts. Jetzt kommen wir auf eine neue Frage, die ebenso entschieden ist: Entweder ist Christus der Sohn des lebendigen Gottes — wahrer Gott und wahrer Mensch; zwei Wesenheiten in sich vereinigend, die göttliche und menschliche — Mittler zwischen Gott und Menschen; oder er ist nur ein Mensch, auf dem gewöhnlichen Weg der Zeugung eingetreten in dieses Leben.

Wäre Christus nur ein gewöhnlicher Mensch, dann hätte noch immerfort das Grab seine Finsterniß und seine Schrecken, und das Menschenleben seine Verzweiflung — dann wüßten wir so viel wie nichts; und es wäre am besten, sich an's Dießseits, an diese Erde und ihren Genuß zu halten, und weiter um nichts sich zu bekümmern. Wäre Christus nur ein Mensch allein, der sich das, was er sagte, ausgedacht hat, und der viele schöne Lebensregeln und rührende Aussprüche zusammenstellte, dann würde ich für all sein Gesetz und für alles, was er gesagt hat, und wenn's auch noch so schön wäre, keine Prise Tabak hergeben. Denn mehr als die Hälfte von dem, was Christus gesagt hat, wäre ja doch erlogen; er hätte sich dann für etwas ausgegeben, was er nicht war, er wäre jedenfalls ein Betrüger gewesen, und müßte man die Kreuzigung auch als eine zu harte und grausame Strafe ansehen — so könnte man doch nicht sagen, es sei ihm vollkommen Unrecht geschehen.

Entweder ist also Christus wahrhaft der Sohn Gottes, wie es seit 18 Jahrhunderten die katholische Kirche lehrt —, und dann ist alles, was er gesagt hat, göttliche Wahrheit; oder er ist ein bloßer Mensch, und dann wäre mehr als die Hälfte, was er von sich gesagt hat, erlogen, und alle seine Gesetze und Rathschläge, welche er gegeben hat, wären dann gerade von so geringer Wichtigkeit und von so geringer Verbindlichkeit, als man die Tugendregeln alter griechischer Weisen zu halten hat; oder als man sich ein Gewissen daraus zu machen brauchte, wenn man die Worte eines Professors oder Schulmeisters mißachtet.

Also: Entweder der ganze Christus — als Sohn Gottes und als Menschensohn zugleich, als Erlöser und Weltheiland — oder: gar kein Christus! Wenn wir in und durch ihn nicht die Gewißheit haben, den Tod zu besiegen und wiederum als ganze Menschen in Geist und Leib einst hergestellt zu werden, und bis zu jener Zeit der Wiederherstellung dem Geiste nach wesentlich fortzuleben, so wäre uns mit Christus nichts geholfen! Das sagt ja auch der heilige Paulus: „Wäre Christus vom Tode nicht auferstanden, dann wäre euer Glaube vergeblich, denn ihr wäret noch in euren Sünden, nun ist aber Christus von den Todten auferstanden, der Erstling der Entschlafenen, denn durch einen Menschen ist der Tod, und durch einen Menschen die Auferstehung von den Todten." (I. Corinth. XV.)

Wäre also das Bild des gekreuzigten Christus nicht da als ein Zeichen des lebendigen, vom Tode erstandenen welterlösenden Heilands, so wäre es viel gescheiter, man schaffte es gar vom Freudhof fort. Zu was denn noch das Bild eines Todten, der noch dazu so viel gelitten hat! Der Anblick der Gräber ist ohnedies traurig und niederschlagend genug. Christus als Mensch allein gibt da gar keinen Trost und keine Beruhigung; das sagt ja auch wiederum der heilige Paulus in dem nämlichen Capitel: „Wenn wir aber nur in diesem Leben auf Christus hoffen, so sind wir elender als alle Menschen."

Christus verlangt von uns: wir sollen nicht nach zeitlichen Gütern gierig streben, wir sollen unser Leiden in Geduld ertragen, wir sollen dem Genusse sinnlicher Lüste nicht fröhnen; und er verheißt uns dafür die ewige Herrlichkeit! — Wäre nun Christus nicht der Sohn Gottes, so hätte er uns ja doppelt betrogen: Einmal um den Genuß der Welt, die uns doch von allen Seiten anlockt und dem wir nach seinem Worte (in soweit dieser Genuß seinem Gebote entgegen ist) entsagen sollen — und auch um den Himmel; denn was für ein Recht hätte er denn als Mensch, uns den Himmel zu verheißen, ja wie hätte er als Mensch, aus sich selber uns auch nur versichern können, daß es ein Jenseits, einen Himmel gibt? — Wenn Christus also nur Mensch wäre, und wir würden seine Gebote beobachten, so wären wir schlechter daran als alle Heiden und alle Ungläubigen, denn diese suchen doch das irdische Leben zu genießen, wir aber, die wir die sündige Lust bezähmen, hätten hier nichts und dort hätten wir auch nichts!

Wer also da an Christus nichts anders findet, als „er sei ein edler Menschenfreund gewesen, und er habe die Menschen lieb gehabt, und er habe dieselben erheben und veredeln wollen, und seine Sittenlehre sei so schön, und es wäre gut, wenn die Leute sich daran halten möchten, — — und das sei genug, mehr brauche man von Christus nicht zu wissen; denn die Menschenliebe, welche er empfohlen hat — das sei eben allein die reine Jesuslehre:" — — wer so von Christus redet, der ist ein wahrer Heuchler, denn er hält auch auf Christi Sittenlehre nichts, wenn sie seinem Vortheile oder seiner Lust im Wege steht — und wenn er dieselbe übertreten kann, ohne daß sie ihm Schande oder Schaden brächte. Warum soll man sich denn an das Gesetz eines Menschen halten, wenn der, welcher es gegeben hat, einen weder für das Halten belohnen noch für das Uebertreten bestrafen kann? Wenn Christus nur ein Mensch war, so können seine Regeln und Gebote, wie wir schon früher gesagt, doch nicht mehr Geltung haben, als die Worte irgend eines Philosophen — man hält sich an derlei Worte, wenn man will, und wirft sie weg oder stößt sie um, sobald sie einem nicht gefällig sind.

Und um solches Umstoßen und Wegwerfen der Worte Christi, wenn sie den Gelüsten und Leidenschaften im Wege stehen, ist es allen Jenen zu thun, welche in Christus nicht den Sohn Gottes anerkennen wollen.

3. Glauben und Nichtglauben.

Darauf hört man sagen: „Ja, das wäre schon Alles Recht — aber wenn einer nicht glauben kann, wenn sich einer nicht überzeugen kann, troß seinem besten Willen, wenn es einem unmöglich ist, in Christus den Sohn Gottes anzuerkennen, und jedem seiner Worte göttliche Macht und Kraft zuzuschreiben; — ein Ungläubiger kann darnach für seinen Unglauben so wenig, als ein Gläubiger für seinen Glauben kann, denn der eine ist von Natur aus mehr gläubig, der andere von Natur aus mehr ungläubig."

Hört die Antwort hierauf: „Mit dem Glauben ist es ein eigen Ding — glauben muß der ganze Mensch mit seinem ganzen Wesen: er kann sich nicht hinsetzen und sich zum Glauben rüsten, wie man sich hinsetzt um zu sehen, daß 2mal 2 — 4 ist. Glauben muß man auch mit seinem Leben. Im Leben des Menschen aber gibt es drei Großfeinde, welche den Glauben entweder in den Menschengeist nicht hineinlassen, oder die ihn, wenn er schon drin ist, heraus zu treiben suchen. Diese Feinde hat der heilige Johannes bezeichnet, sie heißen: Augenlust, Fleischeslust und Hoffart des Lebens.

Schaut euch Jeden an, der den Glauben an Christus den Sohn Gottes verläugnet — nachdem das Wort der Wahrheit an ihn ergangen ist — schaut euch Jeden an, und eines oder zwei oder gar alle drei von diesen Dingen werdet ihr in seinem Leben finden. Entweder liebt er über alles den Besitz, und es gilt ihm über alles das Gelderwerben, sei dies nun gerecht oder ungerecht, sei es, daß er seine Mitmenschen dabei schindet, und ihnen, wie man gewöhnlich sagt, die Haut über den Kopf abzieht, sei es, daß er betrügerisch im Handel zu Werke geht, daß er ungerechtes Gut sich zueignet, daß er den, der nichts besitzt, oder nicht soviel hat, wie er, verachtet — — er ist der Augenlust hingegeben; und da genirt ihn das Wort des Herrn und er findet es bequemer, wenn er es verläugnet als Gotteswort — denn er hält sich dann für frei und für unverantwortlich.

Oder er liebt die Fleischeslust. Der Psalmist sagt: "Werdet nicht wie die Pferde und Maulesel, die keine Vernunft haben." Wer nun der sinnlichen Lust sich hingibt, und hierin nur zwei weltliche Schranken kennt: die eine, daß er sich die Gesundheit nicht verdirbt, und die andere: daß er nicht hiebei etwas thut, was ihn vor den weltlichen Richterstuhl bringen könnte — der ist doch im Grunde nicht mehr als ein Pferd und ein Maulesel: nur der eiserne Zaum des weltlichen Gesetzes hält ihn auf der geraden Straße; hat er aber das Gesetz und seine Strafen nicht zu fürchten — so kennt er kein anderes Gesetz als seine thierische Lust — die er mit thierischer List zu befriedigen sucht. Und dieser Punkt genirt wohl die meisten. Sie wollen die Sinnenlust nicht dem Geist unterwerfen; sie sind es schon zu sehr gewohnt, in sündhaften Verhältnissen zu leben; das Thiersein ist ihnen lieber als das Menschsein, sich treiben zu lassen vom blinden Trieb ist ihnen lieber, als den blinden Trieb zu beherrschen durch den sehenden freien Geist. Ihnen ist bei ihrem Freiheitsgeschrei und bei ihrer Fleischesbefreiung nur zu thun, um den Geist zu verläugnen; sie wollen nicht frei sein — wie ein von Gott geschaffener Geist — sondern wie ein im Zeugen der Natur entstandenes Roß oder ein Maulesel! Sie wollen in ihren Gesprächen, in ihren Büchern, in ihren Kunstschöpfungen, in ihren Gemälden und Statuen nichts anders sehen, als was ihnen sinnliches Vergnügen macht. Die wahre Religion aber verlangt: **Freiheit des Geistes, aber nicht Willkür des Fleisches;** die Willkür des Fleisches hat auch das Thier, das seinem Triebe nachlebt. Für den Menschen ist es eine schlechte Lebensregel und eine schlechte Ausflucht, wenn er sagt: er lebe naturgemäß — er muß auch geistesgemäß leben, denn naturgemäß allein lebt das Vieh auch.

4. Mensch und Vieh.

Jene Leute, denen es eine absonderliche Lust macht, ihren Trieben freien Zügel schießen zu lassen — wie das Vieh, erfinden sich dazu auch eine eigene Philosophie. Sie sagen: der Mensch ist nichts anderes als ein höheres Thier, und das

Thier ist nichts anderes als ein niederer Mensch; denn das Thier denkt, es hat Gedächtniß, es hat List, und es geht manchem Thiere fast nichts ab, als das Reden. — — Hören wir nun, was der Mensch mit dem Thiere gemein hat, und was ihn wesentlich vom Thiere unterscheidet. Mit dem Thiere hat der Mensch gemein — einen organischen Leib und das Streben der Selbsterhaltung. Der Mensch hat aber außer seinem Leib auch einen von Gott geschaffenen Geist. Dieser Geist erkennt sich selbst, er hat Selbstbewußtsein, die Thierseele erkennt sich nicht selbst, und hat kein Selbstbewußtsein, das Thier kann nicht über sich selbst nachdenken, und über die Ursache seiner Entstehung und über den letzten Grund aller Dinge. Das kann nur der Gott ebenbildliche Geist. Der kommt zum Gedanken: Ich bin; und ferner zum Gedanken: Ich bin nicht aus mir selbst, es hat eine Zeit gegeben, in der ich nicht war. Es muß eine Ursache meines Daseins geben, ich fühle mich in einem Zustande des Elendes, der Unzufriedenheit u. s. w. Das Alles sind Gedanken des Geistes, Gedanken, welche die

Sehnsucht nach Gott und Erlösung aussprechen, und diese Gedanken kann kein Thier haben, weil kein Thier einen Geist hat. Wenn aber der Mensch an nichts anders denkt, als an Essen, Trinken und die Befriedigung seiner Begierden, so pflegt er nur Naturgedanken, d. h. Viehgedanken, und je mehr er sich diesem natürlichen Denken und Leben hingibt, desto mehr sucht er der unangenehmen Gedanken seines Geistes los zu werden; er verleugnet den persönlichen Gott und den geschaffenen Menschengeist — kann es aber bei alledem nicht zur Viehbehaglichkeit bringen, weil er weder des denkenden Geistes los wird, und weil er auch die Stimme Gottes, die an diesen Geist ergeht, oder das Gewissen nicht los werden kann. Gerade das Gewissen aber ist das Gewisse im menschlichen Wissen, und der Mensch wird am meisten religiöse Ueberzeugung haben, der sich im geistigen Willen über die Zeugung, d. h. über das thierische Leben und Getriebenwerden erhebt. Wenn nun einer ein rechtes Vieh werden will, und alles mögliche thut, um die Natur mit ihren blinden Trieben in seinem Leibe schalten und walten zu lassen, so bringt er sein Vorhaben doch nicht ganz zu Stande — weil sein Geist vom Gewissen immerdar gepeinigt und gequält wird. Für solche Leute hat nun die moderne Aufklärungssprache ein eigenes Wort erfunden. Ein Lump, der die Unzufriedenheit mit sich selbst nicht los bringt, und den das Gewissen peinigt, wird „ein Zerrissener" genannt. Er kann in den feinsten Stoffen und den elegantesten Kleiderschnitten einherspazieren und seine Geldverhältnisse können glänzend arrangirt sein — die Lumperei kann nebenbei doch in ihm stecken, d. h. er kann innerlich in seinem Geiste zerrissen sein. Schaut euch jeden dieser Zerrissenen an, er gibt dadurch Zeugniß für Gott, Erlösung, Gericht und Kirche: daß er über sie spottet ohne Unterlaß; wenn ihn die Gedanken daran nicht ganz verflucht geniren würden, so hielte er's Maul und es wäre ihm die ganze Geschichte höchst gleichgültig. So aber, weil ihn diese Gedanken geniren, sucht er Bücher, in denen die Wahrheiten der Religion verläugnet, verhöhnt und verspieen werden; er sucht Gesellschaften, in denen dasselbe geschieht; er sucht Freunde seiner Gesinnung und seiner Weltviehanschauung; er macht sich selber ein sogenanntes System, und diese Gebundenheit an die blinde Natur, diese Zeugungs- und Selbsterhaltungs-Seligkeit nennt er dann „Freiheit." So nennt der Dieb sein Handwerk „Industrie," und der Betrüger sein Gewerbe „Geschäft," und die fleischliche Liederlichkeit, ihr raffinirtes Maulefelthum: „Galanterie," und der hochmüthige Gottverläugner, der den Menschen vergöttert und verthiert zugleich, wie er es gerade zur Hoffart oder zur Wollust besser brauchen kann, seine Menschenverviehung: „Philosophie." Schöne Namen gibt es allerwärts für die grauslichsten Geschichten, und die eckelhaftesten Krankheiten werden gerade „die galanten" genannt. Gott behüte und bewahre Jeden vor dieser Galanterie.

Der liederliche Franzose Voltaire war auch ein Verfechter der Menschenverviehung und wußte für alle Lumperei schöne Namen zu erfinden. Seine Schüler machten es ihm getreulich nach.

Einer von ihnen suchte noch während dem Leben Voltaire's eine Dame in nobler Gesellschaft zum Unglauben an Gott zu bereden. Diese aber leistete scharfen Widerstand, und ließ sich keinen blauen Dunst vormachen. Darauf sagte der Atheist: „Ich hätte nicht geglaubt, in einem Hause, in dem so viele geistreiche Leute sind, der Einzige zu sein, der nicht an Gott glaubt." Darauf erwiderte ihm die Dame des Hauses: „Mein Herr, Sie sind auch nicht der Einzige; mein Hund und meine Pferde glauben auch an keinen Gott, nur können sie dieses Unglaubens sich nicht rühmen."

Schaut euch nur einmal Jeden an, bei dem es in seinen religiösen Verhältnissen nicht recht zusammengeht: Entweder ist er ein Hoffartspinsel und will Gott und seine Heilsanstalt auf Erden — die Kirche, das große, laute, lehrende, mahnende, unfehlbare Weltgewissen, nicht anerkennen, und will selber seine Autorität und seine Unfehlbarkeit sein, und er erfindet sich dann eine eigene Beglückungs-Maschine: „System" genannt. — Oder es drückt ihn der Schuh, weil er ein Wucherer, ein Betrüger, ein harter, herzloser Filz ist, und weil mancher Gulden in seinem Kasten unehrlich ist, und weil seine Art sich Geld zu erwerben keine Lobsprüche seines Gewissens einträgt, und weil er hängt am Mamon, am Geld, an der eitlen Ehre, für die er sinnt und spinnt und intriguirt — und das alles zusammen heißt im Evangelium Augenlust, der Trieb zu haben, zu besitzen, zu glänzen, zu scheinen. Auch der Esel geht stolz einher, wenn goldene Trodbeln auf seinen Ohren hängen, und das Roß bäumt sich, wenn auf seinem Kopfe Federn wallen, und es in glänzendem Geschirre geht, und frißt lieber fetten Hafer als stinkendes Heu; — der Mensch aber, der da weiß, was Gott ist, und was der Mensch ist — der weiß auch alle irdische Habe vom rechten Standpunkte aus anzuschauen und aller unrechten Besitzgelüste und Besitzerstrebungen, aller unrechten Augenlust in sich Meister zu werden.

Ebenso sehr als der Aufgeblasene, Hoffärtige, und der Streber nach Ehre und Besitz, ebenso sträubt sich auch derjenige gegen Lehre und Pflichten, welche in der Kirche verkündet werden — der sich der Fleischeslust hingibt. Im Catechismus steht ein einfaches Wort, es heißt: „die Unkeuschheit verblendet den Verstand." Woher kommt der Unglaube in großen Städten? Daher, woher auch die vergilbten Pergamentgesichter, die verloschenen Augen, die elenden Gestalten kommen. Im Viehleben genirt den Menschen Alles, was ihn an sein geistiges Leben gemahnt, das sagt schon Paulus im Galaterbrief: „denn das Fleisch gelüstet wider den Geist — der Geist aber wider das Fleisch, denn diese sind einander entgegen; ich sage aber: wandelt im Geiste, so werdet ihr die Gelüste des Fleisches nicht vollbringen. — Offenkundig sind die Werke des Fleisches: als da sind Hurerei, Unreinigkeit, Unzucht, Geilheit, Abgötterei, Zauberei, Feindschaft, Zank, Neid, Zorn, Hader, Uneinigkeit, Ketzerei, Mißgunst, Todschlag, Völlerei, Schwelgerei, und was dergleichen ist; wovon ich euch verkünde, wie ich es euch schon ehedem gesagt habe, daß die, welche solches thun, das Reich Gottes nicht erlangen werden." Da haben wir alle Werke des Fleisches, alle Töchter und Mütter der socialen Revolution in Reih und Glied aufgestellt; eine saubere Sippschaft! Hingegen sagt der Apostel im selben Briefe, was der Geist für Früchte treibt: „Die Frucht des Geistes aber ist Liebe, Freude, Friede, Geduld, Milde, Güte, Langmuth, Sanftmuth, Treue, Mäßigung, Enthaltsamkeit, Keuschheit!"

Fragt einen Zerrissenen, ob er eine von diesen Früchten in seinem Geiste trägt; er wird euch erwidern: „Dummes Zeug!" — Schaut ihn aber genau an, und ihr werdet finden, daß von den obigen Werken des Fleisches mehrere oder doch einige in ihm wohnen. Wer nun mit den Thaten seines Lebens Gott verläugnet, der wird ihn nach und nach auch in Wort und Schrift zu verläugnen suchen — und so stehen die Werke der Finsterniß dem Lichte des Glaubens im Wege.

5. Die sogenannten „ehrlichen Männer."

Es gibt eine Menge Leute, die sagen: Es ist genug, wenn man ehrlich und rechtschaffen ist, weiter braucht man keine Religion, das genügt. Darauf antwortet der Franzose Segur: „Das genügt freilich vor den Menschen, aber nicht vor Gott; es genügt, um nicht gehängt zu werden — aber nicht um in den Himmel zu kommen." Uebrigens, was ist ehrlich und rechtschaffen? Wenn die Ehrlichkeit und Rechtschaffenheit nicht nach einer göttlichen Richtschnur, nach einem göttlichen Gesetze bestimmt werden, und wenn es einem Jeden überlassen bliebe, da selber die beliebigen Grenzen zu ziehen, dann wäre die ganze Welt voll rechtschaffener Leute. Jeder Bündeljude, der dir eben eine morsche Leinwand hinaufdisputiren will — wiederholt dir, so oft du es haben willst, daß er ein ehrlicher, rechtschaffener Mann ist, und du trägst doch deine Bedenken darüber. So ist es auch mit einer Unzahl von Christen; es ist merkwürdig, was sie sich alles erlauben — wie sie ihre Nebenmenschen zu ihrem Gewinn und zu ihrer Lust mißbrauchen und ruiniren, ich möchte es keinem rathen, einem Mann des Gewinnstes und der Lust seine Ehrlichkeit und Rechtschaffenheit abzusprechen. Wenn man diesem Unliebsames vorhält, so wird er sagen: „Das geht keinen Menschen etwas an, darüber kann mich Niemand belangen." Und so geht es mit der sogenannten elastischen Ehrlichkeit und Rechtschaffenheit am Ende auf den Satz hinaus: „Wer kann mir etwas beweisen? Ich raube nicht, ich stehle nicht, ich schlage Niemand todt! Mich kann Niemand ins Gefängniß oder zum Galgen bringen, und — darum bin ich ein ehrlicher Mann!" — — Und doch weiß es alle Welt, doch weiß es Jeder, der nur einige Welterfahrung genossen hat — daß die Zahl der ungehängten Schufte unendlich groß, und die Zahl der gehängten unendlich klein ist; und daß nicht Alles ehrlich und rechtschaffen ist, was frei auf der Gasse herumrennt. Der Welt ist für Rechtschaffenheit der rechte Maßstab abhanden gekommen und nur im göttlichen Gesetze kann dieser Maßstab gefunden werden.

Wer nun seinen Maßstab für Ehrlichkeit und Rechtschaffenheit in der Welt sucht und nicht im göttlichen Gesetze, bei dem kannst du versichert sein, es ist ihm um gar keinen solchen

Maßstab zu thun — er will keinen finden; er will nur ein elastisches nach Belieben dehnbares Schnürlein — in welches sein ganzes Leben mit aller Lumperei sich einschließen läßt, und hat er dies Experiment gemacht, so sagt er: „Siehe alles innerhalb den Grenzen des ehrlichen und rechtschaffenen Mannes!" Was kann der Mensch alles tentiren, ehe ihm die weltliche Gerichtsbarkeit an den Hals kommt; und was kann er Alles tentiren, ohne daß Jemand gegen ihn aufzutreten vermag! Und jeder von diesen Probiermeistern, und wenn er pfiffig auch schon die gräulichsten Dinge probirt hätte, ruft doch aus: „Wer kann an mich heran, ich bin ein ehrlicher Mann!" Und daraus folgt, daß man bei Keinem, der sich selbst die Grenzen der Ehrlichkeit absteckt, weiß, wie weit er geht — wenn seine Leidenschaft, sein Interesse in's Spiel kommt. Bei dem Manne aber, von dem mir bekannt ist, daß er ehrlich am Gesetze Gottes festhält, und daß dieses seine Richtschnur ist — bei dem kann ich voll Vertrauen sagen: Der geht nur bis hieher und nicht weiter!

6. Leichen Armer und Reicher.

In Wien (auch anderwärts) kann man in den Vorstädten besonders über alle kirchlichen Ereignisse und Funktionen die verschiedensten Urtheile und Kritiken hören. — Es ist Nachmittags vier Uhr. Gehen wir in die Pfarrkirche einer Vorstadt. Eben wird das Leichenbegängniß eines verstorbenen reichen Mannes gehalten. Ein kostbares goldburchwirktes Bahrtuch ist über den Sarg ausgebreitet; eine Menge Leidtragender oder wenigstens schwarzgekleideter Herren und Damen folgen dem Zuge; selbst aus den Klöstern der ehrwürdigen Kapuziner und Franziskaner gehen Patres und Fratres mit; sonst folgen noch Geistliche in Chorröcken und Dalmatiken — und zuletzt der Pfarrer — oder wer sonst die Einsegnung der Leiche vornimmt — in einem schwarzsammtenen, goldburchwirkten Vespermantel. Posaunenbläser handhaben mit mehr oder weniger Würde ihr messingenes Ziehinstrument — und zerarbeiten sich, um durch ihre Musik die wirklich Leidtragenden zu erschüttern und die Gleichgiltigen in die rechte Rührung hinein zu blasen. Ein Chor von Sängern stimmt den Psalm Miserere mei Deus an, und die Leichenbesorger mit schwarzen Mänteln und weißen am Halse hängenden zwei Mosestäfelchen laufen geschäftig hin und her. In der Kirche wird das Libera feierlich mit Orgelbegleitung gesungen. Eine Menge von Wachskerzen ist angezündet — und auch den Mitgehenden werden Lichter zum Tragen verabreicht. Sind die Gebete gesprochen, so wird der Leichnam zur Thüre getragen und in einen mit vier Rappen (weil die Pferde auch durch ihre Farbe der allgemeinen düsteren Stimmung keinen Abbruch thun dürfen) bespannten Galla-Todtenwagen geschoben, und in einen Gottesacker hinausexpedirt. Eine Unzahl von Wagen folgt hinterdrein, und gibt dem weiland angesehenen Manne das letzte Geleite. Aus der Kirche verlauft sich das Volk, sie wird leer; und in einer Viertelstunde kommt wieder schweigsam ein Leichenzug heran. Vier Träger in fadenscheinigen abgeschabten, an einigen Stellen sogar den antiken Glanz zur Schau tragenden Fräcken, schlep-

pen einen schlechten Sarg daher, der mit einem
kümmerlichen Leichentuche zugedeckt ist. Im Sarge
drin liegt ein armer Mann, in einen Sack ein=
genäht — denn der Sarg ist — Gut der Gemeinde, er ist eine sogenannte „Gratistruhe,"
und die stillen Bewohner desselben sind keines=
wegs Hausherren dieser ärmlichen Bretterhütte,
nein — sie sind nur Einwohner, Miethleute für
Eine Stunde; für die Stunde des Begräbnisses.
Ein Kaplan kommt aus der Sakristei, betet die
Gebete, besprengt den Sarg mit Weihwasser und
thut das Uebrige, was im Rituale steht. Dann
nehmen die Vier den stillen Geduldigen wieder
auf ihre Schultern — tragen ihn auf den Fried=
hof — nehmen ihn aus seinem Miethhaus —
und legen ihn mit dem groben letzten Gewand=
stück, mit dem zugenähten Sack, in den kühlen
Schooß des Grabes. Niemand ist mitgegangen,
keine Thräne wird geweint, und höchstens sagen
die Todtengräber, wenn sie den lästigen Gesellen
(ist er ihnen doch eine Stunde lang zur Last ge=
wesen und an dem Hals gesessen) in sein neues
Logis abgesetzt haben, halb mürrisch, halb scherz-

haft-ironisch zu einander: „Alle Tage so ein paar Gratisleichen, das wäre ein sauberes Geschäft" — und dann nehmen sie den Todtenkasten wieder auf ihre Schultern und traben damit retour hin, wo sie hergekommen sind. Diese Bilder wiederholen sich, wie sich denken läßt, tagtäglich in den dreißig Wienerpfarren; und in den Wirthshäusern wird dann manchmal darüber gesprochen. Es wird unter Schimpf und Hohn der Kirche zur Last gelegt — daß sie für Geld so bedeutende Unterschiede mache, daß der Klerus für Geld erkäuflich sei; daß für den, der Geld hat, mehr und besser noch gebetet werde als für den armen Teufel — und was derlei Beschuldigungen und Anklagen mehr sind. Wir wollen nun der Sache auf den Grund schauen.

Die Kirche macht in ihren Gebeten und in ihrer Segnung gar keinen Unterschied; für den Armen und Reichen ist dasselbe Gebet, derselbe Segen, dieselben Psalmen. Es wird bei Jedem, auch bei einem hingegangenen Kaiser oder König gebetet: „Gott der Herr wolle die Seele desjenigen, den er von dem mühevollen Arbeitshause dieser Welt nun abgerufen hat, erlösen von den Gewalten der Finsterniß und vom Orte der Strafen, daß er von den umstrickenden Banden seiner Sünden befreit die Seligkeit in Ruhe und Frieden genießen möge und einst mit den Heiligen und Auserwählten zur Herrlichkeit der Auferstehung erweckt werde durch Jesum Christum unsern Herrn." Dann wird der Sarg mit Weihwasser besprengt mit den Worten: „Mit himmlischem Thaue erquicke deine Seele Gott Vater, Sohn und heiliger Geist." Der Sarg wird dann mit Erde bestreut (was die Einsenkung in's Grab bedeutet, weil in Wien, der großen Entfernung der Friedhöfe wegen, die Leichen vom Priester nie bis zum Grabe begleitet werden) und es werden die Worte gesprochen: „Die Engel mögen dich in's Paradies geleiten, die heiligen Märtyrer bei deiner Ankunft dich empfangen und einführen in die heilige Stadt Jerusalem. Der Chor der Engel nehme dich auf und mit dem Lazarus, der einst arm gewesen, mögest du die ewige Ruhe genießen. Gesegnet werde dieß Grab im Namen des Vaters, des Sohnes und des heiligen Geistes. Gehe heute ein zum Frieden und deine Wohnung sei das heilige Sion. — Aus Erde hast du ihn gebildet, aus Gebein und Fleisch ihn zusammengefügt. Herr, erwecke ihn am jüngsten Tage. Durch Jesum Christum unsern Herrn." Das sind außer dem Vater unser, den Psalmen (50. und 129.) Miserere und De Profundis — die Gebete, welche die Kirche für Jeden betet. Da gibt es also keinen Standesunterschied — ja, es wird sogar für die Armen, die am Grabe stehen, das tröstende Wort gesprochen, daß sie mit Lazarus, der auch einst arm war, die ewige Ruhe genießen werden. Daß unter dieser Ruhe nicht Schlaf oder bewußtloses Dahinbrüten, sondern die in Gott sich freuende bewußte, von Jammer und Erdennoth nicht mehr gestörte Ruhe verstanden wird — versteht ohnedieß Jeder, der die kirchliche Sprache in ihrer Bedeutung kennt.

Und nun, mein lieber Leser, denke ein wenig nach. — Wenn dein Weib, dein Kind, dein Vater, deine Mutter, deine Braut, deine Schwester im Glauben und der Hoffnung hingestorben sind, und es werden diese Gebete der Kirche, auf deren Inhalt sie in ihrem Leben geglaubt und gehofft haben — und die ihnen nun aus dem großen Schatz der Kirche zur Erquickung und zum Troste ihrer hingegangenen Seelen verabreicht werden — über sie gebetet: hältst du nicht auf die Kraft dieser herrlichen Gebete und auf Christus den Herrn, der diese Gebete aufnimmt, viel mehr, als auf hundert weinende Posaunen, die doch nur Blechinstrumente sind, und hältst du nicht mehr darauf, als auf goldburchwirkte Bahrtücher und auf allen Pomp, der bei Leichen bisweilen zu sehen ist? Das Gebet und die Segnung aber sind das Wesentliche, was die Kirche gibt — und das Gebet und die Segnung sind gleich für Jeden. Die Kirche hat nichts entgegen, daß dem, der in Ehren hoch gestanden, oder der im Besitze von Vermögen ist, auch weltliche Ehren in äußeren Zeichen beim Begräbniß erwiesen werden, die Kirche sagt aber durchaus nicht — daß die Seele des Dahingeschiedenen an diesen Dingen eine Tröstung habe. Das heilige Meßopfer, das für alle Verstorbenen, die im Glauben dahingegangen sind, verrichtet wird, und das Gebet der Zurückgebliebenen, das tröstet die armen Seelen. Und auch die Einsegnung ist gleich für jeden Dahingeschiedenen. Daß aber der Leichnam, der todte Leib, gesegnet wird, hat auch seine hochwichtige Bedeutung. Gott wird einst den ganzen Menschen — Leib und Geist wieder herstellen bei der Auferstehung von den Todten. Der auferweckte Leib wird dem unsterblichen Geiste wieder gegeben werden. Darum wird der Leib nach dem Hinscheiden noch geweiht, denn er wird das Verwesliche verlieren und einst das Unverwesliche erlangen; es wird das Sterbliche an ihm vermodern und verwesen, und er wird das Unsterbliche einst anziehen. Es wird sicher der nämliche Leib sein — er wird aber nicht aus denselben Stoffen bestehen; er wird weder einer Krankheit noch dem Tode mehr ausgesetzt sein. Wie dieß möglich ist, läßt sich schon aus den Erscheinungen dieses unseres Erdenlebens erklären. Der Greis von achtzig Jahren hat sicherlich keinen anderen Leib, als jenen, welchen derselbe als Kind hatte, nachdem er zur Welt geboren worden ist — und dennoch ist es sicher, daß weder in seinem Gebein, noch in seinem Fleische ein Fäserlein aus denselben Stoffen besteht, wie damals als er geboren wurde, und sicher ist es auch, daß nicht ein kleines Tröpflein Blut in seinen Adern schleicht — das damals in ihm war, als er auf die Welt gekommen; und doch weiß der Greis, das ist immer mein Leib, immer derselbe, mit dem ich geboren worden. Und so werden auch wir einst unsern Leib wieder bekommen, wir werden wissen, daß es unser Leib ist, es wird sicher derselbe Leib sein, aber er wird verklärt sein, er wird das Sterbliche ausgezogen und das Unsterbliche angezogen haben — d. h. er wird nicht mehr aus sterblichen und verderblichen, der Krankheit, dem Schmerze, der Verwundung und dem Tode ausgesetzten Stoffen bestehen. Das lehrt uns ja schon der heilige Apostel Paulus.

Da nun Jeder aus uns, sei er reich oder arm, hoch oder niedrig auf dieser Erde gestellt — in seinem Tode auf denselben Segen und dieselben Gebete der Kirche — und nach diesem Leben auf dieselbe Verklärung seines Leibes und dieselbe Unsterblichkeit Hoffnung und Anspruch hat, so wäre es doch eine rechte Albernheit, wenn Jemand einen kleinlichen Neid darüber empfände, weil Besitzende und Vermögliche mit mehr Pomp begraben werden. Die kostbaren Bahrtücher und die schönen Leichenwagen, und die gutgefütterten Rappen und die Blechmusik geben dort am Tage des Gerichtes keinen Ausschlag, das sind nur weltliche Ehrenbezeugungen, die längst vergessen sind, wenn die Engel des Gerichtes ihre Posaunen erschallen lassen werden. Wenn du also arm bist, so beneide Keinen um diese Geschichten, die du für dich und die Deinen einmal nicht haben kannst — suche vielmehr nach dem zu streben, was in deiner Gewalt liegt, daß du es erlangest — nämlich nach dem Reiche Gottes und seiner Gerechtigkeit; und siehst du je in der heiligen katholischen Kirche etwas, was dir nicht behagt und zusagt, so denke: das ist nicht die Kirche und liegt nicht im Willen der Kirche, sondern das thun die Menschen in der Kirche gegen den Sinn und Willen derselben. So hab' ich einst Einen schreien und spetaculiren hören (und das war noch ein

Reicher dazu) über einen Leichenconto, den ihm
nach dem Tode seiner Frau ein Leichenbesorger
vor Augen legte; der Mann war aber nicht ka=
tholisch und schimpfte nun furchtbar über die
katholische Kirche, daß sie solches in ihr zulasse!
Wer hat denn aber je behauptet oder gelehrt:
daß die Conductansager (so heißen in Wien die
Leichenbesorger, und ich kenne auch recht ordent=
liche Leute unter ihnen) unter dem besonderen
Einflusse des heiligen Geistes stehen und in ihren
Conto's unfehlbar seien? — Es muß hier noch
Eins bemerkt werden. Die Geistlichen, welche
die Leiche begleiten haben das Allerwenigste
davon. Daß die Andern aber, die da, sei es
in Musik, in Vorbeten, in Besorgen ꝛc., mitwir=
ken, ihre Bezahlung haben wollen — das kann
man ihnen ja auch nicht verargen, sie leben
ja davon.

Da hab' ich einmal bei Conducirung einer Leiche in
der Wiener Pfarre Altlerchenfeld Folgendes erlebt.
Die Bahre wurde von Junggesellen getragen, was
gewöhnlich geschieht, wenn ein Jüngling oder ein
Mädchen stirbt. Die Träger kriegen deßhalb doch

ihre bestimmte Taxe, und sie gehen dann in ihren schwarzen Fracken vor dem Geistlichen. Wir kamen durch eine Straße, welche die Grenzscheide zweier Pfarren bildet; die eine Häuserreihe gehört zu einer andern Pfarre. Da wendete sich ein Todtengräber während des Zuges ärgerlich zu mir und sagte leise: „Unter diesem Thore da drüben (auf der Seite der andern Pfarre) traf gestern einen Mann aus unserer Pfarre der Schlag, der ist uns wieder ausgekommen." Die edle Römerseele wollte mit diesen Worten mich in's Mitleid ihres Neides ziehen und die Sehnsucht nach dem halben Silberling, nach den dreißig Kreuzern Taxe rege machen. Du kannst dir denken, lieber Leser, was ich mir dachte; nämlich: Gemeiner — und noch was dazu; hielt mich aber zurück und schwieg ganz, nur fühlte ich, daß ich roth geworden über die Zumuthung so sehr ordinärer Gewinnsucht. Als ich die Sache reiflich erwog, verzieh ich dem Träger die Bemerkung vom Herzen. Ein Flickschuster (das war das Vormittagsgewerbe des Mannes), der verheirathet ist und Familienvater dazu — dem thut es weh, wenn ihm was, und sei es auch was Weniges, entgeht, auf das er gerechten Anspruch zu haben meint, und daß der Todtengräber nicht sentimental, nobler Gesinnung, feinen Tactes und gewandter Manieren ist, das versteht sich von selbst — sonst wäre er eben kein Todtengräber und thät auch mit obigen Artikeln auf seinem Lager zu gar keinem taugen. Wenn man sich nur immer in die Erziehung und in die Lebensanschauung der Leute hineindenkt, so wird Einem vieles nicht so ärgerlich erscheinen, und man wird über mehr hinausgehen, oder doch milder urtheilen.

Wenn nun ein Reicher stirbt — warum sollen da die Armen, die sich durch ihre verschiedenen Leistungen bei einem Begräbniß etwas verdienen können, leer ausgehen? — Du kannst mit der Gratistruhe selig werden, wenn du darnach lebst. Daß der Leichenpomp der Seele des Hingeschiedenen Nutzen bringe, lehrt die Kirche nirgends. Wenn du aber einen Leichenzug siehst — sei er großartig und im Gallawagen oder sei er mit kleinem Geleite im Bretterkasten der Allerärmsten, so denke dir, Der und Jener ist ein armer Sünder, möge Gott Jedem und auch mir einst barmherzig sein, und bete ein Vater unser; das ist besser und wirksamer für den anderen und für dich, als alles dumme Raisonniren, mit dem du weder den Lebendigen noch den Todten einen Dienst erweisest.

7. Ja die Geistlichen selbst!

Leute, welche sittlich selber entweder ganz verkommen sind, oder die doch allerhand auf ihrem Gewissen haben, was sie etwas unangenehm berührt, meinen sich am leichtesten ihrer Gewissensqualen zu entledigen und von ihren religiösen Pflichten losschrauben zu können, wenn sie Beispiele des einen oder andern nichtsnutzigen Geistlichen suchen, und sich an Scandalen, die entweder wirklich vorgekommen, oder die, wie es auch sehr häufig geschieht, erlogen sind — erheitern und erlustigen. Da heißt es: „Warum soll ich denn anders leben, ich kenne einen Geistlichen, der sich selber dieses und jenes erlaubt" u. s. w. Das ist aber ein schlechter Entschuldigungsgrund. Denn die katholische Kirche lehrt nirgends: die Priesterweihe übe eine solche Gewalt aus, daß derjenige, welcher sie empfängt, vom Augenblick des Empfanges auch unfehlbar sei und nicht mehr sündigen könne. — Die Taufe ist ein Sacrament, welches zum ewigen Leben nothwendig ist (d. h. jeder, der das Wort der Wahrheit vernommen hat und sich nicht taufen läßt, wird nicht zum ewigen Leben gelangen), die Priesterweihe aber ist zum ewigen Leben nicht nothwendig und darum kann die Taufe ein größeres Sacrament als die Priesterweihe genannt werden, weil sie ein nothwendiges ist; und trotz dem, daß bei der Taufe des Menschen die heiligmachende Gnade wieder ertheilt wird, trotzdem fällt der Mensch wieder in Sünden, und die Taufe kann sammt ihren großen Gnaden denjenigen nicht vor dem ewigen Verderben schützen, der der Gnade widerstrebt und der es verweigert, mit dieser Gnade mitzuwirken, — und accurat so ist es auch bei der Priesterweihe. Allerdings wird derjenige, der diese Weihe empfängt, großer Gnaden von Seite Gottes theilhaftig, — aber er muß auch das

Seine thun, um dieser Gnaden werth zu sein, und um selbe zu seinem Seelenheile und zum Seelenheil Anderer nützlich und fruchtbringend anzuwenden. Darum ist immer zwischen Würde und Werth ein Unterschied zu machen, wie bei Getauften, so auch bei Jenen, die zum Priesterthume geweiht sind. Der Getaufte erlangt durch die Taufe die Würde der Kindschaft Gottes, der Priester erlangt durch die Priesterweihe die Würde und Vollmacht, im Namen und in der Kraft Christi das Opfer zu vollbringen, die Sacramente zu spenden, das Wort der Lehre zu verkündigen. Je nachdem nun der Getaufte oder der Priester mit der Gnade und Würde mitwirkt — je nachdem wird sein Werth beschaffen sein. Der Werth ist also das, was an der Persönlichkeit haftet — den Werth muß der Mensch erst durch das Eingehen in das Erlösungsverdienst Jesu Christi oder durch das Mitwirken mit der Gnade erlangen. Wenn der Priester nichts oder wenig werth ist, wenn er gar nicht oder wenig seiner Würde gemäß handelt, wenn er nicht oder wenig mit den ertheilten Gnaden mitwirkt, so ist das seine eigene Sache, seine eigene Schuld und zu seiner eigenen einstigen Verantwortung und Strafe. Du kannst dich so wenig auf die Sünde eines Priesters berufen, um dich damit zu entschuldigen, als du dich auf die Sünde eines Getauften berufen kannst; denn die Gnade Gottes nimmt dem Menschen ja die Freiheit nicht und er kann immer noch thun was er will, das Gute oder das Böse.

Daß der Priester giltig das Opfer verrichtet, giltig die Sacramente spendet, das hängt nicht von seinem persönlichen Werthe oder Unwerthe ab — das ist in seiner Würde begründet. Das wäre ja ein großes Uebel, wenn der Christ, der die Gnadengabe des einen oder anderen Sacramentes empfangen wollte — im Zweifel sein müßte, ob er es auch in der That empfangen hat, wenn der giltige Empfang vom sittlichen Werthe des Priesters abhängen würde, welcher das Sacrament ausspendet. Der selige Nicolaus von der Flue in der Schweiz war ein Einsiedler und hat ein gottseliges, heiliges, von der Welt und ihrem Treiben abgeschlossenes Leben geführt.

Die Landleute aus der Umgegend kamen in den verwickeltsten Fällen und Prozessen zu ihm und baten ihn um Rath, und gingen ihn um Schlichtung ihrer Händel an. Er ist auch ein sehr wohlfeiler, unbestechlicher Advocat gewesen, und gewöhnlich schieden beide Theile der Streitenden aus seiner armseligen Hütte, zufrieden mit seinem Ausspruche und auch versöhnt unter sich selbst, mit fröhlichem Herzen. Da ist nun auch einmal zu ihm eine Dorfgemeinde gekommen und hat sich angefragt, ob es denn noch rathsam wäre, daß die Angehörigen der Gemeinde zu ihrem Pfarrer gingen, um die heilige Messe zu hören und die Sacramente zu empfangen, und ob sie nicht anderwärts wohin gehen sollten, denn ihr Pfarrer sei ein Trunkenbold und habe auch sonst noch Untugenden an sich, die großes Aergerniß erregen. Darauf stellte Nicolaus von der Flue die Frage: „Liebe Leute, wenn ihr recht durstig seid und ihr geht durch einen Wald oder vorüber an einem Haus, und ihr seht klares, frisches Quellwasser aus einem hohlen, faulen Baume heraussprudeln, werdet ihr da ein Bedenken tragen, zu trinken?

Werdet ihr das Verlangen stellen, die Röhre, aus der das Wasser kommt, soll golden oder silbern sein? So ist's nun auch beim Gnadenbronnen der Sacramente, sie stärken und erfrischen und sind in ihrer vollen Gotteskraft ganz unabhängig vom Leben und Wandel des Priesters." Und die Leute schieden beruhigt von dannen.

Damit soll nun nicht gesagt sein: es sei für gleichgiltig zu erachten, wie der Geistliche in seinem Wandel beschaffen sei, es ist sogar im Gegentheil sehr zu beklagen, wenn der Priester nur die Würde an sich hat — und nicht bestrebt ist, seinen eigenen persönlichen Werth mit dieser Würde auf eine gleiche Stufe zu erheben. Aber mit dem Ausreden auf das schlechte Beispiel eines Geistlichen wird es einst schwer halten — denn du sollst dir die guten und rechten, nicht aber die schlechten zum Beispiele nehmen, das Gericht und die Strafe überlaß Gott; es kommt eine Zeit, in der Jeder seine eigene Haut zu Markte tragen muß, und sicherlich wird über denjenigen ein strengeres Gericht ergehen, der auf den Leuchter gestellt und mit reicheren Gnadengaben bedacht gewesen — wenn er, statt durch sein Leben erbauend zu wirken, nur zerstörend gewirkt hat. Nimm dir also zum Exempel die tausend und tausend Martyrer, die Blut und Leben für die Wahrheit geopfert haben, die Bekenner, die in Wort und That, in Geduld und Entsagung ihre Lebenstage zugebracht und beschlossen haben — die sind dir von der Kirche zum Muster und zur Nachahmung aufgestellt; die anderen bedauere und bete für sie — aber sie sollen dir kein Vorwand für ein sündhaftes Leben sein — damit wirst du dich einst schlecht entschuldigen können. Auch weißt du ja, daß selbst auch unter den Aposteln ein Judas gewesen ist; das wäre doch nun eine große Thorheit, die übrigen Apostel nicht zu betrachten, die Heilige gewesen sind, und gerade denjenigen zum Muster zu nehmen, den (nach unserem Urtheile, mit dem wir aber Gottes Urtheil durchaus nicht vorgreifen wollen) wahrscheinlich der Teufel geholt hat.

8. Sind also alle, die nicht in der katholischen Kirche leben, verdammt, wenn die Kirche die alleinseligmachende ist?

Wie oft kommt man in die Lage, diesen tollen Einwurf zu hören! Das Traurigste bei der Sache aber ist, daß selbst Katholiken, die eben keine schlechte Gesinnung haben — doch auf diesen Einwurf nichts zu sagen wissen, und höchstens die Achseln darüber zucken. Es soll nun hier Einiges darauf erwidert werden. Wir Katholiken sprechen deßwegen keinem andern außer der Kirche Stehenden die Seligkeit ab, weil wir uns zur alleinseligmachenden Kirche bekennen. Wir sagen nur: Die katholische Kirche ist der allein sichere Weg, um zur Seligkeit zu gelangen. Und wer auf diesen Weg einst hingeführt worden ist, und er verläßt ihn freiwillig und absichtlich, der wird auf einem anderen Weg sicherlich nicht zur Seligkeit gelangen. Es ist ein großer Unterschied darin — ob Jemand in einer andern Religion erzogen ist — und ohne seine Schuld außer der Kirche steht, oder ob Jemand die Taufe in der Kirche empfangen und ihre Lehre vernommen hat — und sich trotz= dem selber aus der Kirche hinausstellt. Für diejenigen, die durch ihre Schuld und eigene Ver= kehrtheit die Wahrheit der Kirche und ihr Gesetz in Wort und That verläugnen, gilt das Wort des Herrn bei Johannes XV. 22. 25: „Wenn ich nicht gekommen wäre und zu ihnen nicht ge= redet hätte, so hätten sie keine Sünde, nun aber haben sie keine Entschuldigung für ihre Sünde. Wer mich haßt, haßt auch meinen Vater. Wenn ich nicht die Werke unter ihnen gethan hätte, die kein anderer gethan hat, so hätten sie keine Sünde, nun aber haben sie dieselben gesehen, und hassen doch mich und meinen Vater. Aber es mußte das Wort erfüllet werden, das in ihrem Gesetze geschrieben steht: „Sie haßten mich ohne Ursache." Wer also das alleinseligmachende Wort Christi in der Kirche verläugnet, da er es doch gehört hat, und der somit den Namen Christi verläugnet, der verwirft seine Seligkeit, da er Christi Verdienst zurückweist, durch welches er allein hätte selig werden können. Mit Allen aber, die ohne ihre Schuld außer der heiligen Kirche sich befinden, weil sie in einer falschen Religion erzogen sind, oder nichts Besseres gelernt haben mit allen diesen wird Gott einst im Gericht sicherlich gnädig und barmherzig sein; ja es ist sogar eine große Sünde zu behaupten, daß diese Alle gar kein Verdienst an ihren guten Handlungen hätten, die sie nach ihrem Gewissen verrichten. Daß aber alle nicht gerechtfertigten Menschen, besonders also die Heiden, selbst in ihren guten Handlungen nur Todsünden begehen, das hat Martin Luther behauptet, ja sogar hinzugesetzt, daß diese um so tiefer der Sünde verfallen, je mehr sie sich bestreben gut zu handeln. Da lehrt nun die katholische Kirche, welche immer wegen ihrer Intoleranz verschrieen wird, ganz etwas Anderes. Sie spricht sich gerade gegen jene unbedingte Heidenverdammung des Martin Luther aus, indem es im tridentinischen Concilium (6. Sitzung 7. Canon) heißt: „Wenn Jemand sagt: Alle Handlungen, die vor der Rechtfertigung geschehen, wie sie auch immer geschehen mögen, seien wirkliche Sünden oder verdienten den Zorn Gottes, d. h. die Verdammung, und je mehr Jemand trachte, sich zur Gnade vorzubereiten, desto tiefer verfalle er der Sünde, der sei im Banne."

Nachdem aber gerade der Vorwurf, daß wir Katholiken alle diejenigen unbedingt verdammen, welche nicht der katholischen Kirche angehören, meistens von Protestanten oder von solchen, die es mit den Protestanten halten, gemacht wird, so wird es nicht unnöthig und gewiß lehrreich sein, zu hören, wie gerade Martin Luther in seinem großen Katechismus gegen alle Andersgläubigen ein so hartes Verdammungs-Urtheil ausgesprochen hat, daß einem die Haut schaudert, wenn man die Sachen liest. Luther sagt nämlich in diesem großen Katechismus wörtlich: "Denn Alle, die außer dem Christenthum sich befinden, seien es Heiden oder Türken, oder Juden oder auch falsche Christen und Heuchler*), mögen sie immerhin einen wahren Gott glauben und anrufen — können sich gar keine Gunst und Gnade bei

---

*) Luther meint hiemit alle Jene, die nicht zu seinem Anhang gehören.

Gott verſprechen, und bleiben folglich ewig in Zorn und Verdammniß, denn ſie haben weder Chriſtum den Herrn, noch ſind ſie durch irgend eine Gnade oder Gabe des heiligen Geiſtes erleuchtet und beſchenkt." Die Lehre der katholiſchen Kirche erklärt ſich offen gegen eine ſolche Härte und Verdammungsſucht, wie ſelbige Luther mit dürren Worten ausgeſprochen, denn einmal erleuchtet ja die Stimme des Sohnes Gottes (im Gewiſſen) jeden Menſchen, der da in die Welt kommt — und wenn nun ſelbſt ein Heide nach ſeinem Gewiſſen Gutes thut — ſo wird er für dieſes Gute ſicherlich nicht verdammt werden; und Gott der Herr wird ſchon Mittel wiſſen, daß einem ſolchen Heiden das Erlöſungsverdienſt Jeſu Chriſti auch zu Guten komme.

Die katholiſche Kirche verdammt alſo deßwegen, weil ſie ſich als den allein ſicheren und rechten Weg zur Seligkeit erkennt — Keinen, der, und noch dazu ohne ſeine Schuld — außer der Kirche wandelt, und ſtellt einen Jeden der Barmherzigkeit Gottes anheim — und daß unſer Herrgott mit dieſen Leuten gnädig und barmherzig sein wird, das dürfen und können wir nicht nur uns denken, sondern das müssen wir sogar hoffen. Nur also wer durch eigene Schuld und gegen sein besseres Erkennen und Einsehen außer der Kirche stehen bleibt oder sich außer die Kirche stellt — der hat die Strafe zu fürchten; wer aber nichts dafür kann, daß er außer der Kirche ist, dem wird Gott auch das Gute, was er thut, einst anzurechnen wissen, denn also spricht Petrus der Apostelfürst im Hause des Cornelius: „In Wahrheit, ich erfahre, daß Gott nicht sieht auf die Person (ob Jude oder Heide), sondern in jedem Volke, wer immer ihm Ehrfurcht erweist und gerecht handelt, in seine Huld aufgenommen ist."

Nach allem dem dürfte es also beim ewigen Gericht einem Türken, der nach seiner schwachen Erkenntniß Gott gedient und nach seinem Gewissen Gutes gethan, und der eine aufrichtige Sehnsucht nach der wahren göttlichen Offenbarung in sich getragen hat, gewiß besser ergehen — als einem Getauften, der trotzdem, daß er die Lehre der Kirche vernommen hat, nicht in dieselbe eintritt, wenn er außerhalb derselben in einer Irrlehre sich befindet — oder einem katholischen Christen (seiner Geburt, Taufe und Erziehung nach), der den katholischen Glauben in Wort und That verläugnet und sich außer die Kirche hinausstellt. Denn von diesen gilt das Wort des Herrn: „Wenn ich nicht gekommen wäre und zu ihnen nicht geredet hätte, so hätten sie keine Sünde, nun aber haben sie keine Entschuldigung für ihre Sünde."

9. Alle Religionen sind gut!

Das hört man so häufig, und es kann doch nichts Blöderes geben, als diesen Ausspruch. Er ist selbst sogar bisweilen von Leuten zu hören, welche man ihrer Stellung nach unter die sogenannte gebildete Menschenclasse zu rechnen sich versucht fühlen sollte. Wenn alle Religionen gut und gleichgut wären, so könnte man um so viel sicherer sagen: Alle Religionen seien gleich schlecht. Denn wenn alle Religionen gleich gut wären — so wäre auch nicht eine unter ihnen wahr; das heißt, sie wären alle schlecht, denn was nicht wahr ist, das kann auch nicht gut sein. Was nun für eine Religion die rechte, d. h. die allein wahre und gute sei, dieses zu erweisen ist hier an diesem Orte gar nicht nöthig, weil jeder Katholik es in der Schule lernt — und sollte er das in der Schule Gelernte vergessen haben — es zu jeder Zeit in Predigt und Christenlehre sich wieder ins Gedächtniß zurückrufen kann. Es gibt Behauptungen, die so sehr das Gepräge der Albernheit an sich tragen, daß man sie kurz abfertigen soll, ohne sich in eine weitläufige Erklärung und Belehrung einzulassen.

Der Schreiber dieses hörte einmal in einer großen Gesellschaft einen sehr in Ansehen stehenden Mann, der von maßloser Eitelkeit und Selbstwerthschätzung befangen war und sich ungeheuer viel auf seine Aufgeklärtheit einbildete, bei Gelegenheit eines Gespräches über Religion den Satz aufstellen: „Ich für meinen Theil halte jede Religion für gut, und würde sicherlich niemals irgend wen, was er auch immer für eine Religion oder Ueberzeugung habe, davon abzubringen und ihm etwas anderes einzureden suchen."

Der Schreiber dieses fragte: „Was würden Sie nun thun, wenn Sie zu jener Gattung Menschenfresser kämen, die das Menschenfressen für einen Act ihrer Religion, für einen Theil ihres Götzendienstes halten — und diese fingen an mit ihren Messern sich über Sie herzumachen. Würden Sie diese vielleicht doch durch Worte oder Geberden von ihrer bisherigen Ueberzeugung auf eine andere zu bringen suchen?"

Da wollte dieser Herr der Sache durch eine scherzhafte Wendung ein Ende machen und sagte: „Ich würde mich ohne Weiteres fressen lassen." —

Darauf wurde ihm entgegnet: „Es fragt sich erst ob es so weit käme — die Wilden würden Sie zu Ihrem Glücke wahrscheinlich für zu zäh und zu geschmacklos halten."

Darauf schwieg der Lobpreiser und Gleichsetzer sämmtlicher Religionen, mit jener affectirten noblen Gekränktheit, die da meint, sie habe das Recht — bei der Behauptung aller möglichen, gränzenlosen Unsinne nicht nur unangefochten zu bleiben, sondern nothwendig dafür bewundert zu werden.

In ähnlichen Affairen wie mit den Menschen=
fressern, wenn auch nicht gleich so arg, kann man
aber bei verschiedenen Religionen gelangen. Stellt
z. B. ein ganz orthodoxer Lutheraner den Satz
Luthers in den Vordergrund: daß der Glaube
allein zur Seligkeit hinreichend sei — und läßt
einen armen Teufel, der ihn um etwas anbettelt,
Hunger leiden, weil gute Werke zur Seligkeit
nicht nothwendig sind — so wird der arme Teu=
fel gewiß nicht sagen, es seien alle Religionen
gleich gut, und er wird es lieber mit jener Re=
ligion halten, welche die Mildthätigkeit als gutes
Werk den Wohlhabenden auferlegt. Ebenso wird
ein Christ nicht zufrieden sein, wenn ihn ein tal=
mudischer Jude beschummelt — und sich auf den
Talmud dabei beruft; und der Beschummelte wird
sicherlich auch nicht mehr behaupten, daß alle Re=
ligionen, also auch alle Religionsvorschriften von
gleicher Qualität seien. Und dann erst bei den
Leuten, die, wie sie sagen, sich selber ihre Reli=
gion machen, die machen die Religion immer
so, wie sie dieselbe gerade brauchen. Ein
Kerl, der sagt: er macht sich seine Religion selbst,

vor dem muß man allen Respect haben und
fleißig vor ihm alles zusperren und sich sogar
den Sack zuknöpfen vor ihm, denn man weiß ja
nicht sicher — ob das Gebot: „du sollst nicht stehlen" vor ihm Gnade gefunden hat — und ob er
es, als er seine Religion fabricirte, stehen ließ,
oder ob er es aus guten Gründen ausgestrichen
hat. Wenn sich der Mensch seine Religion selber macht, so nimmt sich der Mensch heraus,
unserem Herrgott etwas vorzuschreiben, statt umgekehrt — daß der Mensch hören und thun soll,
was ihm Gott vorschreibt. Derjenige, der sich
seine Religion selber fabricirt, der wird sie
auch tagtäglich je nach seinen Bedürfnissen, Neig-
ungen und Leidenschaften ändern. Ja, er wird
sogar nicht einmal wollen, daß Andere, mit denen er zu thun hat, dieselbe Religion haben, wie
er sie hat. So ist es Ehebrechern, die sich in
diesem Puncte ihre Religion, b. h. hierin ihr Gesetz selber machen, in der Regel sehr unlieb, wenn
ihre Frauen dieselbige Religion auch für sich in
Anspruch nehmen wollen, die ihre Herren Gemäh-
ler sich erlauben; und auch derjenige, der den

Betrug mit dem Namen Geschäft benennt, wird sehr unwirsch und ungehalten sein, wenn ihn ein anderer recht sauber anschmiert und ihm darauf erklärt — er sei gewohnt, jede für ihn selbst vortheilhafte Handlungsweise ohne Rücksicht für andere — mit dem Namen Geschäft zu belegen. Wie nun diese Fälle, so ließen sich tausende und tausende anführen — die alle den Beweis herstellen, daß es selbst im Handel und Wandel durchaus nicht gleichgiltig sei, zu was für einer Religion sich ein Mensch bekennt, und vor was für sittlichen Gesetzen er innerlich Achtung trägt.

Wenn aber Jemand meint, er könne sich für Handel und Wandel mit dem Zugeständniß und den zugleich darin liegenden Anforderungen trösten: „Mir ist es gleich, was für eine Religion Jemand hat, wenn er nur ehrlich ist," so muß nur bemerkt werden, daß dieser Satz einen gränzenlosen Unsinn enthält — denn daß und wie der Mensch unter allen Versuchungen und Gefahren ehrlich ist und seine Ehrlichkeit erhält — das wird doch nur wieder wesentlich von der Religiosität des Menschen ab=

hängen. Wer die Ehrlichkeit nur handhabt um der Ehre vor der Welt willen — oder um der Furcht vor der Schande willen — bei dem kann man sich nicht darauf verlassen, daß er auch dann ehrlich bleibt, wenn es ihm Vortheil bringt unehrlich zu sein — und er weiß, daß er diese Unehrlichkeit verheimlichen kann, so daß ihm Niemand dabei auf die Spur kommt. Wer also sagt: alle Religionen seien gleich gut, der gibt damit nur zu erkennen, daß er weder weiß, was Religion ist, noch was gut ist.

10. Nur naturgemäß leben!

Wir haben schon früher bei einer andern Gelegenheit gesagt: „Für den Menschen ist es eine schlechte Lebensregel und eine schlechte Ausflucht, wenn er den Satz aufstellt: Ich lebe naturgemäß — er muß auch geistesgemäß leben, denn naturgemäß lebt das Vieh auch." — Dieweil es nun sehr viele Leute gibt, die, wenn über Religion geredet wird, auch ihren weisen Ausspruch in das Gespräch hineinplären wollen, und die dann sagen: „Das Gescheidtste ist, wenn man naturgemäß lebt," so verdient dieser Grundsatz, der so oft aufgestellt wird, wohl einige Beleuchtung. Der Leib des Menschen soll ein Werkzeug des unsterblichen Geistes sein — und der Geist soll im Dienste Gottes stehen und Gottes Gebote beobachten. Wer aber unbedingt sagt, er wolle naturgemäß leben oder sich um nichts weiteres kümmern und sich an nichts anders kehren, als was seine Natur, d. h. das Leben seines Leibes, verlangt; der verläugnet hiemit, daß er einen Geist hat, der Herr sein soll über den Leib; und verläugnet Gott, den hinwiderum der Geist als seinen Herrn anzuerkennen hat. Naturgemäß, d. h. nach ihren blinden Trieben, haben die Heiden gelebt und sich dabei nicht einmal an die Stimme ihres Gewissens gekehrt, und dabei haben sich diese Heiden auch nicht wenig auf ihre Gescheidtheit eingebildet, darum sagt auch der Apostel Paulus von ihnen (Römerbrief I. 22—25.): „Sie gaben sich für Weise aus, waren aber dabei Thoren. Sie vertauschten die Herrlichkeit des unvergänglichen Gottes mit dem Gleichnisse und Bilde des vergänglichen Menschen

— darum überließ sie Gott den Lüsten ihres Herzens, sie, welche die Wahrheit mit der Lüge vertauschten und mehr das Geschöpf anbeteten als den Schöpfer, welcher gepriesen sei in Ewigkeit." Und wie es bei den alten Heiden gewesen ist, so ist's bei den neuen Heiden accurat auch. Jeder Ungläubige, und wär's auch nur ein Gassenkehrer oder ein Bettelmann, macht sich in der Branntweinbude über jene lustig, welche noch Religion haben, und will ihnen gegenüber als der Weise, als der Aufgeklärte gelten. Die Heiden bildeten sich aber um so mehr ein, je naturgemäßer sie lebten, d. h. je mehr sie ihren blinden Trieben nachgingen, gerade wie die Thiere es machen. Der Dichter Epimenides, welcher auf der Insel Kreta geboren war, hatte seine eigenen Landsleute, wegen ihres unfläthigen Lebenswandels, böse Thiere genannt; und das bestätigte auch der heilige Paulus. Was die Kreter für ein naturgemäßes Volk gewesen sein müssen, läßt sich aus den strengen Worten des Apostels erklären, der fast nie in seinen Briefen eine solche Herbigkeit gebrauchte, wie im Briefe an Titus, da er von den Bewohnern der Insel Kreta redet und den Ausspruch ihres Dichters (Dichter wurden in jener Zeit auch öfters Propheten genannt, wegen der Begeisterung, die sie in Anspruch nahmen) anwendet, indem er sagt: „Denn es gibt viele Widerspenstige, Schwätzer und Verführer, besonders unter denen mit der Beschneidung (aus dem Judenthume), welche man zum Schweigen bringen muß, welche ganze Häuser verkehren, Ungebührliches lehren schändlichen Gewinnes halber. Es hat einer aus ihnen, ihr eigener Prophet gesagt: Kreter sind immerdar Lügner, böse Thiere, faule Bäuche. Dieses Zeugniß ist wahr." Wenn nun der heilige Apostel von diesen Leuten, die von ihrer alten heidnischen Naturgemäßheit nicht lassen wollten, also sprach; so darf sich wohl Niemand darüber aufhalten, wenn wir an einen Schweinkoben denken, denn da wird gewiß sehr naturgemäß gelebt, weil die Einwohner desselben sicherlich keinen andern Kummer haben, als den, für ihren Leib zu sorgen, für die Erhaltung des Individuums und für die Fortpflanzung ihres Geschlechtes. Nur ist der Unterschied, daß sie sich nicht so viel einbilden, wie diejenigen, die sich selber zum Thiere machen; denn die Hoffart ist nur eine Eigenschaft des Geistes, wenn auch des fallenden oder des gefallenen. Gerade die Borstenträger sind aber das wahre und echte Abbild der Naturversunkenheit. Ihre ganzen Wirbelbeine sind so gebaut, daß sie den Kopf zu unterst auf die Erde drehen zum Aufwühlen und zum Fraß; und jedes kleine Büblein hat schon eine gewisse Verachtung vor diesem Gethier, dieweil es sich gerade am allerbehaglichsten im Schmutze fühlt; und nach dieser Gattung von Naturgeschöpfen pflegt man auch Leute zu benennen, die durch leiblichen oder sittlichen Schmutz sich auszeichnen. Die Naturgemäßheit allein ist also nicht sehr zu recommandiren, weil Gemeinheit und sittlicher Schmutz sich gar wohl mit ihnen vertragen, ja sogar einen Theil ihres Wesens ausmachen.

Aus dem Leben eines neuen Philosophen.

Ein Freund des in Frankfurt 1860 im 72. Lebensjahre verstorbenen Philosophen Schoppenhauer hat folgendes Buch herausgegeben: "Arthur Schoppenhauer. Aus persönlichem Umgange dargestellt. Ein Blick auf sein Leben, seinen Charakter und seine Lehre, von Wilhelm Gwinner. Leipzig, 1862."

Ueber Schoppenhauer's Lehre hat die "Wiener-Kirchenzeitung" 1856 eine Reihe eingängiger Artikel gebracht. Wie die Lehre dieses Philosophen gerade in seinem Leben begründet ist, das lehrt uns sein Freund Gwinner, ohne es zu wollen. Es stehen in dieser Schrift folgende Thatsachen aus dem Leben dieses Weltweisen, wie es **Freundes-**, ja **Anbeters-**, nicht Feindeshand geschrieben.

1. Wollte Schoppenhauer nicht, "daß die äußeren Züge seines Lebens in's Einzelne hinein verfolgt würden." Gwinner, der

Freund, zeichnet aber doch diese äußeren Züge, weil fahrende Literaten sie verunstaltet haben: „daß die Nachwelt die rechte Mitte herausfinden könne **und die Moral!**" Schoppenhauer fürchtete vielleicht den Ausspruch: „An ihren Früchten werdet Ihr sie erkennen!"

2. Seine Mutter, die Romanschriftstellerin Schoppenhauer, konnte mit dem Jüngling nicht leben, wie es ein Brief von ihr an ihn, als er 19 Jahre alt war, besagt: „Deine Klagen über unvermeidliche Dinge, Deine finsteren Gesichter, Deine bizarren Urtheile, die wie Orakelsprüche von Dir ausgesprochen werden, ohne daß man etwas dagegen einwenden dürfte, trüben mich und versteinern meinen heitern Humor, ohne daß es Dir etwas hilft. Deine Lamentationen über die dumme Welt und das menschliche Elend machen mir schlechte Nacht und üble Träume."

3. In Berlin hörte er Fichte, verachtete ihn aber bald. Als er Schleiermacher hörte und dieser sagte: Philosophie und Religion könnten nicht ohne einander bestehen, schrieb Schoppenhauer an den Rand des Heftes: „Keiner, der

religiös ist, gelangt zur Philosophie, er braucht sie nicht; Keiner der wirklich philosophirt, ist religiös, er geht ohne Gängelband, aber frei." (Den Schleiermacher schalt er einen Pfaffen.)

4. Gwinner erzählt sehr naiv, wie Schoppenhauer von „den Rechten der Jugend" Gebrauch machte und noch in seinen alten Tagen sich an der Reminiszenz seiner Jugendsünden ergötzt hat.*)

---

*) Ohne im mindesten „den gefeierten Manen des größten Philosophen der Welt" nahe treten zu wollen — wird man sich hier unwillkürlich an den anderen Frankfurter Philosophen, Herrn v. Schweizer erinnern, der seit Jahren für Atheismus und für die vom Dogma gereinigte Moral Vorlesungen hielt und Bücher schrieb — und welcher später bei einem öffentlich im Schloßgarten zu Mannheim verübten „unsittlichen Attentat" erwischt und auf ein paar Monate verurtheilt wurde. Die badischen Gerichte standen somit noch nicht auf der Höhe der vom Dogma gereinigten v. Schweizer'schen Moral, sonst hätten sie für Herrn v. Schweizer eine Auszeichnung verlangt; denn Herr v. Schweizer, der über die gereinigte Moral Vorlesungen hielt, mußte es doch am besten wissen, was gereinigte Moral ist. Uebrigens hat Herr

5. Gwinner sagt: „Bei einem Genie, wie Schoppenhauer, „der sich zu den Missionären der Wahrheit an das Menschengeschlecht rechnete," sei es nicht so genau zu nehmen, Lehre und Leben, Erkennen und Thun müssen da getrennt werden!"

6. In Berlin warf er eine bekannte Frau seiner Hauswirthin, welche diese letztere besuchte, bei der Thür hinaus — weil sie ihn störte — die arme Frau fiel auf den rechten Arm und wurde arbeitsunfähig; — es brauchte nun eines Prozesses, den Schoppenhauer erst verlieren mußte — bis er, der doch Vermögen besaß, dieser Frau nothgedrungen eine Alimentation auswarf.

7. Freund Gwinner, eben so edel wie Schoppenhauer, schreibt über diese Geschichte: „Sie besaß leider eine zähe Konstitution: selbst der Würgengel der Cholera rang vergebens mit ihr, und er (Schoppenhauer) trug die Last über 20 Jahre,

---

v. Schweizer von dort an für diese elende, unmoralische Welt keine Vorlesungen mehr gehalten.

bis er endlich auf ihren Todtenschein schreiben konnte: Obit anus, abit onus!"

In der That ein paar gemüthliche Herren, der Philosoph und sein Biograph. Mit solchen Leuten zu thun zu haben, muß ein erquickliches Gefühl sein!

8. Den Hegel haßte er nur deswegen gründlich, weil er ihn abgründlich beneidete. Er selbst war aber noch viel hoffärtiger als Hegel, der 1820 seine Vorlesungen mit den Worten begann: „Ich möchte mit Christus sagen: Ich lehre die Wahrheit und bin die Wahrheit." — Schoppenhauer nun sagt über Hegel: „Bei diesem (Hegel) finde man nur leere, dunkle, pretentiöse, in Hyperbeln und Kontradiktionen schwelgende Wortgewebe, welche den deutschen Philosophen unseres Jahrhunderts die allgemeine Verachtung zuerst des Auslandes, dann auch des Inlandes mit vollstem Rechte zugezogen hätten."

Hier fährt eine Hoffart an die andere an!

9. Er hielt alle Menschen für schlecht, sich selbst aber „für ein höheres Wesen, das sich vor den fünf Sechsteln Schurken oder

Narren und Dummköpfen in der Welt hüten müsse."

10. Gwinner bedauert: daß er nicht hinlänglich im Stande sei, „die grenzenlose Oede seines (Schoppenhauer's) Daseins, die unsägliche Menschenverachtung, die Härte des Stolzes, mit dem er sein Herz wie mit einem Panzer umgab, ethisch verständlich zu machen." — Herr Gwinner irrt sich, die Geschichte mit der alten hinausgeworfenen Frau (Nr. 6) ist der rührendste und ein vielsagender Kommentar zur „unsäglichen Menschenverachtung Schoppenhauers!"

11. Als er in Frankfurt in einer Menagerie einen großen Affen sah, betrachtete er ihn wiederholt mit großer Vorliebe als den „muthmaßlichen Stammvater unseres Geschlechtes."

12. Er war schon mit 30 Jahren herzlich müde, Wesen (andere Menschen) für seines Gleichen ansehen zu müssen, die es wahrhaftig nicht seien."

Hier wären unterdessen ein Dutzend Blümlein aus dem duftigen Kranze, welcher dem

Philosophen Schoppenhauer nicht vielleicht von einem gehässigen Feinde, sondern von einem ihn tief verehrenden Freunde auf das Grab gelegt wurde!!!

Uebrigens muß man sagen: Es liegt eiserne Konsequenz in diesem System; wenn man einmal den persönlichen Gott geläugnet hat — so sind derlei moralische Ausläufer eine Art Nothwendigkeit, und man darf sich über dieselben nicht verwundern.

Herr Wilhelm Gwinner beginnt seine Schrift über Schoppenhauer also: „Ich habe dem außerordentlichen Manne, dessen Andenken diese Schrift gilt, nach seinem letzten Willen einen Grabstein gesetzt, auf dem nichts zu lesen ist, als sein Name; das Uebrige sollte die Nachwelt schon wissen." Interessant ist die Erklärung Gwinner's: „er bekenne sich nicht zu der Lehre seines Freundes." Die Schrift hat folgende 11 Kapitel: 1. Wie er ward; 2. wie er blühte; 3. wie er aussah; 4. was er sprach; 5. was er trieb; 6. wer er war; 7. was er lehrte; 8. quoad politica; 9. wie er lebte; 10. wie er endete; 11. sein Schädel.

Darüber, wie er aussah, erzählt Gwinner Folgendes: „Sein Blick war von solchem Feuer, von solcher geistiger Schönheit, daß er damit, besonders in jungen Jahren unwillkürlich auffiel. Als er 29 Jahre alt war, kam ein ihm unbekannter alter Herr auf ihn zu, ihm zu sagen: er würde etwas Großes werden. Ein Italiener, der ihm völlig fremd war, redete ihn mit den Worten an: Signore, lei deve avere fatto qualche grande opera: non so cosa sia, ma le vedo al suo viso. Ein Engländer, der ihn nur gesehen hatte, äußerte: er müsse einen außerordentlichen Geist haben. Ein Franzose sagte plötzlich über ihn: „Je voudrais savoir ce qu'il pense de nous autres; nous devons paraître bien petits a ses yeux. C'est qu'il est un être supérieur." Der Sohn einer durchreisenden englischen Familie, der sich eben im Gasthause in Schoppenhauer's Nähe niederließ, rief erregt: No, I'll sit here, I like to see his intellectual face! Derartiges begegnete ihm manchmal, denn sein Gesicht phosphoreszirte von Geist." — — —

So erzählt Gwinner. Und dem Herrn Gwinner muß diese Vergötterungsphrasen doch wieder Schoppenhauer selbst erzählt haben! — Ob diese Ausrufungen wirklich und wörtlich so waren, wie Gwinner sie anführt? Im Charakter der Franzosen liegt es gerade nicht, daß sie, wenn sie einen deutschen Gelehrten sehen, ausrufen: „Er muß ein höheres Wesen sein."

Wer, der nur ein wenig Menschen- und Weltkenntniß besitzt, wird sich nicht versucht fühlen, diese Polyglotten-Verwunderung Schoppenhauer's, diesen angeblichen consensus populorum für einen der kolossalsten Humbuge extravaganter Selbstvergötterung zu halten! Aber er muß ein höheres Wesen sein, Herr Gwinner thut es nicht wohlfeiler! Einige kleine Strahlen werden als Reflex von dem vergötterten Heros doch auch auf seinen Hohenpriester fallen, der das Rauchfaß vor seinem Idole nicht nur schwingt, sondern in Extase förmlich im Kreise herumschwenkt!

Ueber den Verkehr Schoppenhauer's in seiner Jugend mit Goethe heißt es: „Seit Goethe's erster Begegnung wußte er (Schoppenhauer), daß dessen (Goethe's) vornehmstes Gebot war: „Du sollst keine anderen Götter haben neben mir." —

Schoppenhauer's Schmähsucht und Eitelkeit wird folgendermassen entschuldiget:

„Wenn aber Schoppenhauer's Schmähsucht und Selbstüberhebung gerügt werden sollen, so fange man doch zuerst bei seinen gerühmten Antagonisten an, und erinnere sich an die Entrüstung, welche nach des ehrlichen Mannes Zeugniß alle echten Verehrer des Kantischen Namens über die unleidliche Arroganz und den bübischen Muthwillen der Nachfolger des großen Reformators empfanden. Man gedenke des souveränen Hochmuthes, mit welchem Schelling auf alle seine Vorgänger herabsah, und der aus ihrer Erhabenheit in's Lächerliche fallenden Selbstvergötterung Hegel's u. s. w. In dieses Holz freilich trieb unser Freund derbe Keile."

Ueber die unaussprechliche Menschenverachtung Schoppenhauer's sind ganze Seiten voll. Unter Anderm heißt es:

„Was ihm (Schoppenhauer) im wirklichen Leben und stets überall im Wege gestanden habe, sei, daß er bis in späteren Jahren nicht im Stande gewesen, sich einen ausreichenden Begriff von der Kleinlichkeit und Erbärmlichkeit der Menschen zu machen."

Wir meinen im Gegentheil, was die gründlichste Verachtung der Mitmenschen angeht, habe es kaum Einer weiter gebracht, als Schoppenhauer; gerade er habe hierin das Allerhöchste geleistet!

Was Schoppenhauer über den Ruhm sagt, ist treffend: „Der Ruhm ist eine Existenz in den Köpfen Anderer, einem elenden Schauplatz*) und das Glück durch ihn chimärisch; die gemischteste Gesellschaft kommt in seinem Tempel zusammen: Soldaten, Minister, Quacksalber, Gauk-

---

*) Uebrigens geht auch hier wie ein rother Faden die ungeheure Verachtung der Menschen hindurch, die Schoppenhauer gewöhnlich nur Zweifüßler nannte. Er achtete nur Jene, die sich vor ihm und seiner Philosophie verbeugten, das waren keine Dummköpfe und Zweifüßler.

ler, Millionäre,*) und alle diese finden mehr estime sentie als der Philosoph, der sie höchstens bei Hundert findet, bei den Uebrigen nur estime sur parole."

Ueber Humboldt sagt er: „Daß Humboldt diese kostbaren Stunden des Tages (die Morgenstunden) mit Briefschreiben und anderen Allotria's verbracht, dagegen Nachts, wenn er vom Hofe kam, gearbeitet, war ihm (Schoppenhauer) ein Indiz gegen spätere Leistungen dieses schon bei lebendigem Leibe unter die Götter versetzten Mannes seiner Zeit."

Hätte Schoppenhauer die Enthüllungen aus Varnhagen van Ense's Tagebüchern gelesen, so würde er es gewiß mit Vergnügen protokollirt haben, wie Humboldt aus dem Götterhimmel herausbugsirt wurde.

S. 224. Schoppenhauer starb plötzlich. Der

---

*) Nur Schoppenhauer ganz allein
Sollte in allen Köpfen sein,
Weil alles Andere Gesindel ist,
Was mit dem großen Mann sich mißt.

Arzt fand ihn, in seinem Sopha lehnend, todt. Gwinner, der sich von seinem Meister die liebreiche Manier, von den Menschen (er und sein Meister ausgenommen) als: Vieher, bipedes, zu reden angeeignet, sagt darüber: „Er (Schoppenhauer) hatte immer gehofft, leicht zu sterben, denn wer sein Leben lang einsam gewesen sei, werde sich auf dieses solitäre Geschäft besser verstehen als Andere. **Statt unter dem auf die ärmliche Kapazität der bipedes berechneten Alfanzereien werde er im freudigen Bewußtsein endigen, dahin zurückzukehren, von wo er so hochbegnadiget ausgegangen sei, und seine Mission vollbracht zu haben."**

Das sind also Worte, welche Gwinner von seinem bescheidenen Meister öfter vernommen haben muß, denn er legt sie ihm in den Mund.

Gwinner hielt am Grabe Schoppenhauer's eine Rede, in welcher der hochtrabende Unsinn seine Flügel weit ausspreizt, so heißt es: „Dieser tiefe, sinnige Mensch, dem doch ein Herz in der Brust schlug, lief er nicht beleidiget, wie ein Kind, das sich im Spiele erzürnt, durch sein ganzes Leben dahin — einsam und unverstanden — nur sich selbst getreu." „Felsenfest wurzelte in seiner Seele der Glaube an seine Bestimmung."

„Er war mehr als Idealist. Sein geistiges Prinzip war kein leerer Gedankenschemen. Er kam aus der Schule Platon's und Kant's, daher seine herrliche ethische Tiefe.*) Seinem Scharfblicke entging nicht der Stand der Erniedrigung, der Korruption, in dem wir leben."**)

„Ja, wenn wir dem merkwürdigen Manne gerecht werden sollen, so müssen wir anerkennen, daß er der Erste gewesen, welcher die Ethik zur Metaphysik, das Sittliche zum Absoluten erhoben, indem er den Willen, als das Wesen der Dinge fassend, dem vielverschlungenen Räthsel

---

*) Von dieser ethischen Tiefe konnte die alte Frau auch etwas sagen, als sie unten lag, nachdem er sie über die Stiege hinabgeworfen.

**) Wir meinen, um das zu sehen, bedarf es nicht erst des Scharfblickes von Arthur Schoppenhauer. Das steht tausendmal in der Bibel, in allen Kirchenvätern und christlichen Predigten.

der Welt, eine einfache, rein sittliche Lösung gab, indem er den sittlichen Willensakt mit dem innersten Wesen der Welt indentifizirte. Die Frage freilich nach der Daseinsform dieses Dinges an sich, außerhalb jeder Verkörperung, wies er als unbefugt entschieden zurück und läugnete deshalb an demselben auch die Form des menschlichen Bewußtseins,*) welches dem Bedürfnisse des philosophischen Neulings so unentbehrlich erscheint, daß er dasselbe auch noch im siebenten Himmel nicht ohne gewaltigen Anstoß vermißt."**)

---

*) Sonderbares Windmühlengefecht! Als ob je ein christlicher Philosoph Gott die Form menschlichen Bewußtseins hinaufdisputirt hätte. Indem Gwinner diese Aeußerung seinem Idole in den Mund legt, blamirt er dasselbe.

**) Freilich der philosophische „Altling" ist fertig mit dem persönlichen Gott, übrigens dürfte er kaum nöthig haben, im siebenten Himmel einen Anstoß zu nehmen. In Einem ist Schoppenhauer groß, im hoffärtigsten Atheismus, der nach dem göttlichen Kultus lechzt, und dem alle Menschen als bipedes, als zweibeinige Viecher, erscheinen, die ihn nicht als den Weisesten unter der Sonne anerkennen, nicht vor seinem Geiste sich beugen.

Zum Schluſſe ſagt Herr Gwinner: „Die Grabſchrift weicht von der engliſchen Sitte, der er bis dahin gefolgt, auffallend ab; denn auf engliſchen Gräbern finden wir ganze Nekrologe, ſogar mit Citaten aus Zeitungsartikeln in den Marmor gegraben; bei ihm dagegen nur: Arthur Schoppenhauer, „nichts weiter, kein Datum noch Jahrzahl, gar nichts, keine Silbe."*) Und als ich ihn fragte, wo er ruhen wolle? ſagte er: „Es iſt einerlei, ſie werden mich finden."

Armer Troſt, wenn ihn Einige beſuchen, die er zu Verzweifelten gemacht hat durch ſeine Doktrin! „Ein elender Schauplatz, der Ruhm in den Köpfen Anderer," hat Schoppenhauer ſelbſt geſagt.

Der Herr Dr. Gwinner aber gibt ein glänzendes Zeugniß für den Satz: Wie man Einen durch eine unglückliche Biographie total ruiniren kann!

---

*) Wenn Gwinner Worte zwiſchen Gänſefüſſen, wie oben, gibt, ſo ſind dieſe immer als Worte zu nehmen, die er von ſeinem Freunde Schoppenhauer gehört.

Als ob das was Großes wäre!

Die Blätter brachten Mitte Dezember 1862 Folgendes:

I. "Peter Th. Verhaegen, lange Jahre Präsident des Abgeordnetenhauses, Stabträger des Advokatenordens, Inspektor der freien Universität zu Brüssel, Großmeister der belgischen Freimaurer-Logen, ist heute, den 8. Dezember, Vormittags 11 Uhr, nach zweitägigem Leiden, einer Kehlkopf-Entzündung im 68. Jahre seines Lebens erlegen. Verhaegen hatte kaum vor wenigen Wochen in blühender Gesundheit eine Reise nach Italien angetreten, um einem Feste der Freimaurer-Loge in Mailand beizuwohnen. Auf der Rückkehr zog er sich während einer fünfzehnstündigen Schlittenfahrt durch den Schnee des Simplon eine Erkältung zu, welche bereits bei der Durchfahrt in Paris zu einem kroupartigen Uebel sich verschlimmert hatte. Ueber sein Ende schreibt man der „Köln. Ztg.:" „Herr Verhaegen, der mit vollem Bewußtsein gestorben ist, und seit gestern seinem Ende mit Ruhe entgegen sah, ist als Philosoph gestorben und hat keinen Priester irgend einer Konfession an seinem Todtenbette dulden wollen. Eine an fünf seiner besten Freunde übergebene ausdrückliche Bestimmung, welche er noch gestern Nachmittags eigenhändig niedergeschrieben, untersagt seinen Hinterlassenen bei Strafe der Enterbung eine jede Betheiligung der Geistlichkeit bei seinem Begräbnisse, welches auf übermorgen Nachmittags angesetzt worden. Die Summe, welche eine kirchliche Beerdigung ersten Ranges würde erfordert haben, soll nach dem Wunsche des Verstorbenen am Begräbnißtage in Brod und Feuerung an die Armen vertheilt werden. Außerdem hatte Herr Verhaegen 100,000 Franken an die hiesige freie Universität, deren Hauptbegründer er war, 50,000 Franken an die Freimaurer-Loge und eine gleiche Summe an das Armenbureau hinterlassen. Deputationen werden aus dem ganzen Lande herbeiströmen und die Bevölkerung Brüssels dem Todten insgesammt das letzte Geleite geben. Herr Verhaegen war unbestreitbar die volksthümlichste Persönlichkeit von ganz Belgien. Außer und nach dem Könige gibt es Niemanden hier zu Lande, dessen plötzliches Hinscheiden in gleichem Maße eine Nationaltrauer genannt werden dürfte."

II. Daß der Maurer-Großmeister in seiner Abkehr von der Kirche bis zum letzten Augenblicke verharrt ist, dieser Umstand kann doch nicht als eine so außerordentliche Thatsache hingenommen werden, wie die radikalen Blätter dieselbe angepriesen haben. Wir wissen ein paar ähnliche Fälle.

Vor ein paar Jahren saß im Wirthshause zu F. in Steiermark eine Gesellschaft beisammen. Es waren Geschäftsleute und Bauern und unter ihnen auch ein Holzhändler. Der Letztere that sich als Freigeist besonders hervor. Er redete eine halbe Stunde lang über das Thema, daß er aufgeklärt sei, daß die Religion eine Erfindung der Pfaffen sei, daß es genug sei, rechtschaffen zu leben, Niemanden zu betrügen und todtzuschlagen, und daß er gewiß bei seinem Tode keinen Pfaffen brauchen werde. Als ihm einige Anwesende widersprachen, gerieth der Mann in eine derartige Wuth, daß er über Kirche und

Religion in einer Weise zu lästern begann, welche den Anwesenden zu viel wurde, — sie entfernten sich und ließen den Lästerer allein. Einige Tage nach dieser Szene fuhr der Holzhändler auf einem mit Holz beladenen Floß nach Gratz. Als es zur Wehre kam, über deren für Flöße eigens zur Seite eingerichteten Gang er schon hundertmal hinuntergefahren war, stand er wieder vorne und hielt sich am Ruder. Das Floß tauchte etwas unter, der Wasserschaum spritzte über dasselbe, es kam wieder im pfeilschnellen Hinschießen in's Gleichgewicht, der Eigenthümer stand aber nicht mehr an seinem Platze, er war verschwunden. Am Abend desselben Tages, als die Kunde von seinem Tode in seinem Wohnorte schon angelangt war, saß die alte Gesellschaft wieder im Wirthshause zu F. beisammen und war diesmal ungewöhnlich schweigsam. Einer, der damals davongegangen war, sprach: „Nun, dem ist sein Wunsch schrecklich geschwind in Erfüllung gegangen, er hat wirklich keinen Geistlichen gebraucht."

Es steht Jedem frei, sich diese Thatsache

nach Belieben zu deuten. Mag es Einer Zufall nennen, um seinen Antheil an der Bewunderung über Aufgeklärtheit und Geistesfreiheit zu erhaschen, wir wollen mit dem Manne nicht rechten; er wird beim Aussprechen dieser Ansicht bleiben, um seiner staunenden Umgebung über seinen Geistesreichthum mindestens diesen übrigens sehr wohlfeilen Beweis zum Genuße darzureichen. — Der Mann aber, der verunglückte, verdiente, seinen Ansichten nach, gewiß auch ein Großmeister zu sein.

III. Zu X. in Oesterreich lebte ein Bauer, der auch zu der Gattung der „aufgeklärten Bauern" gehörte; das Schimpfen in der Kneipe war die Probe seines philosophischen Geistes. Auch er verschwor sich hoch und theuer: er werde ohne dem „Komödigschbül" (Komödienspiel) einmal „verrecken" (hinsterben). Seine Kameraden, die mit ihm hielten und ihn bewunderten, bekannten sich zur erhabenen Lehre dieses Mannes. Es kam nun mit ihm wirklich zum „Abfahren." Sein Weib lief zum Kaplan und bat: „Sie wisse wohl, daß ihr Mann auf Religion nichts gehalten, und habe selber genug mit ihm ausgestanden, aber sie könne es doch nicht über's Herz bringen, ihn so hinsterben zu sehen, wie ein Vieh im Stalle, das auch keinen Gott kennt und keine Religion hat. Da kommen nun auch die Saufbrüderln, diese alten Lumpen, daher, und ziehen ihn auf: daß er jetzt doch wahrscheinlich zum Kreuz kriechen werde."

Der Kaplan ging zum Kranken, aber nicht im Kirchengewande und mit dem Sanktissimum, sondern nur vorläufig auf einen Besuch. Nach dem Leumund dieses Mannes und nach dem Ausspruche seines Weibes mußte sich der Kaplan auf einen jener stürmischen Ausbrüche der Verzweiflung gefaßt machen, wie sie bei Leuten dieser Gattung bisweilen auf dem Sterbelager vorkommen.

Der Mann aber war nicht so arg vermauert. Als er erfuhr, daß seine letzte Stunde gekommen, verlangte er ganz ruhig selber, versehen zu werden, und argumentirte also: "Ja, 's Wirthshaus ist was anders, wenn man bei der Gesellschaft ist und beim Heurigen (Wein) sitzt, und 's Sterben ist auch was anders. Was redet der Mensch oft Alles zusammen der Gesellschaft zu Liebe und aus Großthuerei, aber unserem Herrgott kommt man nicht aus, da hilft alles Schwadroniren nichts" u. s. w.

Der Mann hatte somit den Muth, von der Maurerei trotz seinem Kreise von Dorf- und Wirthshaus-Maurern abzugehen, indem er ganz recht vermuthete: er werde mit seinem Bauernstolz vor unserem Herrgott eine schlechte Rolle spielen.

Wir wollen sonstige gute und gelobte Eigenschaften, die Verhaegen besessen hat, durchaus nicht anfechten, aber das können wir behaupten: daß in Beziehung auf seine Anschauungen über das Hinfahren ohne die Sakramente der Kirche, diese beiden Herren, von denen wir erzählt, mit ihm auf der gleichen Bildungshöhe standen, oder wenn man will, er mit ihnen auf der gleichen Tiefe stand.

Wir aber glauben, daß der Menschengeist, wenn er vor seinen Richter gelangt, an dem Beifalle sämmtlicher Maurer-Logen kein stolzes Behagen empfinden wird.

―――

Ein fürchterlich abgebrannter Philosoph.*)

Es war am 23. Juni des Jahres 1838, als Arnold Ruge, der Errichter des Hegel'schen Speditionsgeschäftes, das er in Halle unter dem Namen „Hallische Jahrbücher" etablirte, in der Ueberschwenklichkeit des heißen Sommertages, sowie auch im Selbstbewußtsein der Hegelschen Selbstbewußtseinung Folgendes ausrief: „Das Reich der Sittlichkeit ist in Preußen zu einer bewunderungswürdigen Wirklichkeit gediehen, nirgends wird man das Pflicht- und Rechtsgefühl geschärfter, wirksamer und gebildeter finden, als bei uns." Der Genius der Komik mußte mir diese Stelle gerade in den Märztagen 1848 unter die Augen spielen, und es erging mir, wie es gewiß auch jedem Andern ergangen wäre — ich wurde in die allerheiterste Stimmung versetzt. Ich blätterte nun weiter in Ruges Kritik über

---

*) Geschrieben im März 1849.

ruos Sendschreiben und fand noch viel köstlichere Dinge. Ruge meinte damals, daß es in Preußen je zu einer Revolution komme, sei eine pure Unmöglichkeit. „Da müßte erst eine solche bodenlose religiöse und politische Tyrannei, wie sie in den willkürlichen und sinnverwirrenden Gedanken unserer Reaktionäre liegt, unser ganzes freies Leben und Wissen mit ihrem vergiftenden Rachen verschlingen, erst uns alle, die wir den Kopf gerade zwischen den Schultern und das Herz auf der rechten Stelle haben, zu Boden schlagen, erst diese Gerechtigkeit und diese Freiheit brechen, die wir genießen, erst Zucht und Bann der Priester, erst den Uebermuth des rohen Adels über uns hereinführen, erst jede Tyrannei verwirklichen, ehe der deutsche, (d. h. zunächst der preußische) Geist in die Noth der Franzosen komme, die sie zur Revolution trieb. Diesen Tag werden wir nicht sehen, meine Freunde, und jeder freie Mann in Preußen wird dazuthun mit Wort und That, daß unser Nationalbewußtsein immer inniger die Segnungen der Gegenwart schü=

ßen, und unser geistig und sittlich hochgestelltes Staatswesen mehr und mehr erkennen und lieben lernt."

Was sagen Sie nun dazu, Herr Arnold Ruge, nachdem zehn Jahre vorüber sind? Das Prophetenthum in Israel-Preußen, die Vorhersagen im „sittenreinsten Volke Europas," der klare Blick in die Zukunft von Seite der Hegelei, haben sich ein klein wenig blamirt! Das sittenreinste, durch und durch patriotische Volk, vom reinsten Preußenwasser und reinsten Preußenschliffe zu Berlin schleppt die Märzopfer mit ihren klaffenden, offengelegten Wunden an der Königsburg vorüber, und verhöhnt den Kronenträger der Intelligenz und zischt ihn aus, wie einen schlechten Schauspieler! Gräßliche Flüche tönen zu ihm hinan, und er sieht herab in ein aufgeregtes Meer von Hyänengesichtern, daß der Frost plötzlich eisigkalt durch seine Adern zuckt! — Einige Tage nur — und all' die Prachtpaläste preußischer Prahlerei und Zuversicht, hinauf und hinauf an ihren Rohrsäulen mit Hegel'schem Rauschgolde, mit glatter Terminologie verbrämt und verhängt — von Einem einzigen Märzsturm über den Haufen geworfen! Das kam unerwartet, es war schauderhaft!

Wien hat sich wahrlich nicht über einen Mangel an Gräuelscenen zu beklagen — es ist aber hier nur der Unterschied, daß es selbst dem besten, aufgeklärtesten Patrioten nie in den Sinn kam, hier die Unmöglichkeit solcher Begebnisse vorherzusagen — im Gegentheile wußte es jeder, der die Sachlage in Wien kannte, schon vor zehn Jahren, daß da einmal ein rechter Putsch losgehen müsse. Wer ein Uebel voraussieht, der macht sich nicht lächerlich — wer aber mit aller philosophischen Zuversicht, mit aller aufgeblasenen Eitelkeit goldene Berge malt, an deren Stelle Jobische Misthaufen zum Vorschein kommen, der Mann verdient ausgelacht zu werden. Derselbe Herr Ruge sprach aber stets von der Unmöglichkeit einer Revolution in Preußen: „Sodann (sagt er) muß Ein für alle Mal von Preußen dieses Gespenst (die Revolution) abgewendet werden, weil hier alle Bedingungen fehlen, die es fürchten lassen könnten, da bei uns die Regierung fortdauernd in den Prozeß der Zeit eingeht, und wesentlich die höchste Intelligenz des Landes zu ihrem Dienste verwendet und selbst bestellt. Alle freisinnigen Einrichtungen, die Gemeinsinn und Einheit des Staatsbewußtseins hervorrufen können, von der Studienverfassung bis zur Militärordnung, in welcher jeder sich dem Allgemeinen zu widmen hat, sind freiwillig durch die Regierung gekommen; und es hat sich 1830 genug gezeigt, daß Preußen keine Revolution zu fürchten hat. Der Grund ist ganz einfach der, daß Preußen im Prinzipe der freiwilligen Entwicklung, dem Prinzipe der Reformation, die Garantie gegen gewaltsames Forttreiben besitzt." — Als man im Ministerium zu Berlin doch schon nicht mehr recht wußte, wie man mit diesen Garantien von Seite der Hegelschule daran war, als man sich vielleicht dachte: die Herren, welche uns immer das Hegel'sche Brandschaden-Versicherungspatent unter die Nase halten — könnten uns am Ende doch den Schaden nicht ersetzen, wenn uns der ganze Plunder des absoluten Centralisationssystems mit sammt dem vergoldeten

Knopf der Hegelſchen Staatsidee auf der Spitze des Gebäudes — über den Kopf zuſammenbrennt — und die ganze Barake am Ende krachend zuſammenſtürzt, und als Leo dieſe inſtinktive Miniſterialangſt auch ausſprach, da rückte Ruge als Generalſtaatsbeſchwichtiger alſogleich mit dem ſchweren Geſchütz ſeiner Argumente in's Feld, und rief aus: „Für wen iſt dieſe Verbreitung der Hegel'ſchen Philoſophie zu fürchten? Doch wohl nicht für den preußiſchen Staat, unter deſſen Autorität und Cenſur Hegels ſämmtliche Werke und Vorleſungen ausgegangen ſind?"

Während nun der Prophet mit vollen Backen Preußens unerſchütterliche Größe und reine Revolutionsunmöglichkeit in breiten, geſchwollenen Phraſen in die Welt hinaus lobhudelt, verdächtigt er in Einem Athem die rheiniſchen Katholiken und beſonders den Kölner Erzbiſchof der Theilnahme an einer ſchändlichen Revolution gegen Preußens Herrlichkeit, und Schimpfworte, wie die einer, „nichtigen, confuſen Rotte voll Unverſchämtheit," „eines Eulengeſchlechtes" u. ſ. w. ſind nicht die geringſten, welche er über die finstern Katholiken los läßt. Selbst auf die Bureaukratie, auf die preußischen Aktenmänner und ihre Gewalt vertraut Ruge gegenüber der katholischen Kirche, ein Zeichen, wie es die Kirchenfeinde immer wissen, was sie an der Bureaukratie für eine Verbündete haben.

Es fällt uns bei dieser Gelegenheit eine neue Auslegung von Genesis 49, 14 ein, wo der sterbende Jakob unter andern sagt: „Issaschar ist ein starker Esel, der zwischen Gränzen liegt" — es dünkt uns nämlich dieser starke Esel nichts anders zu sein, als der gewaltige, aktenbeladene Packesel der Bureaukratie, der sich zwischen Staat und Kirche hineingelegt hat, sich nährend von Stroh und Disteln ausgedorrter trockener Verordnungen und Dekrete, bisweilen mit wahrer Packeselmanier alles niederrennend, was er nicht kannte und was ihm im Wege stand. Doch um von unserm alttestamentarischen Bild wieder auf den Propheten Ruge zu kommen, wollen wir uns über seine Vorhersagungen nun noch eine kleine Frage erlauben. Ruge ist ein geistreicher Mensch, daran kann nicht gezweifelt werden! Sollten seine Bilder preußischer Unumstürzlichkeit nicht vielleicht gar eine bittere Ironie gewesen sein? Fürwahr das einzige Hinterpförtlein für den verschämten Propheten, um durch selbes abziehen zu können!

Ein noch fürchterlicher abgebrannter Philosoph.*)

Es gewährt kein geringes Vergnügen, wenn man sich die kleine Mühe nimmt, in den Broschüren und Zeitungsartikeln herumzustöbern, welche vor zehn Jahren von preußischen Organen in den Brand der Cölnergeschichte, wie Kübel voll grünen Spreewassers fleißig hineingegossen wurden. Die Herren haben damals im Dienste Preußens wahrhaft zu viel des Guten gethan, und bei ihren Lob-, Preis- und Anbetungstänzen, die sie dem Kalb des preußischen Absolutismus

---

*) Geschrieben im März 1848.

aufführten, nicht selten in komischen und burles=
ken Purzelbäumen sich überschlagen. Es ist ohne
weiters im Jahr 1838 Preußen in den Zenith
seiner Selbstanbetung eingetreten, und der im An=
gesichte Europas aufgeführte feierliche Einräucher=
ungsproceß mußte das Nervenleben dieses Staa=
tes zu sehr in Anspruch nehmen, als daß nicht
durch den unangenehmen Druck auf das Ganglien=
system eine niederschlagende Stimmung hätte er=
folgen müssen. Wohl konnte dieß Selbstlob, war
es nun durch blankes Geld, durch Aussicht auf
Gunst oder bessere Stellung, oder durch ein an=
deres Motiv erkauft, oder war es wirkliche heid=
nische Landesvergötterung und zur Verrücktheit
gesteigerter Patriotismus — nicht gar lange mehr
anhalten, die Zeit vergrößerte die innern Staats=
übel, die im geheimen fortschleichenden Fieber der
Revolutionsgelüste durchschüttelten das Land, und
die berühmte Rede im Ständesaal, wo der König
mit seinem Hause dem Herrn zu dienen ver=
sprach, und wo er sagte: Zwischen mir und mei=
nem Volke soll kein Papier sein — war schon
ein verzweifeltes Palliativ, es war aufschäumen=

des Brausepulver, und sollte auf das erhitzte Blut beruhigende kühlende Wirkung haben. Sind wir nun auch jederzeit gewillt, jedem biedern und ehrlichen Preußen die deutsche Hand zum Bruderbunde darzubieten, so können wir doch nicht umhin auf jenes gemachte Preußenthum, das sich nur in der Verachtung anderer Völkerstämme und am Selbstlob erfreut — ungehalten zu sein. Wir würden aber darüber sicher kein Wort verlieren, wenn dasselbe spezifische Preußenthum nicht in seinen Organen, zugleich mit dem eigenen selbstvergötternden Tempeldienst, Spottlieder auf die katholische Kirche gesungen hätte, so zwar, daß diese, wie einst die Stufenpsalmen im Tempel zu Jerusalem, als unentbehrliche Einleitung zur Opferhandlung dienen mußten.

Weil nun eben in unsern Tagen über den Staatsschutz der Kirche vieles hin- und hergeredet wird, wollen wir vorerst vernehmen, wie Stuhr schon im Jahre 1888 flehend und dabei lobpreisend seine Hände um Erlangung und Fortdauer des preußischen Staatsschutzes erhoben: „Durch den Schutz, den der preußische Staat seit dem

Ausgange des blutig verheerenden dreißigjährigen Krieges der evangelischen Kirche geleistet, hat er seine welthistorische Basis gewonnen. In dieser beruht seine Kraft; alles andere was er in Waffenrüstung an Heeresmacht um sich gethan, oder die Blüthe des innern Volkslebens, die sich schön in ihm zu entfalten begonnen hat*), kann der Sturm, wenn er erwacht, dahinraffen. Sein einziges Vertrauen muß er auf Gott setzen, und er hat es auf ihn gesetzt.**) In diesem Vertrauen aber ist ihm sein Gewissen erwachsen, woran er allein sich zu halten hat. Nicht den Bann des Papstes hat er zu fürchten, nicht in Rom liegt ihm der Mit-

---

*) Politische Botaniker hörten diese Blüthe — was ein botanisches Phänomen genannt werden kann — in den Märznächten 1848 zu Berlin, mit bonnerndem Gekrache aufbrechen — ein Beweis, daß es doch kein gar so großer Unsinn ist, wenn man von Jemand behauptet: „Er höre das Gras wachsen, und die Krebse niesen." Die preußischen absoluten Krebse niesten damals auch, und der Radikalismus rief ihnen zu: Helf euch Gott!

**) Aber nicht auf den starken, lebendigen, sondern auf den schwachen Hegel'schen Ministerial- und Cabinétsgott!

telpunkt seines Gewissens. Innerlich in sich vielmehr trägt er ihn, und oft schon sind schwere Prüfungen von Gott über ihn verhängt worden, in welchen die Regungen seines Gewissens erwachten, und Herrscher und Volk in dem herzzerreißenden Gefühle der eigenen Sündhaftigkeit zur Reue und Buße sich bekehrten, ohne daß er deßhalb der Mahnung des Papstes bedurft hätte. Zweifelsohne werden solche Momente in Zukunft oft noch wiederkehren. Denn wie das ganze Menschengeschlecht ein hartherziges, verstocktes und zugleich ein schwaches ist, so kann es mit dem preußischen Volke nicht anders sein. Strafen, welche Gott über dasselbe verhängt, sind ihm heilsam, damit es, wenn's nicht in freier Besonnenheit auf der rechten Linie sich hält, in Angst dazu gedrängt werde, von seinen Abweichungen reuig zurückkehre und die rechte Bahn mit festerem Gemüthe und freierem Bewußtsein festhalte. Aber der Rathschläge, Befehle oder Bannstrahlen des Papstes bedürfen wir in Preußen nicht."

Es ist auffallend, wie der Refrain des Liedes immer lautet: Nur Rom nicht, und nur der Papst nicht! Welche Intoleranz liegt in diesem brutalen no-popery-geschrei! Wann wäre es einem österreichischen Schriftsteller eingefallen, in ähnlichen Voraussehungen trüber Geschicke, die über sein Land hereinbrechen könnten, die preußisch königliche Staatskirche zu beschimpfen? Sagt man aber: Ja in Preußen fühlte man sich von den rheinischen Katholiken bedroht — so wäre darauf zu antworten: Wie habt ihr den Rhein bekommen? für was? für die Treue, die ihr während der französischen Kriege am deutschen Vaterland geübt? Und unter was für Garantien für die Kirche habt ihr Schlesien und die Rheinlande übernommen? Und wie habt ihr diese Garantien gehalten? Was habt ihr mit Presse und Censur für Schmach und Schande, für Knechtung und Niederträchtigkeit getrieben? — — Diese Fragen können natürlich die gegenwärtige Regierung, welche die Kirche freigegeben hat, nicht beleidigen, sie sollen aber die jetzt antiquirten, pensionirten, zum Schweigen gebrachten königlich oder ministerial oder kirchenräthlich) preußischen Lobhudler treffen! Wenn aber im Staatsschutz über die protestantische Kirche — Preußens Halt und Schwerpunkt liegt, was sagt H. Stuhr anno 1849, wo vom König in der oktroyirten Verfassung auch die protestantische Kirche freigegeben ist? Eine solche Verrückung des ganzen Conceptes und aller angewohnten Lebensanschauung und verrotteten Absolutismuspreisung ist doch etwas fatal! O selbstlobhudelndes, specifisches Preußenthum, du warst nach deiner eigenen Aussage nicht nur ein hartherziges und verstocktes, sondern was deine Prophetien anbelangt, auch ein schwaches! Was mag sich das Hegel'sche Ministerium gedacht — wie mag das stock-pantheistische Schreiber- und Beamtenthum gelächelt haben, als Stuhr (in den Hallischen Jahrbüchern noch dazu) auch die holdselige Frömmigkeit zur Aufgabe und Grundlage jenes Staates machte, den Friedrich II. bestimmt hatte — sich im Verlauf der Weltgeschichte einige Zeit lang auf den Bajonnetten im heitern Tanze fortzubalanciren? Stuhr meinte: „Alles wahrhaft Menschliche zu pflegen, den Adel der Gesinnung zu achten*), mit Geistesreichthum keine Gaukelei zu treiben, dieß ist es, wozu der preußische Staat von Gott und Rechtswegen berufen ist. Bleibt er in frommer Anhänglichkeit an die evangelische Kirche, ihr schutzherrlich vorstehend, auf der Bahn, die ihm jenen Grundsätzen zufolge angewiesen ist**), dann sind seine Säulen auf Felsen gebaut, und es schützt ihn eine felsenfeste Mauer, so daß er selbst das Aufthun der Hölle nicht zu fürchten braucht. — Den Glanzpunkt der Lächerlichkeit (dessen rechte Beleuchtung freilich erst die neueste Zeit aufgezündet hat) erreicht Stuhr, wenn er die Ultramontanen als die gefürchtetsten Feinde Preußens hinstellt, die mit den Jesuiten im Bunde,

---

*) Z. B. den Erzbischof von Cöln, weil er that, was seine Pflicht ihm gebot — einen Hochverräther zu schimpfen (wie Stuhr selber es gethan) und ihn als solchen auf die Festung zu schleppen.

**) Die Katholiken in Schlesien fleißig zu verfolgen, und selbst Altlutheraner, die doch auch Protestanten waren, weil sie sich in die verquickte preußische Staatskirche nicht einreihen wollten, Jahre lang mit Polizei und Kerker, Gehaltentziehung in Hungersnoth im frommen Eifer auszurotten u. s. w.

leise und still die Fäden in einander fügen, ihre Gewebe spinnen, ihr Netz ausdehnen; um das Preußenthum zu umgarnen, nebenbei aber fand Stuhr in den demagogischen Bewegungen gar keine tiefeingreifende Bedeutung für die geistige Entwicklungsgeschichte der Deutschen! Armseliges Prophetenthum, getäuscht von der Fata morgana einer ultramontanen Revolution, und die damals schon in den Massen aufschießende demokratische Bewegung für leeren Spuck erachtend! Die königlich preußischen Katheder waren schlechte Sternwarten für die Zukunft; und es bedurfte nicht mehr als des Verlaufes einiger Jahre, um die siegestrunkene Professorenweisheit als abgeschmacktes Geschwätz zu erweisen.

Mit welchem Pfauengang schritt Ruge noch am 27. Juli 1848 einher, die Fliegenklatsche in der Hand, um Leo und das Berliner politische Wochenblatt todtzuschlagen, welche beide er Denuncianten der hallischen Jahrbücher nannte, mit welchem ungeheuerlichen königlich preußischen Siegesbewußtsein hat er ausgerufen: „Denn sie (meine Gegner) können mich nicht absetzen. Ich bin Hallischer Bürger und Pfänner,*) und besitze in dieser Quantität ein einträglicheres Amt, welches keinerlei Gefahr läuft, so lange der preußische Staat so sicher ist, wie ich ihn zu kennen, das Vergnügen und den Vortheil habe. Die Wohllöbliche Hallische Pfännerschaft hat nur zwei Dinge zu fürchten, ein Erdbeben und eine Revolution, beides Wechselfälle, die bis jetzt in Preußen noch nicht in der Mode sind, und so Gott will, auch trotz allen Prophezeihungen des Berl. polit. Wochenblattes bei unsern Lebzeiten nicht eintreten werden." (Ach und Krach!)

Ferner sagt Herr Ruge klar genug: "Meine Worte sind: ""Niemand projektirt, niemand macht, niemand hindert eine wirkliche Revolution, sie wird nicht gemacht, sie macht sich,"" d. h. wenn sie eintritt, so ist diese Gewaltsamkeit der Entwicklung historisch nothwendig. Wird nun aber die Entwicklung nicht aufgehalten und gehemmt, im Gegentheile, hat der Staat

---

*) Besitz eines Pfannenantheils bei den Salinen.

das reformirende Prinzip, wie Preußen, so gibt es keine Nothwendigkeit, ja nicht einmal eine Möglichkeit der Revolution."

Wozu nun diese Berserkerwuth gegen das politische Wochenblatt: wenn dieses nur das Nothwendige voraussagte? Nach Ruges eigenen Worten (freilich anno 1838 ausgesprochen) hat die Revolution Preußen nothgethan, und Herr Ruge hat sich zwar um viele Dinge gekümmert, aber das Eine, was Noth that, hat er nicht gewußt. — Freilich könnten wir der Sache auch noch eine andere Wendung geben: Entweder war nun in Preußen keine Revolution, oder Herr Ruge ist todt, oder Herr Ruge hat gelogen, oder der Ausspruch Ruges ist einer von jenen feinen Scherzen, von jenen durchtriebenen Jronien gewesen — die ein Jahrzehend brauchen, bis sie zeitig und genießbar werden, die sich erst im Verlaufe der Begebenheiten verständlich machen.

Der Laubfrosch auf der Leiter — im grünen Höselein
Sitzt wie auf dem Katheder — quackt in die Welt hinein,
Die Zukunft prophezeit er: — "Nichts wird gerevoluzt!"
Nun aber sieht's ein Jeder, — das Schrei'n hat nichts genutzt!

Ein Mißverständniß gab es — ein langes zu Berlin,
Die schwarzen Eisenbomben — die flogen üb'rall hin,
Das war ein Hexenschabbes, — der Teufel ringsum los,
Gefüllte Katakomben — ein Mißverständniß blos!

Betrachtungen über Heine in der Zeit vor und nach seinem Tode.

(Wir haben es hier weder mit dem lebendigen noch todten Heine, sondern mit den Publikationen desselben zu thun. Wir werden Gutes und Schlimmes von ihm bringen. Vor seinen Anbetern aber muß man gerad dieselbe Achtung haben, die man vor seinem Cynismus hat. Der größte Theil des Nachfolgenden ist während dem Leben Heines publicirt worden.)

1. Heinrich Heines Apotheose.

H. Heine, hat schon bei lebendigem Leibe seine Apotheose gefunden. Ein Herr hat in einem Wiener Blatte unter der ominösen Ueberschrift: „Romancero" (ein Libell, in allen Landen deutscher Zunge von ehrlichen Leuten verurtheilt) nachfolgende Verse zum Frommen aller Verehrer der Borstenthier-Muse des hochgefeierten, wie er sich selbst nennt, "elenden sterbenskranken Juden" zu Tage geboren:

"Daß der Herr sich Dein erbarme! — Du bist fromm geworden gar; — Wirfst Dich in Jehova's Arme — Du, der Hegel's Schüler war. — — Fromm sein — treffliche Bescherung! — Reue, Buße, inn'res Licht; — Doch es glaubt an die Bekehrung — Jener alte Zorngott nicht. — — Zwischen Rosen mit dem Becher — Lag der Greis Anakreon, — Und die Seele schwebt dem Zecher — Mit dem letzten Zug davon. — — Deine Rosen sind verblichen, — Und ein Zecher warst Du nie; — Armer mit den Dornenstichen, — Heiland Du der Poesie! — — Nimmer beugt der Schmerz Dich nieder — noch die Qual der trüben Zeiten; — Gott des Spottes, Gott der Lieder, — Schlägst Du sterbend in die Saiten. — — Gerne tauschten wir Gesunden — Mit dem armen kranken Heine; — Denn mit allen Schmerzenswunden — Bist Du noch der Einzig-Eine! — — Die Heiligen sind dir ein Graus — Mit ihren gebändigten Trieben — Genir' Dich nicht, sag's nur heraus; — Du bist ein Heide geblieben. — — Gern lief'st Du in's munter Haus, — Gern möchtest lachen und lieben — Genir' Dich nicht, sag's nur heraus; — Du bist ein Schalk geblieben. — — Du gibst uns fetten Gedankenschmaus — Des Witzes-Funken stieben — Genirt Euch nicht, sagt's nur heraus: — Er ist ein Dichter geblieben." —

Aehnlichen Lobdichtern Heine's wäre zu erwiedern:

„Genirt Euch nicht, sagt's nur heraus, — Euch ärgert verflucht die Bekehrung, — Das wär' auf ein Leben voll Saus und Braus, — Eine schöne, saub're Bescherung! — — Genirt Euch nicht, sagt's nur heraus: — Es steht Euch im Herzen geschrieben: — Er sagt: Im Tode sei's nicht aus, — Er ist kein ganzer Lump geblieben! — — Genirt Euch nicht, sagt's nur heraus: — Ihr wollt dem Teufel Euch verschreiben; — Der Name Gottes ist Euch ein Graus, — Ihr wollt in Ewigkeit Lumpen bleiben. — — Wenn Einer ein wenig nur Miene

macht — Zum Glauben, Hoffen, Bekennen, —
Wird er dumm-teuflisch von Euch verlacht, —
Weil Euch die Gewissen brennen! — — Wir
kennen Euern Cultus gar wohl; — Aus Euern
Liedern, die krank und heiser — Und Eure Tem-
pelhallen sind gar: — Ihr sagt es selbst: die
„muntern Häuser." — — Euch sind die Heiligen freilich ein Graus — Mit ihren gebändigten Trieben; — Ihr habet Euch sans gene im
„muntern Haus" — dem Teufel auf ewig ver-
schrieben!"

2. Romancero von Heinrich Heine.

Selbst die Weserzeitung, ein Blatt mit sehr
liberalen Farbe, redet ganz anders über Heine's
Romancero, als die sehr steif conservativ-
thuenden Wienerzeitungen, die es merkwürdiger
Weise noch loben. Die Weserzeitung sagt nämlich: „Das Buch machte einen unerquicklichen,
übelriechenden Eindruck, trotz des duftig roman-
tischen Titels, der zum Inhalt paßt, wie schwar-
zer Corduan und Goldschnitt zu einer Sammlung von Trinkliedern. Romantik freilich durch-

weht die neuen Gedichte Heine's vom ersten Verse bis zum letzten, aber Romantik der allerschlechtesten Sorte, die Romantik der liederlichen regel= und gesetzlosen Subjectivität, welche man sich gefallen läßt, sobald sie elegant, graziös und witzig anftritt, die aber widerwärtig wird, wenn sie in den Gassenbubenton verfällt. Daß Heinrich Heine einmal auf dem deutschen Parnasse den Gamin repräsentirt, wissen wir längst, und wir haben, als wir den Romancero aufschlugen, nicht von dem Verfasser des Wintermärchens und des Atta Troll Schiller'sche Adel und Goethe'sche Classicität erwartet, — aber über diesen Grad von literarischer Ausartung, wie er seine neueste Dichtergabe bezeichnet, waren wir doch einigermaßen betroffen.

„Ich habe gerochen alle Gerüche
In dieser holden Erdenküche,"

sagt der Dichter in dem „Rückschau" betitelten kleinen Stücke, aber er hat uns denn auch von diesen Gerüchen keinen einzigen erspart. Wenn wir hin und wieder den süßen Duft einer vollen Rose, hin und wieder das feine Parfüm eines

prickelnden Champagners oder das edle zauberische
Arom goldenen Rheinweines einzuathmen haben,
so scheint es, als ob dieser Genuß uns nur geboten werde, um unsere Nerven desto empfind-
licher zu machen für die mephitischen Gerüche,
welche unmittelbar daneben von Knoblauch, ran-
zigem Oele und ähnlichen unsauberen Dingen
emporsteigen. Der „Romancero" ist dem deutschen
Publico von dienstfertigen Schildknappen des Verlegers oder von gutherzigen Freunden des armen
leidenden Poeten mit solchen Posaunentönen im
Voraus angepriesen worden, daß selbst Meyer-
beer für eine neue Oper nicht mehr Marktschreierei
hätte verlangen können. „Heine ist noch immer
ganz der Alte!" „Heine ist fromm geworden!"
„Heine ist nicht fromm geworden!" „Heine's Romancero wird diesem Dichterleben die Krone aufsetzen," mit solchen und ähnlichen tantalisirenden
Notizen sind wir Monate hindurch auf das große
Ereigniß vorbereitet worden. Jetzt endlich hat
Herr Campe von der Urne voll romantischer Ro-
sen- und Lotosdüfte, die man uns versprach, den
Deckel abgehoben, und wir halten uns erschrocken

die Nase zu. Freilich, Heine ist noch immer der Alte, — aber er ist bei weitem nicht mehr ganz der Alte. Die Atmosphäre des Buches, ach, wibert uns an wie die eines langjährigen Krankenzimmers. Es gibt verschiedene Arten, krank zu sein. Heine hat bei seinen körperlichen Leiden nichts von seinem Witze, nichts von seiner tollen Laune, nichts von seiner Phantasie eingebüßt, — aber „in seiner Matratzengruft zu Paris," von welcher er im Nachwort ergreifend genug redet, wo er „früh und spät nur Wagengerassel, Gekeife und Claviergeklimper vernimmt," ist auch seine Muse angekränkelt worden von dem lutezischen Gifthauche, und die schalkhafte, muntere, freche Dirne, die bei allen Ungezogenheiten des Cancans, den sie tanzte, doch immer die Linie einer gewissen Grazie innehielt, ist zu einer alten häßlichen Krankenwärterin geworden, die freilich noch eine Menge schöner Märchen zu erzählen weiß, die uns aber fortwährend durch ihre hüstelnde Stimme und ihre hektische Lustigkeit in eine peinliche Stimmung versetzt."

Ferner: Die „Hann. Ztg." sagt über Heine's

Romancero: „Wo findet man Gott, Christus und Maria, Beschneidung, Taufe und Abendmal, Tod und Auferstehung und alles Heilige, wo Republik und Monarchie und alle Formen der menschlichen Gesellschaft schnöder verspottet, verhöhnt, als in diesem Romancero? wo die geheimsten Seiten der menschlichen Natur so rücksichtslos aufgedeckt und wo in so verfluchten Ausdrücken geschimpft, wie hier? Die schrecklichen Leiden seines gefolterten Körpers haben den Dichter seine rauhe Seite hervorkehren lassen, und er, der sich im Nachwort der „angebornen Zähne und Tatzen des Tigers" rühmt, erscheint in dieser Sammlung fast durchgehends als ein auf den Tod verwundeter borstiger Keiler. Wie schade, daß ein solches poetisches Genie so lästerlich verschleudert ist! — Es ist sehr zu wünschen, daß dieß Buch nur eine möglichst geringe Verbreitung erlange; für die Jugend zumal möchte ein gefährlicheres Gift nur sehr schwer zu finden sein.... Geht man weiter zu dem letzten Gedichte, „Disputation" überschrieben, der elenden Schilderung eines Kampfes zwischen einem Mönch und einem Rabbi (gerade diese Schilderung haben gewisse Blätter als eine Rorätet und eine prächtige Meloche ausgegeben), so gelangt man zu der Vermuthung, daß in Heine selber gegenwärtig Christenthum und Judenthum den letzten Verzweiflungskampf kämpfen; und da sich hierin seine innerste Natur auszusprechen scheint, so möchte man schließen, es sei der Hauptgrund seiner innern Zerfahrenheit darin zu suchen, daß er Zeit seines Lebens zwischen Judenthum und Christenthum hin- und hergewürfelt worden ist."

3. Der neujüdische Augustinus.

Das jüngste „Jüdische Volksblatt" bringt mit großer Freude den Bekehrungsbericht Heines zum Judenthum in einem Leitartikel unter der Aufschrift: „Die Umkehr." Uns scheint sich Heine von jeher nur im Bette umgekehrt zu haben, wenn er eben schlaflos war; auf sonstige Umkehrungen des sehr bedauerungswürdigen Gesellen ist nicht viel Werth zu legen. Das besagte Volksblatt erzählt mit Thränen der Rührung über „den bekehrten Juden": „Heinrich Heine, der frivole

Dichter, der seinen beißenden Spott, seine ätzende Ironie über Alles ausgegossen, was irgend eine schwache Seite bietet, der namentlich Juden und Judenthum oft genug zum Gegenstande seiner ausgelassenen Laune gemacht — er hat in seiner neuesten Schrift „Geständnisse" Alles revocirt, er ist jüdisch-biblisch-gläubig geworden, und zwar in tiefstem Ernste.*) Besonders eine für Israel glänzende Stelle hebt das Volksblatt mit großen gesperrten Lettern hervor: „Wie über den Werkmeister, hab' ich auch über das Werk, die Juden, nie mit hinlänglicher Ehrfurcht gesprochen, und zwar wieder meines hellenischen Naturells wegen, dem der judaische Asketismus zuwider war. Meine Vorliebe für Hellas hat seitdem abgenommen. Ich sehe jetzt, die Griechen waren nur schöne Jünglinge, die Juden aber waren immer Männer, gewaltige, unbeugsame Männer,**) nicht blos ehemals, sondern bis

---

*) Wir zweifeln sehr, ob nicht Herr Rabbi Philippson selbst etwas lächelte, als er obigen tiefen Ernst niederschrieb.

**) Was sich so ein armer Teufel des Handels und Wandels denken mag, wenn er sich in die Reihe der ge-

auf den heutigen Tag, trotz achtzehn Jahrhunderten der Verfolgung und des Elends. Ich habe sie seitdem besser würdigen gelernt, und könnte stolz darauf sein, daß meine Ahnen dem edlen Hause Israel angehörten, daß ich ein Abkömmling jener Märtyrer, die der Welt einen Gott und eine Moral gegeben, und auf allen Schlachtfeldern des Gedankens gekämpft und gelitten haben."

„Die Geschichte des Mittelalters und selbst der modernen Zeit hat selten in ihre Tagesberichte die Namen solcher Ritter des heiligen Geistes eingezeichnet, denn sie fochten gewöhnlich mit verschlossenem Visir. Ebenso wenig die Thaten der Juden, wie ihr eigentliches Wesen, sind der Welt bekannt. Man glaubt sie zu kennen, weil man ihre Bärte gesehen, aber mehr kam nie von ihnen zum Vorschein, und wie im Mittelalter sind sie auch noch in der modernen Zeit ein wandelndes Geheimniß." — Der Schluß enthält eine

---

waltigen unbeugsamen Männer hineingeschoben sieht! Und vom gewaltigen Heine noch dazu!

große aber von Heine unverstandene Wahrheit. Die Juden sind wohl ein wandelndes Geheimniß — aber auch ein offenes Zeugniß für's Christenthum.

4. Ein Bekenntniß von Heine.

Wir kommen wieder auf Heine zu sprechen — auf Heine, den Verfertiger kecker, frivoler Lieder — auf Heine, den theoretischen und praktischen Gottesläugner, auf Heine, den Verhöhner alles Heiligen, auf Heine, das größte Genie in pikanter Darstellung liederlichen Lebens, den Jahrelang muthigen Fahnenträger heidnischen Cynismus — auf Heine, der aber mit den Jahren ein ganz anderer geworden. Wir haben im verlaufenen Jahre von Heine gesprochen — als er in der Desperation der Krankheit ausgerufen: „Ich bin nur ein armer, todtkranker Jude," — wir nehmen jetzt auf den jüngsten Bericht über den Dichter auf's neue Gelegenheit über ihn zu sprechen. Ein Blatt (die F. Allg. K. Z.) berichtet uns über seinen Zustand: „Ein Freund hat den kranken Heine im Herbste vorigen Jahres

in Paris besucht und schreibt nun: In einem kleinen, aber sehr reinlichen Zimmer fand ich ihn auf mehreren auf dem Fußboden über einander gelegten Matrazen lang ausgestreckt. Obgleich jetzt gänzlich erblindet und von den schwersten Leiden abgezehrt, war er wieder der Heine von früher, es waren dieselben geistreichen Züge — — in seinem Gesichte war eine heitere Ruhe ausgeprägt, daß sein Zustand bisweilen nicht so beklagenswerth erschien, als er es doch wirklich war; und woher kam diese Ruhe, diese Fassung, die ihm erlaubte von seinen Leiden zu sprechen, als träfen sie einen andern? — Sie kam aus dem Quell, den ich wohl schwerlich bei Heine, dem Atheisten, der sogar früher damit prunkte, ein Atheist zu sein, zu finden vermuthete, sie kam aus dem reinen, unumstößlichen Glauben an einen Gott, der nach unserm Tode das Gute belohnt, das Böse bestraft und aus der festen Ueberzeugung, daß dieser gerechte, milde Vater Verirrungen, im Leben schwer bereute Verirrungen nicht zu den bösen Thaten rechnen und als solche strafen könne. — —
Es erschütterte mich tief, als Heine in dieser

regungslosen Lage, während man nur eine leise Bewegung des Mundes bemerkte, mit klarer, fester Stimme zu mir sagte: „Glauben Sie es mir, mein Freund, denn Heinrich Heine sagt es Ihnen auf seinem Sterbelager, nach jahrelanger reiflicher Ueberlegung, nach Abwägung alles dessen, was von allen Nationen darüber gesagt und geschrieben worden ist, bin ich zu der Gewißheit gekommen, daß es einen Gott gibt, der ein Richter unserer Thaten ist, daß unsere Seele unsterblich ist, und daß es ein Jenseits gibt, wo das Gute belohnt und das Böse bestraft wird — ja, dieß sagt Ihnen Heinrich Heine, und wenn Sie je Zweifel darüber gehabt haben, so lassen Sie sie schwinden, und sehen Sie hier, wie man bei einem festen Glauben an Gott selbst die schrecklichsten irdischen Qualen ohne Murren ertragen kann; hätte ich diesen Glauben nicht, so würde ich bei der Gewißheit, daß mein Zustand hülflos ist, schon längst diesem elenden Leben ein Ende gemacht haben. Es gibt Thoren, die, nachdem sie ein ganzes Menschenleben vom Irrthum befangen waren, und diese irrige Ansicht durch

Wort und That ausgesprochen hatten, nicht mehr den Muth haben zu bekennen, daß sie so lange irren konnten, ich aber spreche es offen aus, es war ein heilloser Irrthum, der mich so lange befangen hielt, jetzt sehe ich klar, und wer mich kennt, wer mich sieht, wird sagen, daß ich nicht gedrückten und befangenen Geistes so spreche, sondern zu einer Zeit, wo meine Verstandeskräfte ungeschwächt so klar sind, wie je zuvor."

Wie werthvoll ist das Bekenntniß eines Mannes, dessen Unglaube tausend und tausend Deutschen zum Muster und Vorbild gedient hat! Gewiß ein Lichtstrahl der göttlichen Gnade ist in das Herz dieses Menschen gefallen, daß er vorläufig zur Umkehr seiner Gesinnung gekommen ist, und damals auf dem Wege der Erkenntniß wandelte.

Jedenfalls aber sind die angeführten Worte Heine's ein Schlag gegen das Heer der frivolen Gottesläugner, die ihn bis dorthin als ihren Abgott, oder doch als ihren Weltweisen verehrt haben. Stand Heine auch noch nicht in der vollen Erkenntniß der Wahrheit, so müssen wir doch aner=

kennen, daß ein großer moralischer Muth dazu gehörte — die ganze hinter ihm liegende Gedanken- und Lebensrichtung im Angesichte eines persönlichen, gerechten Gottes als eine irrthümliche und ungerechte zu verdammen, und sich als einen Irrenden und Sünder zu erkennen. Mögen atheistische Possenreißer sich über uns nach Herzenslust ereifern, und nach Gewohnheit Gift und Galle speien, so sagen wir dennoch zu ehrlichen Katholiken: Betet für den armen, todtkranken Heine, und hofft, daß er aufgenommen wird in den Lebenskreis der Erlösung.

5. Eine Vertheidigung Heine's.

Alfred Meißner stellt in Abrede, daß Heine über sein früheres Leben Reue empfinde, und tröstet alle Gesinnungsgenossen, daß, wenn Heine schon an religiöser Stimmung Behagen finde, diese Stimmung doch nie confessionell sei, daß er also eigentlich doch nicht zu den Frommen gehöre, wie es jene „wohlorganisirte Propaganda der Verläumbung (!!) erfunden" hat. Was hat Heine auch zu bereuen? Meißner sagt:

"Er weiß wohl, daß er nichts zu bereuen hat, er, der wie ein Kind sich an allem Schönen erfreute, allen Schmetterlingen nachlief, die schönsten Blumen am Wege fand, er, dessen ganzes Leben ein schöner Ferientag gewesen." Wie gut gewählt ist das Wort Ferientag, es zeigt so recht, daß man weder Christ noch Jude ist, es ist der Ruhestuhl zwischen Christenthum und Judenthum, zwischen Sonntag und Schabbes!! Das Kostbarste, was auch in Frankreich noch nicht dagewesen, ist der Vorwurf von Verläumbung jenen gemacht, welche da sagen: es empfinde Jemand Reue über ein wüstes Leben!

6. Wie die Reform-Juden in Wien Heine vergöttern.

Wir könnten über folgenden Gegenstand wohl selbst sehr eindringliche Bemerkungen machen, lassen aber absichtlich die "Volkshalle" sprechen: "Der "Lloyd" (ein Wiener Judenblatt) feierte einen Sonntag mit einem, dem Heinrich Heine, und seinem "Romancero" gewidmeten Feuilleton. Die letzten Worte sind: "Wir können zum Schluß nicht unterlassen, den Wunsch auszudrücken, der geistreiche Componist möge sich des „„Romancero"" des Dichters, ebenso geistreich, wie der „„Heimkehr,"" bemächtigen, um die musikalische Kunst im wahren Sinne des Wortes zu bereichern." Das deutsche Volk soll dann unter anderen in folgendem Liede den Kreuzestod des Erlösers besingen:

> „Unser Gott ist nicht gestorben
> Als ein armes Lämmerschwänzchen
> Für die Menschheit, ist kein süßes
> Philantröpfchen, Faselhänschen."

So dichtet Heine, der todtkranke, von Schmerzen gepeinigte Jude, keinem anderen Menschenkinde vergleichbar außer dem Schächer der linken Seite. In Wien soll der Verkauf des „Romancero" verboten sein; und der „Lloyd" ist doch wie man sagt, ein dem kaiserlichen Ministerium befreundetes Blatt!" So weit die „Volkshalle." Und sie hat sicherlich vollkommen Recht. Was soll man aber sagen, wenn ähnliche Verspeiungen und Verhöhnungen in Wiener (für Ministerien arbeitenden) Blättern nicht selten sind? Es wäre sehr gut, nicht nur die Leitartikel, sondern auch das, was unterm Strich ist (das Feuilleton) der Aufmerksamkeit zu würdigen. Was würde Jung=Israel für ein Geheul anfangen, wenn wir obige niederträchtigsten, wahrhaft hündischen Verse auf Jung=Israel wenden und sagen würden:

> „Menschheit=Retter sind die Juden,
> Die uns fressen auf dem Kräutchen,
> Und in ihren Börsenbuden
> Uebern Kopf uns zieh'n das Häutchen,
> Die das Heiligste bestinken
> Mit dem süßen Knoblauchdüftchen,
> Und das Blut des Volkes trinken
> Diese jämmerlichen Schüftchen!"

Ueber eine solche Poesie, sagen wir, würde Jung=Israel heulen; aber wir, wir sollen uns das Heiligste mit Füßen treten und verspeien lassen! Wann wird diesem Treiben der Zeitungen, oder eigentlich der — — — das den Staat früher oder später total auf den Hund bringen muß, ein Ende gemacht werden?

7. Das nennt man belehrt.

Wenn die Leute, welche sich den Gebildeten beizählen, ohne Religion, und dafür voll des Unglaubens, der Frivolität und Liederlichkeit sind und wenn sie dann nach Umständen, d. h. je nachdem sie zu wenig haben, oder zu wenig sind, und daher durch einen Umsturz mehr zu bekommen und mehr zu werden hoffen, auch politisch radikal werden, so darf es gar nicht Wunder nehmen, wenn man die Lieblingslektüren der besagten Gebildeten kennt, und wenn man die Schriftsteller betrachtet, die in den jüngsten zwanzig Jahren ihren Einfluß auf die deutsche Lesewelt ausgeübt haben, und wenn man weiß, daß solche Schriftsteller, wie z. B. Heinrich Heine, der Jugend von 12 bis 14 Jahren in den Schulbüchern von den Herren Lehrern ex officio anempfohlen werden. In jüngster Zeit findet man wieder in Buchhandlungen und in Salons Heine's Romancero aufliegen; ein Büchlein, das wohl verdient, von unserm, d. h. vom katholischen Standpunkt beachtet zu werden. Alle

Blasphemien, welche das giftigste Judenthum gegen die Kirche ersonnen hat, finden sich hier in niebliche Verslein zusammengeschaufelt. Das muß natürlich eine gute Wirkung machen. Und dieß Buch hat einen Menschen zum Verfasser, der seit drei Jahren an der Gicht unter den heftigsten Qualen darniederliegt — und der sich merkwürdiger Weise jetzt noch für einen Bekehrten hält. Er sagt in seinem Nachwort zum Romancero: „Wenn man auf dem Sterbebette liegt, wird man sehr empfindsam und weich=selig und möchte Frieden machen mit Gott und Welt." „Gedichte, welche nur halbweg Anzüglichkeiten gegen den lieben Gott selbst enthielten, habe ich mit ängstlichem Eifer den Flammen überliefert. Es ist besser, daß die Verse brennen, als der Verslfex. Ja, wie mit der Kreatur, so habe ich auch mit dem Schöpfer Frieden gemacht, zum größten Aergerniß meiner aufgeklärten Freunde, die mir Vorwürfe machten über dieses Zurück=fallen in den Aberglauben, wie sie meine Heimkehr zu Gott zu nennen beliebten. Andere in ihrer Intoleranz äußerten sich noch herber. Der gesammte hohe Klerus des Atheismus hat sein Anathema über mich ausgesprochen, und es gibt fanatische Pfaffen des Unglaubens, die mich gerne auf die Folter spannten, damit ich meine Ketzereien bekenne. Zum Glück stehen ihnen keine andern Folterinstrumente zu Gebot, als ihre Schriften. Aber ich will auch ohne Tortur alles bekennen. Ja ich bin zurückgekehrt zu Gott, wie der verlorne Sohn, nachdem ich lange Zeit bei den Hegelianern Schweine gehütet. War es die Misere, die mich zurücktrieb? Vielleicht ein minder miserabler Grund. Das himmlische Heimweh überfiel mich und trieb mich fort durch Wälder und Schluchten, über die schwindlichsten Bergpfade der Dialektik. Auf meinem Wege fand ich den Gott der Pantheisten, aber ich konnte ihn nicht gebrauchen. Dieß arme, träumerische Wesen ist mit der Welt verwebt und verwachsen, gleichsam in ihr eingekerkert, und gähnt dich an, willenlos und ohnmächtig. Um einen Willen zu haben, muß man eine Person sein, und um ihn zu manifestiren, muß man die Ellbogen frei haben. Wenn man nun einen Gott begehrt, der zu helfen vermag, und das ist doch die Hauptsache, so muß man auch seine Persönlichkeit, seine Außerweltlichkeit und seine heiligen Attribute, die Allgüte, die Allweisheit, die Allgerechtigkeit u. s. w. annehmen. Die Unsterblichkeit der Seele und ihre Fortdauer nach dem Tode, wird uns alsdann gleichsam mit in den Kauf gegeben, wie der schöne Marktknochen, den der Fleischer, wenn er mit seinen Kunden zufrieden ist, ihnen unentgeltlich in den Korb schiebt." „Ich habe vom Gott der Pantheisten geredet, aber ich kann nicht umhin, zu bemerken, daß er gar kein Gott ist, so wie überhaupt die Pantheisten eigentlich verschämte Atheisten sind, die sich weniger vor der Sache, als vor dem Schatten, den sie an die Wand wirft, vor dem Namen fürchten." „In der Theologie muß ich mich des Rückschreitens beschuldigen, indem ich, was ich bereits oben gestanden, zu dem alten Aberglauben, zu einem persönlichen Gott zurückkehrte. Das läßt sich nun einmal nicht vertuschen, wie es mehrere aufgeklärte und wohlmeinende Freunde versuchten. Ausdrücklich widersprechen muß ich jedoch dem Gerüchte, als hätten mich meine Rückschritte bis zur Schwelle irgend einer Kirche, oder gar in ihren Schooß geführt. Nein, meine religiösen Ueberzeugungen(!) und Ansichten sind frei geblieben von jeder Kirchlichkeit, kein Glockenklang hat mich verlockt, keine Altarkerze hat mich geblendet. Ich habe mit keiner Symbolik gespielt, und meiner Vernunft nicht ganz entsagt (!!). Ich habe nichts abgeschworen, nicht einmal meine alten Heidengötter, von denen ich mich zwar abgewendet, aber scheidend in Liebe und Freundschaft." —— Der unglückliche Heine, der sich selber vor ein paar Jahren einen „elenden, todtkranken Juden" genannt, ist in seiner Bekehrung nicht weiter gekommen, als vom krassesten Atheismus zum liederlichen Reformjudenthum. Daß er (obwohl er sich taufen ließ) in keine christliche Kirche eingetreten, hätte er wohl nicht zu sagen gebraucht, das steht fast auf jeder Seite seines Romancero mit ungeheuer plumpen Lettern geschrieben, welche wie giftgeschwollene Kröten und Salamander in den Ruinen seiner Poesie herumhüpfen und herumraschen.

In einer „Romanze" über eine liederliche

Dirne sagt er über ihr Begräbniß: „Keinen Pfaffen hört man singen, — Keine Glocke klagte schwer; — Hinter deiner Bahre gingen — nur dein Hund und dein Friseur." — S. 60 läßt er die Gespenster von Ursulinerinen, die vom Kloster in die Kirche gehen, also klagen: „Bräute Christi waren wir, — Doch die Weltlust uns bethörte, — Und da gaben wir dem Cäsar, — Was dem lieben Gott gehörte. — Reizend ist die Uniform — Und des Schnurrbarts Glanz und Glätte, — Doch verlockend sind am meisten — Cäsars gold'ne Epaulette. — Ach der Stirne, welche trug — eine Dornenkrone weiland, — Gaben wir ein Hirschgeweihe; — Wir betrogen unsern Heiland." — — Solche Blasphemien bringt auch der verkommenste Christ nicht zuwegen, die werden nur von dem in Liederlichkeit erkrankten Gehirn eines Heine ausgespien. S. 91 erklärt sich der Getaufte wieder in frivoler Weise für's Judenthum: Einer nur, ein einz'ger Held, — Gab uns mehr und gab uns beff'res — Als Kolumbus, das ist jener, der uns einen Gott gegeben. —

Sein Herr Vater, der hieß Amram, — Seine Mutter hieß Jochebeth, — Und er selber, Moses heißt er, — Und er ist mein bester Heros." Im Gedichte „Vitzliputzli" ist die giftigste Blasphemie auf das heilige Sakrament des Altars enthalten. Bei dem, dem „Vitzliputzli" geweihten Menschen= opfer sagt Heine: „Menschenopfer heißt das Stück, — Uralt ist der Stoff, die Fabel; — In der christlichen Behandlung — Ist das Schauspiel nicht so gräßlich; — denn dem Blute wurde Rothwein — Und dem Leichnam, welcher vorkam — Wurde eine harmlos dünne — Mehl= breispeis transsubstituirt." — Mit sichtlichem Ver= gnügen erzählt Heine, wie Spanierinen, altchrist= liche Spanierinen, die mit Juden sich nicht ver= heirathen wollten, von den Indianern geopfert wurden: „Dießmal war es gar das Vollblut — Von Altchristen, das sich nie, — Nie vermischt hat mit dem Blute — Der Moresken und der Juden." — Den „Vitzliputzli" läßt er sagen: „Doch wir sterben nicht, wir Götter — Werden alt wie Papageyen, — Und wir mausen nur und wechseln — Auch wie diese das Gefieder."

Ueber den alten Görres heißt es: „Todt ist Görres, die Hyäne. — Ob des heiligen Offiz, — Umsturz quoll ihm einst die Thräne — Aus des Auges rothem Schlitz." — Was er über den bereits selig hingegangenen Guido Görres und über andere katholische Größen Münchens sagt, ist so ekelhaft lausbübisch, daß man es nicht anzuführen vermag. Es ist das Toben vollblutigen Hasses gegen Männer, die in der Kirche als wissenschaftliche Größen gelten. Ueber die Auferstehung heißt es S. 170: „Als Freigraf sitzet Christus dort — In seiner Apostel Kreise; — Sie sind die Schöppen, ihr Spruch und Wort — Ist minniglich und weise." — „Das Böcklein zur Linken, zur Rechten das Schaf; — Geschieden sind sie schnelle, — Der Himmel dem Schäfchen fromm und brav, — Dem geilen Bock die Hölle." — Wen widert in diesen Versen nicht das Höllengelächter eines herabgekommenen Wüstlings an, oder vielmehr, wer hat nicht Erbarmen mit solchem Mühsal? Was mag ein Mensch leiden, der an's Krankenbett jahrelang gefesselt, noch in so diabolischer erzwungener Laune aufjubeln kann? Ingleichen verhöhnt er die Auferstehung im Gedichte „Rückschau," welches schließt: „Jetzt bin ich müd' vom Rennen und Laufen, — Jetzt will ich mich im Grabe verschnauffen. — Lebt wohl, dort oben, ihr christlichen Brüder, — Ja, das versteht sich, dort seh'n wir uns wieder!!" Im Gefühl, daß er weder Christ noch Jude sei, sagt er im Gedicht „Gedächtnißfeier": „Keine Messe wird man singen, — Keinen Kadosch wird man sagen; — Nichts gesagt und nichts gesungen — Wird an meinen Sterbetagen."

Im Gedicht „Vermächtniß" hört man alle alten Judenflüche wiederhallen, es beginnt: „Nun mein Leben geht zu End', — Mach' ich auch mein Testament; — Christlich will ich b'rin bedenken — Meine Feinde mit Geschenken. — Diese würd'gen, tugendfesten — Widersacher sollen erben — All' mein Siechthum und Verderben, — Meine sämmtlichen Gebrechen. — Ich vermach' euch die Koliken, — Die den Bauch wie Zangen zwicken; — Harnbeschwerden, die perfiden — Preußischen Hämorrhoiden; — Meine

Krämpfe sollt ihr haben, — Speichelfluß und Gliederzucken, — Knochendarre in dem Rucken, — Lauter schöne Gottesgaben" u. s. w. Das ist blüthenduftige Poesie! S. 205 besingt er das Unglück des Volkes Israel, es sei in einen Hund verzaubert; es klingt mehr furchtbar als tragisch, wenn er sagt: „Hund mit hündischen Gedanken — Kötert er die ganze Woche — Durch des Lebens Koth und Kehricht, — Gassenbuben zum Gespötte. — Aber jeden Freitag Abend — In der Dämmrungsstunde plötzlich — Weicht der Zauber und der Hund — Wird auf's neu' ein menschlich Wesen. — Mensch mit menschlichen Gefühlen, — Festlich, reinlich schier gekleidet — Tritt er in des Vaters Halle: — „Sei gegrüßt, geliebte Halle, — Meines königlichen Vaters — Zelte Jakobs, eure heil'gen — Eingangspfosten küßt mein Mund." — In der Aula zu Toledo läßt Heine auf die frivollste Weise einen Rabbiner und einen Kapuziner vor dem königlichen Hof über Christenthum und Judenthum streiten. Natürlich muß da der Kapuziner dummes Zeug reden. Christi Geburt wird grimmig verhöhnt, wie, um nur ein milderes Beispiel anzuführen, in der Strophe (der Kapuziner erzählt): „Wie der Herr der Welt gelegen — In der Krippe und ein Kühlein — Und ein Ochslein bei ihm stunden — Schier andächtig — zwei Rindvieh= lein." Unter anderm entgegnet der Rabbiner über Christi Leiden und Tod: „Ich bedauere, daß er einst — Vor etwa zwölfhundert Jahren — Einige Unan= nehmlichkeiten — Zu Jerusalem erfahren" u. s. w. Am Ende des Streites fragt der König die noch jugendliche Königin: Wer denn von beiden Recht habe? — Weil es nun bei Heine ohne Stink= witzen nicht abgehen kann, läßt er die Königin antworten: „Welcher Recht hat, weiß ich nicht, — Doch es will mich schier bedünken, — Daß der Rabbi und der Mönch, — Daß sie alle beide stinken." Wieder ein Stück duftiger Poesie!

Daß nun Christenleute solche Sachen lesen — das wäre noch das Geringere — daß sie es aber mit Vergnügen lesen, daß sie nichts Uebles daran finden, daß sie es ihren Frauen, ihren Töchtern geben, daß man diesem Heine in deut= schen verbreiteten Schulbüchern noch unbedingtes

Lob spendet, das sind Zeichen der Zeit! Und daß man einen Menschen, welcher Gott und Menschheit, Glaube und Sitte in so arger Weise verhöhnt — noch ernstlich für „einen Bekehrten" halten, und ihn um dieser Bekehrung willen anfeinden kann — das zeigt, auf welchem Standpunkt unsere „schöne Literatur" angelangt ist; das ist in der That eine „schöne Literatur!" *)

8. Wichtigthuerei und Unbedeutendheit.

Wir haben schon einige in der That merkwürdige wie auch sehr lächerliche Stellen aus der neuen Schrift des „großen Heine" gebracht. Einige Selbsthinaufschraubungs-Versuche Heine's,

---

*) Merkwürdig ist, was Saphir im Jahre 1849 bloß vom ästhetischen Standpunkt über Heine's neuere Produktionen sagte bei Gelegenheit, als Heine ein Spottgedicht auf Mayerbeer, den Kompositeur, machte: „Heine greift jetzt zu den rohesten Aushilfsmitteln. Es soll jener jüdisch-ätzende Sarkasmus sein, der Heine so eigen ist; ist aber jetzt nicht mehr als eine abgeriebene Kratzbürste." (Humorist 3. Juni 1849.)

die alles bisher Dagewesene weit übersteigen, wollen wir noch nachtragen. Heine erzählt mit großer Unbefangenheit Folgendes: Es verbreitete sich an einigen Orten das Gerücht: ich sei zum katholischen Glauben übergetreten.*) Manche gute Seelen versicherten sogar, diese Bekehrung habe schon vor vielen Jahren stattgefunden, und sie unterstützten ihre Behauptung mit den umständlichsten Details, sie gaben das Datum an, und nannten die Kirche mit Namen, in welcher ich die Ketzerei des Protestantismus abgeschworen haben und in den Schooß der katholischen, apostolischen und römischen Kirche eingetreten sein sollte; es fehlte an ihrer Erzählung nichts, als daß sie auch die große Zahl von Glockenschlägen

---

*) Selbst die „Allgemeine Zeitung" fand es für gut obigem Passus folgende Note beizufügen: „Sollten die christlichen Kirchen sich wirklich in solchem Maße um den Heinrich Heine gerissen haben? Unseres Wissens lag das „cogo intrare" bloß in ihm selbst, und jede christliche Gemeinde hat Ursache für solche Proselyten, auch wenn sie noch zehnmal witziger wären, zu danken."

angaben, mit welchen mich der Küster bei dieser Feierlichkeit begnadigt.*) Wie viel Glauben diese erbauliche Geschichte gefunden, sehe ich aus den Blättern und Briefen aus meiner Heimath, und ich vermag die tragischkomische Verlegenheit nicht zu schildern, in welcher ich mich bisweilen befinde, welch liebreiche und selige Freude, welch rührende Sympathie die vorgebliche gute Nachricht in mehr als einem Sendschreiben, das man an mich richtete, zum Vorschein bringt.**) Reisende haben mir erzählt, daß meine wunderbare Bekehrung an einigen Orten sogar der Kanzelbe-

---

*) Sonderbare Täuschung das — als ob Heine nicht immerfort nur am Geläute jener Glocke Vergnügen gefunden hätte — die ihren Namen vom Thiere erhält, welches „aus dem Judenhause hinausgejagt wird." Heine hat von je getreulich dafür gesorgt: daß seine andauernde Verkehrtheit im Fortleben von Schmutz und Unsitte in Wort und Schrift, allmänniglich bekannt geworden ist.

**) Nur das Eine — Heinrich Heine; Nur Ein solches Schreiben übergeben Sie dem Druck, aber mit der Unterschrift eines Namens, der einen nicht im Irrenhaus befindlichen Träger besitzt.

redsamkeit Stoff liefere.*) Talentvolle Seminaristen wünschen ihre ersten Predigtversuche, ihre heiligen Gesänge und ihre Studien über Kirchengeschichte unter mein Patronat zu stellen.**) Man erblickt in mir ein künftiges Licht der Kirche.***) Ich kann mich

---

*) Wahrscheinlich haben die Prediger den Lebenswandel Heine's als „abschreckendes Beispiel" gebraucht.

**) Das wäre eine saubere Empfehlung; Heine bildet sich aber zu wenig ein. Er hätte können eben so gut noch dazufügen: „In Rom wurden schon die Lampen gefüllt, welche die Kuppel von St. Peter bei meiner Heiligsprechung beleuchten sollten; und die Zeugen von Wohlgeruch meines heiligen Leibes zogen bereits schaarenweis nach Rom, um die letzten Bedenken des Diabolus Rotä mit dem Parfüm meiner großen Tugenden zu Boden zu schlagen." — Hätte Heine noch solches hinzugefügt, so wäre doch der Lesewelt die Ueberzeugung aufgegangen: daß er das besagte „Geriß um seine werthe Person" selber für einen Witz hält — während bei der vorliegenden Selbstschilderung Heine wirklich sich mit der schmeichelhaften Meinung befaßt: die Leser glauben an ihn als „einen von den Katholiken gesuchten Artikel."

***) Ein schmutziges Talglicht wird nie ein reines Wachslicht. Ein bekehrter Sünder könnte Heine werden, ein Kirchenlicht nie; dazu gehört ein anderer geistiger Stoff. Uebrigens — hat auch kein Mensch mit gesundem Sinne in Heine ein künftiges Kirchenlicht erblickt.

über diese fromme Täuschung nicht lustig machen,*) denn die Absicht, die ihr zu Grunde liegt, ist höchst ehrenwerth, und was man den Eiferern des Katholicismus auch vorwerfen könne, das Eine wenigstens ist gewiß, daß sie keine Egoisten sind; sie beschäftigen sich mit ihrem Nächsten, bisweilen leider etwas zu sehr. — Diese falschen Gerüchte sind nicht der Bosheit zuzuschreiben, ich sehe darin nur einen Irrthum, und es ist ohne Zweifel der Zufall, der bei diesem Vorfall die unschuldigsten Thatsachen entstellt hat. Ja die Angabe von Zeit und Ort, wovon eben die Rede war, beruht auf wirklichen Thatsachen; ich bin in der That an dem genannten Tag in der genannten Kirche gewesen, und diese Kirche war sogar früher eine Jesuitenkirche, und heißt Saint Sulpice. Ich habe dort einen religiösen Act vollzogen; nur war dieser Act keine gehässige Abschwörung, sondern nur ein ganz bürgerlich erbaulicher Schwur ehelicher Treue; ich habe dort

---

*) Desto lächerlicher ist „die fromme Täuschung," der sich das künftige Kirchenlicht hingibt.

nach der Civiltrauung meine Verbindung mit meiner geliebten Frau kirchlich einsegnen lassen, weil dieselbe aus einer sehr strenggläubigen katholischen Familie stammte, und ohne eine solche Handlung nicht ordentlich verheirathet zu sein geglaubt haben würde.*) Hätte ich sie unterlassen, so hätte ich eine fromme Seele beunruhigt, die, sollte sie glücklich sein, den religiösen Ueberlieferungen ihrer Väter treu bleiben mußte. Uebrigens ist es gut, aus vielen Gründen gut, daß eine Frau eine positive Religion hat. Findet man bei den Frauen protestantischer Confession mehr Treue als bei den Frauen katholischen Glaubens? Der Gegenstand ist zu häcklig, um ihn zu erörtern. — Ja, Gottlosigkeit ist jedenfalls in der ehelichen Gemeinschaft sehr gefährlich, und wie herzhaft ich mich auch in meiner Schrift als starker Geist gezeigt haben mag, so habe ich doch nie gestattet, daß man in meiner Wohnung auch nur ein einziges nicht ganz

---

*) Gerade in dieser Beziehung war Heine von je „sehr leichtgläubig."

kanonisches Wort spreche; auch habe ich in meiner Häuslichkeit, mitten in Paris, in dem modernen Babylon, wie ein ehrbarer Gewürzkrämer gelebt, und deshalb habe ich, als ich eine Frau nahm, des Segens der Kirche nicht entbehren mögen, obgleich in dem aufgeklärten Frankreich die Civilehe, wie die Gesetze sie eingesetzt, von der Gesellschaft vollständig sanktionirt ist. *) Meine Freunde von der radikalen, sowohl als von der protestantischen Partei, haben mir deßhalb allerlei anhaben wollen, und haben mir vorgeworfen, ich habe dem „Pfaffengeschmeiß" zu viel nachgegeben. Ihr Spott über meine Schwäche würde noch weit boshafter gewesen sein, wenn sie gewußt hätten, in wie viel andern und wichtigern Dingen ich damals dem Klerus nachgegeben, den sie verabscheuen und den sie den „römischen Wehrwolf" nennen. Als Protestant, der eine

---

*) Dieser Ausspruch und der kurz vorhergehende verdient als Geständniß wieder volle Würdigung, nach einer Reihe von Rodomontaden taucht wieder ein die Verhältnisse als Thatsachen durchschauender Scharfsinn auf.

Katholikin heirathen wollte, bedurfte ich, damit diese Verbindung von einem Priester ihres Kultus eingesegnet werde, bedurfte ich, sage ich, einer besondern Dispensation des Erzbischofs, und dieser gibt die Dispensation nur unter der ausdrücklichen Bedingung, daß der künftige Gatte sich schriftlich verpflichte, die Kinder, welche er zeugen möchte, in der Religion ihrer Mutter erziehen zu lassen. Dieß Versprechen wird in einem bindenden Act hinterlegt, und welches Geschrei man auch in der protestantischen Welt über einen solchen Zwang erheben möge, es scheint mir, daß der katholische Klerus hier ganz in seinem Rechte ist, denn der, welcher von der Kirche die Garantie ihres Segens in Anspruch nimmt, muß sich in die Bedingungen fügen, unter welchen sie sich dazu versteht, ihn zu gewähren. Ich habe mich deßhalb ganz ehrlich darein gefügt, und ich würde eintretenden Falls meine Verpflichtungen sicher erfüllt haben. — Um meine Bekenntnisse vollständig zu machen, füge ich hinzu, daß ich in jener Zeit, um die Dispensationen des Erzbischofes zu erhalten, im Stande gewesen wäre nicht blos

meine Kinder, sondern obendrein mich selbst
in den Kauf zu geben. Der „römische Wehrwolf" indeß, der, wie das Ungeheuer in
den Feenmärchen, sich als Lohn seiner Dienste
die künftigen Geburten vorbehält, dieß arme
Ungeheuer dachte nicht daran, mich zu verschlingen; es begnügte sich mit jener Nachkom-
menschaft, die noch immer nicht nachgekommen
ist, und auf diese Weise bin ich Protestant geblieben, wie ich es war, und in meiner Eigenschaft als Protestant protestire ich gegen Gerüchte,
welche freilich nicht beleidigend sind, welche aber
doch zum Schaden meines Rufes ausgebeutet
werden können.*) — Ja, ich, der ich sonst immer, ohne mich darum zu kümmern, selbst dem
abgeschmacktesten Geschwätz über mich seinen Lauf
ließ, ich habe mich verpflichtet geglaubt, diese
Rektifikation zu geben, um nicht der ungeleckten
Partei der deutschen Atta Trolls Gelegenheit zu

---

*) Was für ein erquickender Kinderglaube: Heine
meint noch: seinem Rufe könnte ein Schaden zugefügt
werden!

geben, über meinen Leichtsinn und meine Unbeständigkeit zu brummen, und zugleich ihre keusche und fromme Beständigkeit ins Licht zu stellen, die in die dickste Bärenhaut eingenäht ist. Diese Reklamation ist also gegen wirkliche Bestien, und nicht gegen den „römischen Wehrwolf" gerichtet. Ich habe es schon vor langer Zeit aufgegeben, den römischen Katholicismus zu bekriegen, und seit Jahren lasse ich das Schwert in der Scheide ruhen, das ich einst im Dienste einer Idee, nicht aber einer persönlichen Leidenschaft gezogen. In der That, ich war in diesem Kampf sozusagen nichts als ein Glückssoldat, der sich wacker schlägt, der aber nach der Schlacht oder dem Scharmützel keinen Tropfen Galle in seinem Herzen weder gegen die Sache, gegen die er gestritten, noch gegen ihre Vertheidiger mehr hat. Eine fanatische Feindschaft gegen die römische Kirche konnte bei mir nicht vorhanden sein, weil mir die Beschränktheit abgeht, ohne welche eine solche Animosität nicht möglich ist. Ich kenne mein intellektuelles Maß zu gut, als daß ich nicht wissen sollte, ich würde nie, selbst nicht im rasendsten

Anlauf, auch nur die kleinste Bresche in den Koloß legen, wie die Kirche von St. Peter es ist; ich konnte höchstens ein bescheidener Handlanger bei einem langen Abbruch sein, der noch Jahrhunderte währen mag. Ich war zu bewandert in der Geschichte, als daß ich nicht die gigantischen Verhältnisse dieses Wunderbaues hätte kennen sollen. Nennt ihn immerhin die Bastille des Geistes, behauptet immerhin, daß diese Festung jetzt nur noch von Invaliden vertheidigt wird — es ist darum nicht weniger wahr, daß diese Bastille nicht leicht zu nehmen ist, und mehr als Ein jugendlicher Stürmer wird sich den Schädel an ihren Zinnen zerschellen. Als Denker habe ich nie meine Bewunderung dem sinnreichen und consequenten Zusammenhang dieses religiösen und moralischen Systems versagen können, das man die katholische, apostolische und römische Kirche nennt; auch kann ich mich rühmen, niemals mit Spott und Hohn ihr Dogma oder ihren Kultus angegriffen zu haben, und man hat mir zu viel Ehre, aber auch ebenso viel Unehre angethan, wenn man mich einen Geistesverwandten Voltaire's nannte. Ich war immer ein Dichter, ein wahrhafter Dichter, und deßhalb mußte die Poesie, welche in den Symbolen des katholischen Dogma's und Kultus blüht und strahlt, mir sich weit tiefer offenbaren als andern. Auch ich habe mich in meiner Jugend oft berauscht an der innigen und unendlichen Milde dieser spiritualistischen Poesie, und die erschütternde Grabesfreude, die darin herrscht, hat mich oft vor Wonne schaudern gemacht. Auch ich schwärmte damals für die unbefleckte Himmelskönigin; ich brachte die Legenden von ihrer göttlichen Anmuth und von ihrem grenzenlosen Erbarmen in kokette Verse; die erste Sammlung meiner Gedichte enthält aus dieser schönen Zeit des Enthusiasmus für die Madonna manche Spuren, die ich in den folgenden Sammlungen immer mit kleinlicher Sorgfalt ausgemerzt. Die Jahre der Eitelkeit sind vorüber, und ich stelle es jedem frei über diese Bekenntnisse zu lächeln." — — Bei Heine bleiben diese Zugeständnisse jedenfalls von einigem Interesse!

9. Geständnisse schöner Seelen.

Im Nachfolgenden haben wir es nicht so sehr mit dem tobten Heine, dessen Briefe ein Spekulant eben nicht zu Gunsten dieses Todten publiziren zu sollen vermeinte, sondern mit der Meinung des lebendigen Rabbiners Philippson über diese Briefe zu thun. Die Leser werden staunen, wie weit man es in jenem angeborenen Talente bringen kann, welches die intolerante Welt mit dem Namen: Unverschämtheit bezeichnet.

Rabbiner Philippson schreibt eigenhändig aus Bonn, wo er sich jetzt aufhält, über „Heines Briefe an Moser" in seiner „Allg. Ztg. des Judenthums" Folgendes:

„Wir stehen jetzt an dem Uebertritt Heine's zum Christenthum, und hierfür bieten uns die vorliegenden Briefe vielfache Aufschlüsse. Sie zeigen uns, daß Heine aus einer dem Judenthume und der religiösen Ueberzeugungstreue längst entfremdeten Familie stammte, daß er die Konversion aus dem Motive, ein Amt im Staatsdienste oder doch eine öffentliche Karriere zu erreichen, vollbrachte, wozu ihn damals mehr als seine Lust sein erniedrigendes und doch seinen Bedürfnissen nicht genügendes Verhältniß zu seinem Onkel, dem reichen Salomon Heine, besonders antrieb, und endlich, daß er niemals wirklich Christ geworden, ja, daß er sogar das Christenthum haßte."

„Wir müssen uns hier zuvor eine Bemerkung gestatten. Wenn wir im Folgenden die Beweisstellen aus den Briefen Heine's zusammenstellen, so geschieht dies nicht, um Heine etwa zu rechtfertigen oder nur zu entschuldigen, auch nicht, weil wir dergleichen Aeußerungen liebten, sondern weil wir hiermit abermals einen Beweis für die von uns so oft aufgestellte These haben, daß alle erzwungenen oder erkauften Konversionen der Kirche, zu welcher die Proselyten geführt werden, außerordentlichen Schaden thun, daß diese sich damit nur innerliche Feinde schafft, welche das kirchliche Gebäude untergraben helfen."*)

---

*) Wer kann das glauben? Diese zarte Besorgniß um das Kirchengebäude von Rabbi Philippson, der gewöhnlich

"Nachdem er Berlin verlassen und in Hamburg mit Salomon Heine die unangenehmsten Erörterungen über die ferneren Unterstützungen, welche er von diesem erhalten sollte, gehabt hatte, dann wieder nach Lüneburg zu seinen Eltern gereist war, schreibt er von dort aus den 27. September 1823: „Du siehst mich daher, trotz meiner Kopfleiden, in fortgesetztem Studium meiner Juristerei, die mir in der Folge Brot schaffen soll. Wie Du denken kannst, — kommt hier die Taufe zur Sprache. Keiner von meiner Familie ist dagegen, außer ich. Und dieser Ich ist sehr eigensinniger Natur. Aus meiner Denkungsart kannst Du es Dir wohl abstrahiren, daß mir die Taufe ein gleichgiltiger Akt ist, daß ich ihn auch symbolisch nicht wichtig achte, und daß er

---

mit „Pfaffen" herumwirft! Wir meinen, Philippson will damit im Vorhinein die Konvertiten vom Judenthum zum Christenthum — verdächtigen — und er habe seine rechte Freude daran (trotz aller künstlichen Verwahrungen) zu zeigen, daß auch der getaufte Heine insofern ein echter und rechter Jude war, daß er das Dogma des Christenhasses immerfort in seinem Herzen trug.

in den Verhältnissen und auf die Weise, wie er bei mir vollzogen werden würde, auch für Andere keine Bedeutung hätte. Für mich hätte er vielleicht die Bedeutung, daß ich mich der Verfechtung der Rechte meiner unglücklichen Stammesgenossen mehr weihen würde. Aber dennoch halte ich es unter meiner Würde und meine Ehre befleckend, wenn ich, um ein Amt in Preußen anzunehmen, mich taufen ließe. Im lieben Preußen!!! Ich weiß wirklich nicht, wie ich mir in meiner schlechten Lage helfen soll. Ich werde noch aus Aerger katholisch und hänge mich auf. Doch auch dieses fatale Thema breche ich ab, und da ich Dich in einigen Monaten persönlich spreche, will ich die Besprechung desselben bis dahin verschieben. Wir leben in einer traurigen Zeit, Schurken werden zu den Besten und die Besten müssen Schurken werden.*) Ich verstehe sehr gut die Worte des Psalmisten: „Herr Gott, gib mir mein täglich Brot, daß ich Deinen Namen nicht lästere!" —

---

*) Eine sonderbare Logik.

Erst ein Brief aus Hamburg vom 14. Dezember 1825 zeigt uns, daß der Uebertritt Heine's vor Kurzem geschehen war. Aus dem Kreise, welchem er in Berlin angehört hatte, und welcher die Kultur und Wissenschaft des Judenthums zu fördern und die Rechte der Juden*) eifrigst zu verfechten sich zum Lebensziel gesetzt hatte, war Gans, vorher der eifrigste der Eiferer, zuerst geschieden, nachdem er, gestützt auf das Gesetz vom 11. März 1812, lange Zeit mit dem preußischen Ministerium um die Erlangung einer Professur oder doch nur Privatdozentur an der Berliner Universität gerechtet hatte. Er hatte sich aus Familienrücksichten in Paris taufen lassen*) und erhielt dann sogleich, was das Ziel seines Ehrgeizes war. Nun schreibt Heine: „Ich weiß nicht, was ich sagen soll, Cohn versichert mich, Gans predige das Christenthum und suche die Kinder Israel zu bekeh-

---

*) Sonst gibt es nur immer allgemeine Menschenrechte; jetzt gesteht der Rabbi: Judenrechte!
**) Aus Familienrücksichten!!

ren. Thut er dieses aus Ueberzeugung, so ist er ein Narr; thut er es aus Gleißnerei, so ist er ein Lump.*) Ich werde zwar nicht aufhören, Gans zu lieben, dennoch gestehe ich, weit lieber wär's mir gewesen, wenn ich statt obiger Nachricht erfahren hätte, Gans habe silberne Löffel gestohlen." Er fährt fort: „Es wäre mir sehr leid, wenn mein eigenes Getauftsein Dir in einem günstigen Lichte erscheinen könnte. Ich versichere Dich, wenn die Gesetze das Stehlen silberner Löffel erlaubt hätten, so würde ich (?) mich nicht getauft haben. Mündlich mehr hiervon. Vorigen Sonnabend war ich im Tempel und habe die Freude gehabt, eigenohrig anzuhören, wie Dr. Salomon gegen die getauften Juden loszog, und besonders stichelte, „„wie sie von der bloßen Hoffnung, eine Stelle (ipsissima verba) zu bekom-

---

*) Welche tiefe, unerschöpfliche Juden=Weisheit liegt in diesem Ausspruch! Ein Gleißner oder ein Lump! — Wenn aber ein Jude Christ wird und das Christenthum haßt, und für das Judenthum wirkt, so ist das jedenfalls ein Ehrenmann!

men, sich verlocken lassen, dem Glauben ihrer Väter untreu zu werden."" Ich versichere Dir, die Predigt war gut, und ich beabsichtige den Mann dieser Tage zu besuchen. — Cohn zeigt sich groß gegen mich. Ich esse bei ihm am Schabbas, er sammelt glühende Kuggel auf mein Haupt, und mit Zerknirschung esse ich dieses heilige Nationalgericht, das für die Erhaltung des Judenthums mehr gewirkt hat, als alle drei Hefte der Zeitschrift (für Wissenschaft des Judenthums von Zunz). Indessen hat es auch größeren Absatz gehabt." — Zur Ehrenrettung Gans' bemerken wir übrigens, daß diese Nachrede über ihn von Heine selbst in einem späteren Briefe als völlig unwahr bezeichnet wird, und blieb Gans bis zu seinem Tode seiner inneren Ueberzeugung trotz seiner Beweglichkeit treu.*) Bekanntlich wurde Gans später der kräftigste Träger der

---

*) Philippson lobt den Konvertiten, der äußerlich Christ geworden, aber innerlich Jude geblieben; das gehört in das Gebiet der großartigsten Unverschämtheit.

liberalen Grundsätze in Berlin und sein früh=
zeitiger Tod als ein großer Verlust für diese
bedauert.

Einige Zeit darauf macht er die ironische Be=
merkung: „Ich werde jetzt ein rechter Christ; ich
schmarotze nämlich bei den reichen Juden." Am
9. Jänner 1826 schreibt er: „Ich bin jetzt bei
Christ und Jude verhaßt. Ich bereue sehr, daß
ich mich(?) getauft hab'; ich seh' noch gar nicht
ein, daß es mir seitdem besser gegangen sei, im
Gegentheil, ich habe seitdem nichts als Unglück."
— „Ist es nicht närrisch, kaum bin ich getauft,
so werde ich als Jude verschrieen. Aber ich sage
Dir, nichts als Widerwärtigkeiten seitdem." —
Einige Monate später drückt er mit tiefem Ge=
fühle seine wehmüthigen Erinnerungen an die
Zeit aus, in welcher er mit Moser, Gans,
Zunz u. s. w. für die Zwecke des Vereines ge=
schwärmt, und fährt dann fort: „Du hattest da=
mals auch einige sehr gute Gedanken über Ju=
denthum, christliche Niederträchtigkeit der
Proselytenmacherei, Niederträchtigkeit der Ju=
den, die durch die Taufe nicht nur Absicht haben,

Schwierigkeiten fortzuräumen, sondern durch die Taufe Etwas erlangen, etwas erschachern wollen, und dergleichen gute Gedanken mehr, die Du gelegentlich einmal aufschreiben solltest. Du bist ja selbstständig genug, als daß Du es wegen Gans nicht wagen dürftest; und was mich betrifft, so brauchst Du Dich wegen meiner gar nicht zu geniren." — „Ich dachte diese Nacht: mit welchem Gesicht würde wohl Gans vor Moses treten, wenn dieser plötzlich auf Erden wieder erschiene? Und Moses ist doch der größte Jurist, der je gelebt hat, denn seine Gesetzgebung dauert noch bis auf den heutigen Tag." — Später aus Paris schreibt er: „Da 'mal die Rede von Büchern ist, so empfehle ich Dir Gollarnin's Reise nach Japan. Du ersiehst daraus, daß die Japaner das civilisirteste, urbanste Volk auf der Erde sind. Ja, ich möchte sagen, das christlichste Volk, wenn ich nicht zu meinem Erstaunen gelesen, wie eben diesem Volke nichts so sehr verhaßt und zum Greuel ist, als eben das Christenthum. Ich will ein Japaner werden. Es ist ihnen nichts so verhaßt, wie das Kreuz. Ich will Japaner werden."*)

Der letzte Brief, der Zeit nach, nämlich aus Avignon, vom 8. November 1836, schließt mit den Worten: „Ich schreibe Dir diese Zeilen aus Avignon, der ehemaligen Residenz der Päpste und der Muse Petrarca's; ich liebe diesen ebenso wenig, wie jene; ich hasse die christliche Lüge in der Poesie eben so sehr, wie im Leben." Wir geben diese Worte, wie sie Heine niederschrieb."**)

Der komische Cultus des Genius.

Selbst die offizielle „Wiener Zeitung" hat bei Gelegenheit der Fichte-Feier dem Genius-Cult" das Wort gesprochen!

Ach, wie viele von den frohen Zechern, welche

---

*) Stillfreudiges Lächeln geht bei Citirung dieser Stelle über Philippson's Antlitz — er schweigt weise, seine Gedanken darüber weiß ja so jeder Leser.

**) Sagt Philippson — und hat seine herzliche Freude daran!

jüngst in ganz Deutschland Fichte zu Ehren den Bierkrug geschwungen, wie viele von ihnen würden in einen billigen Schrecken gerathen, wenn sie um die Bedeutung Fichte's in der deutschen Philosophie gefragt worden wären? Wie Wenige von ihnen haben die Schriften Fichte's beim Studirtische durchgearbeitet?

Die Geschichte vom Diogenes in seinem Faß (eben zur Zeit der Fichte=Feier in den Münchener „Fliegenden Blättern"), den zwei griechische Jungen kujoniren, indem sie ihn mit einer Wasserspritze durch den Spund bearbeiten, dann ihn in seinem Faß herumdrehen, und endlich von einigen Nägeln, die aus dem Faß herausstehen, beim Gewand gepackt — vom rollenden Faß mit umgedreht und durch die Last des im Faß sich mit herumkollernden Diogenes breitgedrückt werden, ist köstlich, da könnte man folgende Vierzeile machen:

> Sie drehen ihn herum,
> Herum in seinem Faß,
> Und wissen nicht warum,
> Warum und wegen was!

Sonderbar daß diese Geschichte gerade kommen mußte, während in Deutschland die Fichte-Feier von den Stuhlmeistern „befohlen" wurde. Daß in der Geschichte ein Plan liegt, — daß es sich nicht um den Ernst des philosophischen Studiums und nicht um die angebliche Begeisterung für das deutsche Vaterland allein handelt, — das weiß wohl Jeder, der hinter die Coulissen schaut. Es gibt ein kleines Städtchen mit einer Mittelschule; dort wollte der Herr Bürgermeister auch eine Fichte-Feier durch den Schulvorstand einleiten, der war aber unterrichtet genug, um dem Bürgermeister auf eine glimpfliche Weise diese Marotte auszureden. Der Bürgermeister meinte: „Weil er halt, wie man's in den Zeitungen liest, so viel für Deutschland und für die Freiheit than hat, der Fichte, so manet i halt, mir sollen nit zurückbleiben, und soll'n auch so ein Vergnügen arrangiren, wie in die großen Städt', — daß man sähet, wie wir a für die Bildung was thun, und für'n Fortschritt, wegen die paar Gulden wird's auch noch nicht aus sein" u. s. w. — Der gute Bürgermeister! Auch aus Schwabenland wird Aehnliches gemeldet; dort meinte der Vorsteher einer kleinen Stadt: „Mir sollet schon deswege ebbes thue, weil's a zegleich a Demistrazhion is gege de Bopscht und gege de Katholicihsmus."

Wenn die studirende Jugend sich an ähnlichen Festen betheiligt, so wird ihr dieses Niemand übel auslegen, der dieser Jugend seiner Zeit auch angehört hat, und der so billig ist, zu bedenken, daß es in die langweiligen Tage des Studirens, — wie ein Sonnenstrahl hineinfällt, wenn irgend eine Gelegenheit sich darbietet — ein Fest abzuhalten. Minder aber kann man mit jenen Herren einverstanden sein, die zu den Wissenden gehören, und die wissen, daß hinter der Dekoration der Fichte-Feier — andere Szenerien aufgestellt sind, und daß es sich dabei durchaus nicht um die reine Begeisterung für die philosophische Wissenschaft oder für Deutschland handelt. Den Schlägen mit der Kelle wird jetzt allenthalben musterhaft gefolgt. Es ist Alles prächtig organisirt.

Wenn man in den Judenblättern die Theilnahme für die Fichte-Feier ersieht, so ist man wohl gezwungen, diesen Meschores in den Kleinboutiquen des geistigen Verkehrs zu zeigen, daß sie über Fichte eigentlich sich zu freuen keine Ursache haben. Denn Johann Gottlieb Fichte sagt in seinen „Beiträgen zur Berichtigung der Urtheile über die französische Revolution" (S. 186): „Fast durch alle Länder von Europa verbreitet sich ein mächtiger, feindseliger Staat, der mit allen andern im beständigen Kriege lebt und fürchterlich schwer auf die Bürger drückt; es ist das Judenthum. Ich glaube nicht, und hoffe es in der Folge darzuthun, daß dasselbe dadurch daß es einen abgesonderten und so fest verketteten Staat bildet, sondern dadurch, daß dieser Staat auf den Haß des ganzen menschlichen Geschlechtes gegründet und aufgebaut ist, so fürchterlich werde. Von einem Volke, dessen Geringster seiner Ahnen höher hinaufsteigt, als wir Anderen alle in unserer Geschichte, und in einem Emir, der älter ist, als sie, seinen Stammvater sieht; — das in allen Völkern die Nachkommen Derer erblickt, welche es aus seinem schwärmerisch geliebten Vaterlande vertrieben haben; — das sich zu dem den Körper erschlaffenden und den Geist für jedes eble Gefühl tödtenden Kleinhandel und Wucher verdammt hat und verdammt wird; — das durch das heiligste Band, was die Menschheit bindet, durch seine Religion, von unseren Mahlen, von unserem Freudenbecher und von dem süßen Tausche des Frohsinns mit uns von Herzen zu Herzen ausgeschlossen ist; — das bis in seine Pflichten und Rechte, und bis in die Seele des Allvaters uns Andere alle von sich absondert; — — von so einem Volke sollte sich etwas Anderes erwarten lassen, als daß geschieht, was wir täglich sehen, daß in einem Staate, wo der unumschränkteste König mir meine väterliche Hütte nicht nehmen darf, und wo ich gegen den allmächtigen Minister mein Recht erhalte, mich doch jeder Jude, dem es einfällt, ungestraft ausplündert."

Ja, dieser berühmte Deutsche behauptet sogar — wie der Präsident Koch in seinem Buche: „Die Juden im preußischen Staate," Seite 166, citirt, — „den Juden Bürgerrechte zu geben, dazu sehe er — kein anderes Mittel, als das, ihnen in Einer Nacht die Köpfe abzuschneiden und andere aufzusetzen, in denen auch nicht Eine jüdische Idee sei; und um uns vor ihnen zu schützen, dazu sehe er wieder kein anderes Mittel, als ihnen ihr gelobtes Land wieder zu erobern, und sie alle dahin zu schicken." (Siehe Beitrag zur Berichtigung der Urtheile des Publikums über die französische Revolution." S. 191.)

Diese erste Abhandlung über den Cultus des Genius schließen wir mit folgendem Bericht des „Volksfreundes:"

Die Studirenden der Wiener Universität hielten Montag den 19. Mai Abends in Schwender's „Neuen Welt" ihren Fichte-Commers, bei welchem es sehr animirt herging. Mehrere Professoren und Mitglieder des Abgeordnetenhauses wohnten dem Feste bei. Natürlich konnte es da auch an Reden von geringerem oder größerem Werthe nicht fehlen. Daß Herr Dr. Giskra, der Unvermeidliche, gleichfalls gesprochen, bedarf kaum der Erwähnung; wohl aber müssen wir aus dem Inhalte seiner Rede eine bezeichnende Stelle hervorheben. Der beredte Mann spie, wie immer, konstitutionelle Wasserbogen aus beiden Nüstern, ist er doch der anerkannte Leviathan des österreichischen Parlamentarismus; er deklamirte wider die Feinde der Verfassung und donnerte gegen „die Redaktion in der schwarzen Kutte." Ein tausendstimmiges Beifallsgejohle unserer hoffnungsvollen Jugend in Flaus und Cerevis, die hinter dem Bierkrug Fichte feierte, lohnte den edlen Redner für den Ausfall. — Wir haben den zu einer Provinz-Advokatie begnadigten ehemaligen Reichskommissär, Dr. Giskra, bereits neulich hinlänglich charakterisirt, um jetzt dieser Mühe enthoben zu sein. Wir wissen, daß er immer sehr viel Muth gegen wehrlose Gegner zeigt; und in einem Studenten-Commers die „schwarze Kutte" zu insultiren, ist eine Heldenthat, die ihm vollkommen ähnlich sieht. Auch würde es wenig nützen, ihn zur Beibringung des Beweises aufzufordern, daß in Oesterreich „eine Reaktion der schwarzen Kutte gegen die Verfassung" wirklich existire. Wie wenig er für seine Behauptungen das Bedürfniß erwiesener

Wahrheit oder überhaupt der Wahrheit fühlt, haben wir erst jüngst bei Gelegenheit seiner Rede gegen das Konkordat nachgewiesen. Fragen möchten wir aber, ob es denn nicht zu den im Gesetze vorgesehenen Vergehen gehört, wenn nicht nur gegen einen ganzen Stand der bürgerlichen Gesellschaft in so perfider Weise gehetzt, sondern auch eine ganze deutsche Nation und ein anerkanntes Religionsbekenntniß öffentlich verunglimpft wird, wie es derselbe Herr Giskra mit der weiteren Bemerkung gethan: „um wie viel höher die Bestrebungen der Nation gegen die der böhmischen stünden, sei schon das ein Beweis, daß jene ihren Fichte feiere, diese hingegen einen heiligen Wenzel anrufe!" — Auf diese unglaubliche Aeußerung, die natürlich bei einem Theile unserer Jugend wieder Beifall und Gelächter hervorrief, verließen die meisten Studirenden nichtdeutscher Nationalität den Saal. — Herr Dr. Giskra hat sich aber mit solchem Vorgehen nicht nur vor allen ruhig und ehrlich Denkenden gebrandmarkt, sondern wir glauben, jene hohe Körperschaft arg beleidiget, als deren Mitglied er auftrat. Das ist eine jener Insulten, gegen welche die im neuen Preßgesetz-Entwurfe verbotenen wahrlich sehr gering erscheinen."*)

Fichte, der heilige Wenzel und Dr. Gistra. Wir haben jüngst die Worte des Abgeord-

---

*) Auch die „Allg. Ztg." kann nicht umhin, die komischen Momente in der Fichte-Feier zu berücksichtigen. Sie bringt folgende Berliner Korrespondenz:

„Bei der grossen Anzahl unserer Turn- und Handwerker-Vereine gelangt Fichte's Name und Bedeutung auch in die unteren Schichten. Leicht ist es nicht, den Bestrebungen des großen Mannes gerecht zu werden, ohne in Schönrednerei zu verfallen. Vielleicht die anziehendste Gabe bildet der Farbendruck einer bisher in Schadow'schen Mappen vergrabenen Handzeichnung: „Fichte als Landsturmmann," wozu die ergänzende Bemerkung gehört, daß dieser Professoren-Landsturm in seiner wunderlichen Ausrüstung beim Patrouilliren nach dem nahen Schöneberg mit äußerster Geschwindigkeit den Rückmarsch antrat, als es hieß die Franzosen kommen. Honny soit qui mal y pense!" — —

> Tapfer sprach ein Jeder
> Oben auf dem Katheder,
> Aber bei dem ersten Knalle,
> Liefen davon sie Alle!
> Da verging ihnen gleich der Zorn,
> Den guten Herren Professoren!

neten gelesen, der im Commers sich geäußert: "Der Beweis, daß die Bestrebungen der deutschen Nation höher stünden, als die der böhmischen, bestehe darin, daß jene ihren Fichte feiere, diese hingegen einen heiligen Wenzel anrufe." — Allgemeiner Jubel!

Was läßt sich darauf erwiedern? Herrn Giskra geht es gut — das Naturleben wuchert, er hat eine reiche Praxis als Advokat; wir beneiden ihn nicht um seine 10 Gulden täglich, die er als Abgeordneter bezieht, aber es ist Faktum, daß er sie hat, und daß er sie einsteckt; nun möge aber der Herr Dr. Giskra denken, daß in Böhmen viele Familien froh wären, wenn sie monatlich auf 10 sichere Gulden rechnen könnten; mit einem guten Einkommen ist es, so lange man gesund ist, sehr leicht, — Gott, Religion, Erlösung, Jenseits, die Kirche und die Heiligen zu verhöhnen. Dem armen Menschen, der hungert, friert, der krank und leidend ist, der mit seiner Familie darbt, dem ist mit dem Fichte-Cultus durchaus nicht geholfen, der ruft Gott und seine Heiligen an! Herr Giskra, denken Sie ein wenig nach, — auch Jhnen wird die Stunde schlagen, in welcher Jhnen Fichte mindestens gleichgiltig sein wird, und in der Sie es vorzögen: Gott und seine Heiligen anrufen zu können, und in der es Jhnen lieber wäre, die Heiligen nicht verhöhnt zu haben. — Sie werden im heiteren Freundeskreise über diesen „ultramontanen Unsinn" sich lustig machen. Gut! — Denken Sie aber nun an das soziale Problem: daß Atheismus und Jrreligiosität die Massen der Armen vergiften. Diese Massen werden die Konsequenzen der atheistischen Philosophie geschwind ziehen — sie werden Denen, die Etwas besitzen, — wenn sie das Jhrige nicht freiwillig hingeben — die Schädel einschlagen — dann kommt an Sie, mein Herr, und an ihre Genossen, die Zeit — Gott und alle Heiligen anzurufen, und ich bitte Sie, diese Zeit ja nicht in so unerreichbare Ferne zu stellen, daß sie von Jhnen durchaus nicht mehr zu erleben wäre.

Der große Bann über die Juden.

Der große Bann über die Juden, welche die Fichte-Feier mitgemacht haben, wurde von **Rabbi Philippson ausgesprochen!**

Die „Kirchenzeitung" brachte in der Beilage Nr. 22 die gewichtigen Anklagen Fichte's gegen die Juden und bemerkte, welch' eine Bornirtheit von den Fichte feiernden Juden dazu gehört, denselbigen Fichte zu feiern. Die „Kreuzzeitung" hielt den Fichte-Jubelreden-haltenden Juden dieselben Aeußerungen Fichte's vor; besonders dem überall mitredenden Philosopheles, Herrn Auerbach, der entsetzlich viel Lobgeschmus über Fichte hervorsprudelte. Was geschieht? Die Philippson'sche „Judenzeitung" thut nun in Anbetracht dieser hervorgehobenen Aeußerungen Fichte's den Fichte und alle jene Juden in den großen Bann, die mit-Fichte-feierten und nicht wußten, daß Fichte nichts weniger als ein Freund der Juden war. Hören wir das köstliche Geständniß der „Judenzeitung":

„Hat Johann Gottlieb Fichte wirklich so gedacht und geschrieben,*) so wäre es namentlich einem Manne, wie Dr. B. Auerbach, nicht zu verzeihen, dies nicht schon früher gewußt zu haben. Und wenn er es gewußt, so wäre es — trotz Fortschrittspartei und Nationalverein — noch tausendmal unverzeihlicher, darüber Schweigen beobachtet, an der Quasi=Feier thätigen Antheil genommen und die Theilnahme noch so vieler anderer Glaubensgenossen geduldet, respektive veranlaßt zu haben." —

Ist das nicht ein köstliches Geständniß? Rache muß sein. Alles, was geschmust hat Herr Auerbach, und Alles, was geschmust haben alle anderen Schmuser, die gelobt haben den Fichte über den grünen Klee, es wird zurückgenommen feierlich. Auerbach hat sich blamirt ungeheuerlich. Moral: Man sieht, daß diese

---

*) Er hat es wirklich, davon hätte sich der gelehrte Rabbi sehr leicht überzeugen können; darüber einen Zweifel auszusprechen — ist schon die beschränkteste Rechthaberei!

schwätzenden Juden den Fichte, über den sie so viel Krakehl gemacht, gar nicht gelesen haben! **Unverzeiherlich!**

Erinnerung an den Archäologen Marchi S. J.

Es wird nicht ohne Interesse sein, Einiges über die Persönlichkeit des Anfangs 1860 zu Rom verstorbenen berühmten Archäologen, P. Marchi, aus der Gesellschaft Jesu, zu vernehmen.

In neuerer Zeit dürfte — was die Forschungen in den Katakomben Rom's anbelangt, — kaum ein Gelehrter in diesem Fache, was Fleiß, Talent, Ausdauer und Entdeckung betrifft, den P. Marchi übertroffen haben.

Bei irgend einem andern Laiengelehrten wären viele Tausende von Scudi nicht hinreichend gewesen, wenn dieser einen ähnlichen Fleiß und eine ähnliche Anstrengung sich von der Regierung hätte nach Gebühr bezahlen lassen.

Pater Marchi, der arme Priester der Gesellschaft Jesu, hat alle die großartigen Leistungen ohne irgend einen irdischen Lohn vollbracht.

Bei dem Ausgraben der großen Katakombe St. Agnese brachte der Gelehrte Monate lang den geschlagenen Tag in den unterirdischen Räumen zu, theils mit Leitung der Ausgrabungen, theils mit Erforschen der Bilder und Inschriften beschäftigt.

Leider sind von seinem Werk über die römischen Katakomben nur die ersten Hefte (in Folio) erschienen. Rossi, der berühmte Schüler Marchi's, wird die Ausgabe fortsetzen.

Marchi war Vorsteher des Museum Kircherianum im römischen Kollegium, welches mit vielen von ihm selber aufgefundenen christlichen und heidnischen Inschriften bereichert wurde.

Eine der größten Kollektionen des Aes grave, der ältesten tellergroßen lateinischen Münze, verdankt ihm ihre Entstehung. Auch Museo cristiano im Lateran wurde durch ihn begründet.

Marchi war auch einer der gelehrtesten Philologen, lateinisch und griechisch schrieb er vollendet. Wenn seit Jahren im Kirchenstaate irgendwo eine Inschrift im Lapidarstyle anzubringen war, so wendete man sich an ihn — und es ist nicht zu viel behauptet, wenn man sagt: daß von seiner Hand tausend lateinische und italienische Inschriften an öffentlichen Bauten, an Grabmälern u. s. w. existiren.

Seit dem Jesuiten Morcelli, der zur Zeit der Aufhebung des Ordens florirte, hat es wohl in Italien keinen gewandteren Abfasser von Lapidar-Inschriften gegeben.

Der Schreiber dieses erinnert sich noch mit Freuden daran, wie er am 13. Oktober 1856 mit einer größeren Gesellschaft, unter Leitung des P. Marchi, die Katakomben von St. Agnese einige Stunden lang durchwanderte.

An der Eingangsthüre vor der Porta Pia auf der Via nomentana war der Kardinal Reisach, der dem Bischof Räß aus Speier zu Liebe mitgekommen, dann die Herren Dr. Molitor und Dr. Hällmayer aus Speier (der erstere als Verfasser ausgezeichneter christlicher Dramen, der zweite als Schriftsteller bekannt), der Dompropst von Würzburg, der Domherr Remmling (der im Retscher-Streit trotz hartnäckigen Gegnern einen glorreichen Sieg erfochten), die Doktoren Schreiber und Lichtenstein aus Würtemberg, und noch einige andere Herren versammelt. Jeder aus der Gesellschaft wurde mit einem dünnen Wachslichte versehen — es muß nämlich so viel als möglich der Lichterqualm in den engen Räumen vermieden werden — und nun ging es zuerst über eine lange Stiege in die Erde hinein.

Es läßt sich denken, daß P. Marchi nicht seiner Aufgabe wie ein Cicerone sich entledigte; ruhig, mit der liebenswürdigsten Bescheidenheit suchte er uns — das Wichtigste seiner Forschungen, bei jedem Arcosolium, bei jedem Bilderkreise, über jeden wichtigen Gegenstand mitzutheilen.

Er war ein Mann von mehr als mittlerer Größe mit völlig gebleichtem kurz geschnittenem Haar. In seinen Augen lag eine eigenthümliche Milde — es konnte ihm deutlich angesehen werden, wie ihm das Herumführen in diesen von ihm so sehr geliebten Räumen nicht zum Ueberdruß, wie es ihm vielmehr eine Freude war; die Gräber der heiligen Blutzeugen waren ja auch dem Manne seine liebste Heimat geworden. Wer die Freude eines Goldgräbers, der ein großes massives Stück Gold gefunden, mit der Freude des P. Marchi vergleichen wollte, wenn dieser bei seinen Nachgrabungen auf ein neues Arcosolium, auf einen neuen Bilderkreis gekommen — der weiß das Gefühl eines Mannes nicht zu würdigen, dem es die größte und heiligste Freude geworden, die unterirdischen Zeugen für die Lehre der Kirche in den ersten Jahrhunderten — der Welt zugänglich zu machen und ihre Stimmen in der bethörten Zeit ertönen zu lassen.

Wie wurden oft Engländer der Hochkirche oder norddeutsche Protestanten vom Staunen ergriffen, wenn ihnen P. Marchi die aus Tuffstein gehauenen Beichtstühle aus dem dritten Jahrhunderte, — wenn er ihnen die Fürbitte und die Heiligenverehrung aus derselben Zeit in den Bildern der Katakomben zeigte.

Glücklicher Forscher, der von dem höchsten und heiligsten Beweggrunde getrieben wird, Zeugnisse für die ewige Wahrheit zu suchen; denn sein Glück kann nicht mit jenem Gelehrter verglichen werden, deren höchstes Endziel die menschliche Eitelkeit ist.

So war P. Marchi ein würdiger Archäolog der Katakomben; seine Frömmigkeit machte ihn würdig, in diesen heiligen Räumen zu wandeln und zu forschen und nach den Psalmesworten: dem Zeugnisse Gottes hier nachzuspüren.

Er ist abgerufen worden aus den dunkeln Gängen des Erdenlebens — zu den seligen Geistern, unter deren irdischen Ueberresten zu wandeln das Glück seines Erdenlebens war.

Marchi's Vaterstadt ist Udine. Wäre der Mann mit seinem Forschergeiste nicht in den Orden der Gesellschaft Jesu getreten, wo er Gelegenheit fand, in Rom zu leben und Mittel, hier seine Studien zu machen, so hätte er auch sein eigenthümliches Talent nicht entwickeln können, und Vieles, was er entdeckt und gefunden hat, wäre sicher noch unentdeckt und verborgen.

Die Stadt Udine hat aber ein Recht, auf diesen Gelehrten eben so stolz zu sein, als allenfalls auf ihren schönen Springbrunnen auf der Piazza Contarina, auf ihr Castell, den einstigen Patriarchalsitz der Metropoliten von Aquileja, oder auf irgend eine jener vielen renommirten Persönlichkeiten, welche der Udineser Giuseppe Capodagli, Dottor di leggi, in seinen zwei Quartbänden: „Udine illustrata" (herausgegeben 1665) der Nachwelt aufbewahren wollte.

Drei noch nicht veröffentlichte Briefe des Helden von Leipzig,
Fürst Karl von Schwarzenberg.*)

Ich bin auf legale Weise in Besitz einer Abschrift folgender Briefe gekommen, von denen der erste, am Abend vor der Schlacht bei Leipzig datirt, besonders wichtig ist; denn der berühmte Held zeigt in demselben auch von Seite seines Gottvertrauens, seines Gemüthes und seines Familienlebens eine wahre sittliche Größe.

Die Originalschreiben sind in den Händen des Fürsten Friedrich Schwarzenberg, k. k. Generalmajors. Nachdem

---

*) Publicirt in der Wiener Kirchenzeitung, Nr. 14. 1860.

dieser Fürst, Sohn des Helden und selbst Schriftsteller ist, muß es sicher als eine große Bescheidenheit angesehen werden, daß er obige Aktenstücke noch nicht veröffentlicht hat.

Uebrigens dürfte gerade in einer Zeit, in welcher die Schmutzerei-Herausgabe nordischer Briefwechsel so argen Scandal macht, vorliegende Publikation als ein wohlthuender Gegensatz anzusehen sein.

I. Brief des FM. Karl Fürst Schwarzenberg (an seine Gattin).

Pegau, am 15. Oktober 1813.

„Ich wollte Dir gestern noch schreiben, es trieb mich hin zu Dir, aber ich vermochte es nicht; einige Stunden Schlaf haben mich wieder ganz gestärkt; ich bedarf es, denn morgen bricht ein wichtiger Tag an, die Ebenen von Leipzig werden abermals eine fürchterliche Schlacht erleben."

„Ich habe mich mit Blücher verabredet, er soll morgen von Merseburg und Halle gegen Leipzig rücken, neben ihm Giulay, der bei Lietzen heute versammelt ist. Mervelbt greift auf der Straße von Zwenkau gegen Kunewitz an, und wird durch das österreichische Corps de Reserve unterstützt. Die Korps von Wittgenstein, Kleist und Klenau bilden das Corps de bataille zwi-

schen der Pleiße und der Pratha, und zwischen
dem ihnen gegenüber stehenden Feind, die rus=
sischen Grenadiers, Kürassiers, die Garden zu
Pferd und zu Fuß, auch das Korps von Colloredo bestimme ich zu Reserven. Beningsen soll
mit 40,000 Mann bei Grimma eintreffen, nach=
dem er eben so viel zur Blokade von Dresden
zurückließ. Der Kronprinz wird mitwirken oder
nicht, das steht im weiten Felde."

„Wenn der Herr uns seinen Arm leihen
wollte, nur ihm gebührt die Züchtigung; gerne
will ich auf Alles Verzicht leisten, das weiß mein
Gott; aber ein Unglück in diesem Momente wäre
schrecklich. Diese Schlacht muß mehrere Tage
dauern, denn die Lage ist einzig, und die Ent=
scheidung von unendlichen Folgen." —

„Wenn ich bei meinem Fenster hinaussehe und
die zahllosen Wachfeuer zähle, die sich vor mir
ausbreiten, — wenn ich bedenke, daß mir gegen=
über der größte Feldherr unserer Zeit, einer
der größten aller Zeiten, — ein wahrer
Schlachtenkaiser steht, dann, meine liebe Nani,
ist es mir freilich, als wären meine Schultern

zu schwach und müßten unterliegen unter der Riesen-Aufgabe, welche auf ihnen lastet. Blicke ich aber empor zu den Sternen, so denke ich, daß der, welcher sie leitet, auch meine Bahn vorgezeichnet hat. Ist es sein Wille, daß die gerechte Sache siege, und dafür halte ich die unsrige, so wird seine Weisheit mich erleuchten und meine Kraft stärken. Ist es der Wille der Vorsehung, so ist mein persönliches Mißgeschick die geringste der traurigen Folgen." —

„Ueberlebe ich es, so werde ich in Deinen Augen, meine Nani, deshalb nicht kleiner und werthloser erscheinen. Im Falle des Gelingens wie in jenem des Mißlingens habe ich im Voraus meine Eigenliebe bekämpft, und nicht das Urtheil der Welt wird mich lohnen oder strafen! Geht Alles gut, so will ich mich einst bei Euch an meinem Bewußtsein erfreuen, und an den Kindern, und wir wollen dann wieder unsere Bäume pflanzen und pflegen. Eben erhalte ich Deinen Brief vom 9., wenig Stunden, bevor der Donner der Kanonen das Feierliche des Tages verkünden wird. Eben unterbricht mich ein Adjutant des wackern Blüchers, der mir verkündet, er habe sich verabredeter Maßen in Bewegung gesetzt und würde zur bestimmten Stunde erscheinen."

„Nun trenne ich mich von Dir, um ein Paar Stunden zu ruhen; mir ist so wohl, mit Dir ein Paar Minuten gelebt zu haben." —

„Nun denn, meine Nani, an Dich will ich denken, emporblicken gegen den Himmel, um seinen mächtigen Schutz zu erbitten, und dort wird mein Gebet das Deinige finden." —

Wie liebt Dich

Dein

Karl m./p.

II. Brief des FM. Fürst Karl Schwarzenberg (an seine Gattin).

Röthe, am 20. Oktober 1813.

„Zu Deinen Füßen, meine Nani, lege ich die heiligen Lorbern, die mir der Allmächtige gewährte. Gott hat unsere Waffen gesegnet, die Niederlage des Feindes ist beispiellos, nie sah ich ein schauderhafteres Schlachtfeld. — Colloredo, Louis Liechtenstein, Bianchi, Hardegg, Nostitz haben wie Helden gefochten; unser Verlust ist sehr groß, aber man kann sagen, der Feind hat Alles verloren. — Er ward gestern verfolgt durch die Spitzen aller Armeen, er suchte sich mit einigen Trümmern von Armee-Korps in Leipzig zu halten; es wurde aber von allen Seiten eingedrungen, der König von Sachsen, die Generale Reynier, Bertrand, Lauriston und viele andere Generale, über 200 Kanonen, mehr als 800 Pulverkarren, Bagagen, eine ungeheuere Menge von Gefangenen, fielen in die Hände der Verbündeten."

"Ich kam gestern Abends von Leipzig zurück, um die weitern Anstalten zu treffen; wir werden nichts versäumen, um von diesem Siege den ferneren Nutzen zu ziehen."

"Der Kaiser, mein Herr, hat mir das Großkreuz*) verliehen, der russische das große des Georg-Ordens, und der König von Preußen den schwarzen Adler. — Das 'sag' ich Dir als Neuigkeit; denn Du weißt, meine Nani, daß mich die Sache lohnt, mehr als es alle Souverains der

---

*) Des Theresien-Ordens.

der Erde zu thun im Stande sind. — Nun scheint mir doch ein glücklicher Stern zu leuchten, und so, meine Theuere, wird mir ja wohl nach gethaner Arbeit das Glück werden, nach dem ich mich so sehr sehne, die wohlverdiente Ruhe in Euerer Mitte, in unserem lieben Worlik zu genießen."

„Nani, ich habe redlich und treu gehandelt, viel geduldet, und der Himmel hat mich gesegnet." —

„Sende mir ein kleines Andenken, was es immer sei, zum Andenken der glücklichen Ereignisse in den Ebenen von Leipzig."

Dein, Dein, Dein

Karl m./p.

III. Brief des FM. Karl Fürst Schwarzenberg (an seinen Sohn Fritz).

Slonine, am 24. Juli 1812.

„Ich habe eben auf einige Minuten Zeit, um Dir auf Deinen Brief vom 30. Mai zu antworten. In Deinem Vorhaben, mein guter Fritz, welches zwar nicht ausführbar ist, liegen doch einige Beweggründe, die ich mit Vergnügen bemerkte. Der Gedanke, das Kriegshandwerk etwas genauer kennen zu lernen, bevor Du eine völlig aktive Rolle darin spielen wirst, ist recht vernünftig. Du dachtest auf diese Art Deinen Beruf zu prüfen, um nicht etwa einen Stand zu wählen, den Du nur der Außenseite nach kanntest." —

Wenn Du nur um Ein Jahr älter wärst, Deine Gesundheit daher mehr Festigkeit erreicht hätte, der Schauplatz nicht in so gar entfernten Ländern wäre, wo Rückkehr zur mütterlichen Pflege bei einer Dir etwa zustoßenden Krankheit fast unmöglich wäre, wenn durch die Hin- und Herreise nicht allein schon so viele Zeit Deinen Studien benommen würde, so könnte ich mich dazu entschlossen haben, Deinen Wunsch auf einen Monat zu erfüllen.

Indessen, mein Sohn, fahre fort, Deine kostbaren Jugendjahre zu Deiner Bildung zu verwenden, übe Dich in den Tugenden, die den Menschen im Allgemeinen adeln, denn als Soldat bedarfst Du ihrer vorzüglich, wenn Du nicht den Vorwurf auf Dir willst haften lassen, daß Deine Geburt den Mangel an Verdienst zu bemänteln scheint. Die höhere Klasse, die der Zufall dem Menschen am Tage seiner Geburt anweiset, ist eine schwere Schuld, die er von dem ersten Momente an, wo er zu seinem vollkommenen Selbstbewußtsein gelangt, abzuzahlen bedacht sein muß."

„Lieber Fritz, lerne gehorchen, das heißt: sprich zwar stets freimüthig, schweig' aber, wenn Deine Rede nicht nur allein nichts nützen, sondern schaden kann; — Gehorsam ist der Cement des Staatsverbandes, ohne den das Gebäude bei der geringsten Erschütterung zerfällt; lerne dulden, sei redlich und treu bis in den Tod, heiter und standhaft im Unglück, bescheiden im Glück, beschütze Deine guten Brüder, sei nur glücklich in ihrem Glücke; ehre die Gesetze und befolge sie genau, sei standhaft in Erfüllung Deiner Pflichten, nur dann kannst Du ruhig schlafen; sei wohlthätig, ohne zu verschwenden, scheue stets das Laster und nie den Tod." — —

Ein lateinischer Dichter des Mittelalters.

Schreiber dieses fand in der Dominikaner-Bibliothek zu Wien in einem Confessionale von Savonarola, herausgegeben von Lazzaro Soardo, Venedig, 1503, einige lateinische, sehr merkwürdige Gedichte eines unbekannten Verfassers beigebunden, über welche hier ein Bericht folgen soll. Darunter sind: De pace, versus; De studio hominis; Si Christum quaeris, vultum fugias mulieris; De mulierum malitiis. Dieses letzte Gedicht geht biblisch vor, indem aus dem alten und neuen Bunde jene Begebenheiten in prägnante Verse gebracht werden, in denen boshafte oder böse Frauen ein abschreckendes Beispiel geben. Der Refrain jeder Strophe lautet: Recedite. Es beginnt:

Recedite, recedite: ne mulieri credite
Huc accedant, qui sincere viam mentis possidere
  pure optant, legant vere.   Recedite.
Scripturam sacram percurramus, ut per omnes excludamus.   Recedite.

Dicat nobis primus homo, qui deceptus est in pomo
sum exclusus pulchra domo.
Eram fulgens velut stella paradisus mihi cella sum
confusus hoc procella.   Recedite.

Deutsch ungefähr:

Fliehet, fliehet: und den Weibern glaubet nicht;
Kommt zu mir, ich will Euch deuten, wie des Geistes Bahn
zu schreiten.
Ist Euer Wollen klar, so leset das fürwahr.
Woll't die heilige Schrift durchgehen, Vieles ist darin
zu sehen,
Der erste Mensch ist's, der schon sagte: wie man ihn zu
trügen wagte,
Und dann aus schönem Haus ihn jagte:
Ich glänzte wie ein Stern, so helle, das Paradies war
meine Zelle;
Mich warf hinaus dieß Sturmes Welle!

In dieser Weise sind 28 dasselbe Thema behandelnde Stellen der heiligen Schrift bearbeitet.

Es muß bemerkt werden, daß der Sänger in seinem Liede nur vor der Bosheit der Frauen warnt. Das Gedicht hat ein eigenes Finis, und darin ist der verkehrten Frauenwelt in gedrängter Kürze ein furchtbarer Spiegel vorgehalten. Es sollen hier als Probe die ersten

sechs Verse dieses Finis (es enthält 28 Verse
gleichen Sinnes) angeführt werden:

Femina fetida, femina sordida digna catenis
mens male conscia, mobilis, impia, plena venenis
horrida, nocua, publica janua, semita trita.
Aspide sevior unque vapacior est tua vita
Mens tua vitrea, saxea, plumbea, ferrea, nequam
Perdere prodere, fingere, fallere rem putas equam.

Vers 19 — 24 lautet:

Femina corpus, opes, animum, vim, lumina vocem
polluit annihilat, necat, eripit orbat, acerbat
femina fax satanae rosa fetens dulce venenum
semper prona rei, quae prohibetur ei
femina fallere, falsaque dicere, quando cavebit
secana piscibus et mare finctibus ante carebit.

Man muß jener furchtbaren Exemplare aus
der Frauenwelt gedenken, welche das Mittelalter — auch im Laster kräftig und entschieden
— geliefert hat, um die eben so gewaltige Reaktion des Liedes gegen die sittliche Verkommen-
heit zu würdigen. Hat ja doch auch schon der
Dichter des Stabat mater, Fra Giacopone, ein
nichts weniger als schmeichelhaftes Lied auf die
Frauen gedichtet unter dem Titel: „De l'orna-
mento delle donne dannoso!" Es beginnt:

O Femene guardate
a le mortal ferute,
nelle vostre vedute
el basalisco mostrate.

Ihr Frauen, Ihr soll't Bedenken tragen
Ueber die Wunden, die Ihr geschlagen;
Denn es haben in sich Euere Blicke
Des Basilisken tödtliche Tücke u. s. w.

Ein Gedicht über den Nutzen der Zelle ist von großer Schönheit, und zeigt, wie es der fromme Ordensmann verstanden, sich in der Zelle einen Vorhimmel und eine Stufe in's Himmelreich zu machen. Es schließt:

Cor teneas sursum studiose perfice cursum
Sic erit hora brevis et tua vita levis.

Halte hoch Dein Herz erhoben,
Und Dein Weg führ' Dich nach oben.
Jede Stunde schnell entfleucht,
Und Dein Leben wird Dir leicht.

Daß dieses obige Urtheil über Frauen nicht im Allgemeinen zu nehmen ist, und eben nur die verkehrte Frauenwelt angeht, versteht sich wohl von selbst.

Unsere Rechtszustände in der Tagespresse. 1862.

Das Wiener Journal „Presse" brachte in Nr. 104 Folgendes:

„(Eine Antwort für Sebastian Brunner.)

Keine der Beschuldigungen, welche Bosheit und Fanatismus gegen das Judenthum ersinnen mochten, ist abgeschmackter und gehaltloser, als die: die Bekenner des Judenthums brauchten zu ihrer Passahfeier Christenblut. Lange genug hatte dieses Hirngespinst, eine Ausgeburt finsterer Unwissenheit und teuflischer Böswilligkeit, in den hohlen Köpfen eines gedankenlosen Pöbels gespukt; die Zeit, hätte man glauben können, habe längst über diese infame Verleumdung den Stab gebrochen, und doch wagt man es, wieder daran zu erinnern, wie die letzte Nummer der Brunner'schen „Kirchenzeitung" zeigt. Groß ist die Dummheit, welche solch' ein Märchen für baare Münze nimmt, noch größer aber die Ignoranz, welche es in Umlauf gebracht;*) denn was steht im

---

*) Das ist die Beweisart der „Presse," eines Blattes, dessen Geschichte eines Historikers bedarf. Eben lesen wir in den Prozeßakten Chiolich-Zang folgende gerichtlich-protokollarische Aufnahme aus dem famosen Richter'schen Prozeß:

Es wird bei dieser Gelegenheit aus dem Verhörsprotokolle des Franz Richter, ddo. 25. September 1860, die Journal-Nummer 20 mit folgender Erklärung produzirt: „„Ich war der „Presse" gegen-

mosaischen Gesetze, das doch der Christ, vorzüglich aber der Theolog, eben so wie der Jude, kennen soll, geschrieben? Im 3. Buche Mosis lesen wir Folgendes, 7, 26 und 27: Und alles Blut sollet Ihr nicht essen, in allen Eueren Wohnungen, von Vogel und von Vieh. Jede Person, die irgend Blut isset, ausgerottet soll dieselbe Person werden aus ihrem Volke. 17, 10: Und Jedermann aus dem Hause Israel und von den Fremdlingen, die sich aufhalten in ihrer Mitte, der irgend Blut isset, ich werde mein Angesicht richten wider die Seele, die Blut verzehret, und sie ausrotten aus der Mitte ihres Volkes. 17, 12: Darum sprach ich zu den Söhnen Israels: Keine Seele von Euch soll Blut verzehren, und auch der Fremdling, der sich aufhält in Euerer Mitte, soll nicht Blut verzehren. — Wer die Skrupulosität des Judenthums in der Befolgung der Ritualgesetze kennt, wird begreifen, was von jener

---

über blos der Vertreter einer Koterie des Verwaltungsrathes der Kreditanstalt. Der Mitbesitz an der „Presse" hat 1¼ Jahre gedauert, und endete mit Schluß 1859. Herr Zang empfing für die „Presse" 160,000 fl. baares Geld, und hat diesen Betrag, als ich ihm die Hälfte wieder überließ, inklusive 5 Perzent Zinsen, mir wieder zurückerstattet, nachdem ihm der ganze Gewinn der „Presse" während der Dauer des Mitbesitzes belassen worden ist.
Franz Richter."“
Also das Blatt verkauft? Heißt das nicht: die Leser verkaufen? Wir möchten im Interesse des Publikums um eine nähere Erklärung dieses Verkaufes bitten. Wodurch hat die Koterie ihre 80,000 fl. wieder hereingebracht? Oder hat die Koterie durch Herrn Zang das Publikum mit dem Opfer der 80,000 fl. zu seinem eigenen Vortheile großmüthig in der Presse aufklären wollen? Es wäre doch interessant, die Bie-

Diffamirung zu halten ist.*) Wie aber konnte jenes Märchen überhaupt entstehen? Unzweifelhaft hat es in dem vom alten Passah-Rituale vorgeschriebenen Bestreichen der Oberschwelle und der Pfosten der Thüre mit dem Blute des Passah-Lammes seinen Entstehungsgrund. S. Sitzungsberichte der kaiserlichen Akademie der Wissenschaften, philosophisch-historische Klasse, 1861, Band XXXVII, S. 35, in der Abhandlung von Dr. A. Müller (einem Christen): „Astarte." Diese Abhandlung weist entschieden jene Beschuldigung zurück mit den Worten: „Eine in das Gebiet der Märchen gehörige gehässige Beschuldigung möchte freilich gern wegen dieses alten Kultus dem heutigen Judenthum die Nothwendigkeit von Menschenblut, oder besser Christenblut (!), andichten."**) Vor Allem aber sollte es den Theologen darum zu thun sein, diese infame Beschuldigung nach Kräften zu widerlegen, um nicht

---

dermänner dieser Koterie zu kennen, daß die glücklichen Käufer von Krebitaktien, als sie am höchsten standen, ihren guten Freunden und Rathgebern ein öffentliches Dankschreiben votiren könnten!

*) Ei, sonderbar! Ist denn das alte Testament oder ist der Talmud maßgebend? Der Talmud ist das kanonische Buch der Synagoge, ruft und schreibt Rabbi Bloch, und kein orthodoxer Rabbiner kann diesen Ausspruch zurückweisen. Uebrigens steht auch im siebenten Gebote: Du sollst nicht stehlen. Die wegen Betrug und Diebstahl kriminalisch behandelten Juden könnten sich ja auch auf das siebente Gebot zur Entlastung berufen.

**) Dieser Gelehrte hat, wenn er diese Beschuldigung dem Astarte-Dienste zuschreibt, sich unendlich lächerlich gemacht, — weil er von der Geschichte und ihren Thatsachen nichts weiß — oder — — nichts wissen will! Er soll zu uns kommen, wir wollen ihm schlagende Zeugnisse in die Hand geben, die ihn befriedigen werden.

den Schein der Nichtkenntniß des mosaischen Gesetzes, wenn auch nur nach der lateinischen Uebersetzung der Vulgata, auf sich zu laden."

Es dürfte bei dieser Gelegenheit nicht am unrechten Platze sein, an einen Gewährsmann zu erinnern, dessen Autorität Dr. Brunner wohl kaum in Zweifel zu stellen vermag. Gar Vielen unserer Zeitgenossen wird noch das eklatante Dementi erinnerlich sein, das der Domprediger Johann Em. Veith, bekanntlich ein geborener Jude, von der Kanzel herab, das Kruzifix in der Hand, dem erbärmlichen Märchen von dem Christenblute in der jüdischen Osternacht entgegenstellte. Ist etwa das Zeugniß des Dompredigers, der im jüdischen Ritus aufgewachsen, für die Leute von der „Kirchenzeitung" kein vollgültiges?" *)

Nachdem Brunner öffentlich angegriffen war, sandte er an die Redaktion folgende **thatsächliche Entgegnung:**

1. In der Reihe der kanonisirten Heiligen befinden sich nicht Wenige, welche nach dem Zeug-

---

*) Die **Niederträchtigkeit** dieser Lüge besteht darin, daß man sich auf viele Zeitgenossen beruft, aber keine Zeugen anführt; das heißt das Lesepublikum betrügen. Die Infamie aber besteht darin, daß man die alte Lüge, trotzdem, daß sie schon so oft widerlegt wurde, aufrecht zu halten sucht. Die Redaktion soll den **anonymen Verfasser nennen** — sonst muß sie selbst dafür haften. Der Jude nennt sich gewiß nicht! Gehört er vielleicht auch — einer Koterie an?

nisse der Untersuchungsakten von Juden zu abergläubischen Zwecken ermordet wurden. Da der angegriffene Artikel der „Kirchenzeitung" eine Tiroler Korrespondenz ist, soll hier nur von Vorgängen dieser Art aus Tirol die Rede sein. Die Aktenstücke über den seligen Simon von Trient wurden noch 1853 von Dr. Juris Staffler, k. k. Gubernialrath (noch lebend), in Innsbruck herausgegeben. Die Acta pro veritate Martyrii B. Andreae Rinensis (des Andreas von Rinn in Tirol) sind wiederholt erschienen. Das Martyrium des unschuldigen Kindes Ursula Pöck von Lienz hat der Historiker G. Tinkhauser, urkundlich dargelegt, im Jahre 1854 herausgegeben. Die noch lebenden Verfasser sind bereit, die Originalakten nachzuweisen.

2. Das schon im Jahre 1842 tendenziös ausgestreute Gerücht: als habe der Kanonikus Dr. Veith auf der Kanzel, mit einem Kruzifix in der Hand, die obige Anklage gegen die Juden widerlegt, ist in der „Kirchenzeitung" schon zweimal (Nr. 19, 1854 und Nr. 80, 1856) als eine Unwahrheit dementirt worden, nach-

dem Dr. Veith uns persönlich erklärte, daß er über den angeführten Gegenstand auf der Kanzel nie ein Wort gesprochen hat.

Dr. Sebastian Brunner,
Eigenthümer der „Kirchenzeitung."“

Die „Presse" verweigerte die Aufnahme. Wo ist die Infamie? Brunner schrieb nun an den Eigenthümer Zang; auch keine Antwort! So kann man es von Leuten nicht anders erwarten, die ihr Blatt und somit auch die Leser zeitweise gegen enorme Summen an Koterien verkaufen.

Wer die Jammer=Zustände von 1862 sammt Infamie in Wien und Oesterreich einst schildern will, der findet hier eine belehrende Thatsache.

Eine Abwehr gegen die brutalen Angriffe der „Presse."*)

Die Nachricht, welche der „Wiener Kirchenzeitung" aus Tirol zugekommen ist, nämlich:

---

*) Diese Abwehr ist von dem am Ende unterschriebenen Herrn.

„daß die dortigen liberalen Blätter die „Tiroler Stimmen" zu einem Prozesse denunziren wollen, weil sie „von einer geschichtlich erwiesenen Praxis, „die jüdischen Ostern mit Christenblut zu feiern," sprechen," hat auch die Wiener liberale Journalistik, besonders aber „die Presse" in

---

Wir sind durchaus nicht gewillt, das ganze Judenthum jenes fanatischen Aberglaubens zu beschuldigen, von dem hier die Rede ist, er soll aber zur Nothwehr historisch, und bis in die neueste Zeit herein konstatirt werden. Der Auszug aus dem Verhöre des P. Thomas ist aus den Aktenstücken, die im Ministerium des Aeußeren zu Paris liegen, und die Achille Laurent (Relation historique des affaires do Syrie depuis 1840—1842. Paris, Gaume, 1846.) herausgegeben hat, — ohne daß die französischen Juden ihre Echtheit abstreiten konnten! Ausführlicher als hier steht die Geschichte mit P. Thomas in dem Werke: Die heiligen Orte, von Mislin, 3 Bände (Wien, k. k. Staatsdruckerei, 1860.), im ersten Bande S. 553—558 und 651—652. Mislin war zweimal selbst in Damaskus. Ein Brief des französischen Konsuls an Sherif Pascha, Nr. 28, meldet von 500,000 Piastern, welche von den Juden angeboten wurden für Nichtaufnahme der Aussagen betreffs des Blutgebrauches, in die Protokolle! (Siehe auch bei Laurent.)

Nr. 104, vom 15. April l. J., in der Originalkorrespondenz: „Eine Antwort an Sebastian Brunner" nicht wenig entrüstet. Bedenkt man aber, mit welch' stupendem Erfolge die „Presse" seit einiger Zeit das Studium der katholischen Theologie und der katholischen Praxis betreibt, so dürfte man ihr diese Entrüstung unmöglich für übel nehmen, noch weniger aber verlangen, daß sie ihre so kostbare Zeit auch auf das Studium der jüdischen Praxis und des Talmud verschwenden sollte. Ich glaube demnach der „Presse" einen Dienst zu erweisen, wenn ich ihr hiermit, wenigstens in Hinsicht der religiösen Praxis mancher Judengemeinden, „zu ihren Ostern, und auch bei anderen Gelegenheiten, des Christenblutes sich zu bedienen," — hier nur beispielsweise ein paar nicht unbedeutende Aufklärungen gebe, und zwar:

1. Ignatius Zach, in seiner ausführlichen Beschreibung der Marter des heiligen Kindes Andreas von Rinn, Augsburg 1724, im vierten Kapitel, S. 12, schreibt:

„Die Benehmung des Bluts betreffend, bezeuget der hochgelehrte Casparus Pansa, weiland der Rechten Doktor und oberösterreichischer Regimentsrath zu Innsprugg in vorgangenen gerichtlichen Verhören aus der Juden eignem Bekanntnus vernommen zu haben, daß dero gebohrne Kinder mit zugeschlossener rechten Hand zur Welt kommen, welche sich auch ehe nicht öffne, es seye dann Sach, daß solche mit unschuldigem Christenblut innerhalb der Zwerch nach bestrichen werde. So wollen auch einige, daß ihre Eheweiber ohne christliches Blut der Leibesfrucht nicht, oder doch schwerlich genesen können. (Eckius.) Nicht minder bezeuget Bonfinius, l. 4. Dec. 5. Raderus, l. 4. Bavar. S. Eckius, lib. contra Judaeos, cap. 11. Thomas Cantiprat. l. 2. apum. 22. Leopoldus Manzin. de Pass. cap. 10. Disser. 2. Osorius de Lusit. l. 1., daß sie das christliche Blut auch für eine sondere Artznei gebrauchen. Zu dem bedienen sie sich desselben ingleichem zu ihrem vermeint-allerhöchsten Opffer, so sie sonderbar zu Zeit ihres Osterfestes abrichten, und jene Ostern für die allerfeierlichste achten, an welcher sie ihr ungesäuertes Brod sammt dem Trunck mit unschuldigem Christen-Blut untermengen können."...

2. In den arabischen Aktenstücken über die Ermordung des Pater Thomas und seines Dieners in Damaskus vom 15. Februar 1840 findet man folgende Stelle: „Im Verhöre vom 28. des Mondes wird zuerst vom Pascha im Beisein des französischen, des österreichischen und des englischen Konsuls Isaak Harari befragt: auf welche Weise die Ermordung des P. Thomas stattgefunden, und in welcher Absicht:

Antwort: Wir ließen den Pater in das Haus David Harari's, meines Bruders, kommen; es war eine unter uns abgemachte Sache. Wir haben ihn geschlachtet, um sein Blut zu bekommen, welches in eine Flasche gegossen und dem Rabbi Moses Abou-el-Afié übergeben wurde, und zwar aus einem Religionsgrunde, da wir des Blutes zur Erfüllung einer religiösen Pflicht benöthiget waren.

Frage: Was macht Ihr denn in Euerer Religion mit dem Blute?

A.: Wir thun es in die ungesäuerten Brode.

F.: Wird das Blut ohne Unterschied allen Juden mitgetheilt?

A.: Man thut es nicht offenkundig; es wird unter die Frommen ausgetheilt, als da sind die Rabbiner und Andere.

F.: Warum habet Ihr das Blut nicht bei Euch behalten, anstatt es dem Rabbi Moses zu übergeben?

A.: Die Sitte will, daß das Blut bei dem Rabbiner bleibe.

Bei dem Verhöre des Aaron Harari, wird demselben die Frage gestellt: Warum habet Ihr den Pater getödtet?

A.: Um sein Blut zu haben, weil wir dessen in unserer Religion benöthiget sind.

F.: Warum ist der Mord im Hause Eueres Bruders begangen worden, und warum ist das Blut nicht dort geblieben?

A.: Das Blut ist dem Rabbi Moses Abou-el-Afié durch die Hand des Rabbi Moses Saloniki übergeben worden; denn das Blut muß bei den Rabbinern bleiben.

In einem anderen Verhöre wurde Rabbi Moses Abou-el-Afié befragt: Isaak und Aaron Harari behaupten, daß Moses Saloniki das Blut genommen und in Euere Hände übergeben habe. Was habet Ihr damit gethan? Sprechet die Wahrheit!

A.: Der Rabbi Jakob Antabli, erster Rabbiner von Damaskus, hatte sich mit den Brüdern Harari und den übrigen Angeklagten besprochen, um eine Flasche Menschenblut zu bekommen, und mich hiervon auch in Kenntniß gesetzt. Die Harari's versprachen, eine solche zu liefern, und sollte sie 100 Beutel kosten! (gleich 12,500 Franken). — Als ich zu David Harari kam, meldete man mir, daß man einen Mann hergebracht hatte, um ihn zu tödten und sein Blut zu nehmen. Ich trat herein; der Mord wurde vollzogen; man nahm das Blut und sagte zu mir: „Ihr seid ein verständiger Mann, nehmet dieses Blut und übergebet es dem Rabbiner Jakob." Ich antwortete: „Lasset den Moses Saloniki es nehmen." Sie aber versetzten: „Es ist besser, daß Ihr es selbst nehmet; Ihr seid ein verstänbiger Mann." Der Mord wurde bei David Harari begangen.

F.: Wozu bedarf man des Blutes? Bringt man es in die ungesäuerten Brode, und theilt man von diesen Allen mit?

A.: Das Blut in den ungesäuerten Broden ist nicht für Jedermann, sondern für die Eiferer, und es geht damit so zu: Am Tage, wo sie gebacken werden, bleibt der Groß-Rabbiner Jakob Antabli bei dem Backofen stehen; die Frommen schicken ihm Mehl, aus dem er Brod macht, das er selbst knetet und Blut hineinwirkt, ohne daß Jemand es weiß; dann schickt er das Brod den Frommen, die ihm das Mehl geliefert haben.

F.: Habet Ihr Euch beim Rabbiner Jakob nicht erkundiget, ob er dieses Brod auch nach anderen Orten versendet, oder ob es nur für Damaskus bestimmt ist?

A.: Er sagte mir, daß er es auch nach Bagdad verschicken werde.

F.: Glaubet Ihr, daß er aus Bagdad darum ersucht wurde?

A.: Ja, er sagte es mir so. . . .

So viel zur Abwehr gegen die „Preſſe." — Endlich aber muß ich noch hier bemerken, daß der Paſſus der angeführten Originalkorreſpondenz der „Preſſe," und zwar die Behauptung: „Gar Vielen unſerer Zeitgenoſſen wird noch das eklatante Dementi erinnerlich ſein, das der DompreEiger J. E. Veith, bekanntlich ein geborener Jude, von der Kanzel herab, das Kruzifix in der Hand, dem erbärmlichen Märchen von dem Chriſtenblute in der jüdiſchen Oſternacht entgegenſtellte," nur eine erbärmliche, von beſoldeten Skribenten erfundene Lüge iſt, welche ſelbſt der Kanonikus Dr. Veith als eine ſolche bezeichnet hat. Die „Preſſe" ſoll nur Einen von jenen „Vielen unſerer Zeitgenoſſen" bringen, der Zeuge jenes angeblichen Dementi geweſen wäre! Es geht nichts über die Frechheit der Lüge!*)

Mödling, 16. April 1862.

Pawlikowski.

---

*) Näheres über dieſe Angelegenheit wolle die „Preſſe" in der zweiten Folge meiner „Chriſten-Antwort auf die Judenfrage," Wien, 1860, (und im: Der Talmud in ſeiner Theorie und Praxis von R. v. Pawlikowsky. Manz, Regensburg, 1866.)

Gedanken während der Revolution 1848.

Das einige Deutschland.*)

Wenn ich jetzt bisweilen in der Nacht nicht schlafen kann, und alle Räblein im Uhrwerke des Geistes lustig durcheinander rennen, und bald die Hämmerlein sich schnurrend zum Schlag bereiten, und oben die kleinen Flügel des Glockenwerkes sich mit der allergrößten Geschwindigkeit um ihre Achsen drehen, — und wenn ich lange vergebens studirt, wie denn der Gedankenunruhe ein Ziel zu setzen, und ob man nicht hie und da etwas zwischen die Räder schieben könne, um sie zum Stillstand zu bringen, wenn ich lange nachstudirt, wie ich denn als Herr und Meister meinen Leib zum Schlafe zwingen, und meinen geistigen Willen, in dem unruhigen Hause, welches die Natur mir gegeben, durchsetzen könne,

---

*) Geschrieben im April 1848 nach dem Auflodern der Revolution in ganz Deutschland.

da gedenke ich meiner geiſtigen Ohnmacht, und bittere Wehmuth geſellt ſich zur ermüdenden Schlafloſigkeit. Geiſt und Natur in völligem Zerwürfniß mit einander, in gegenſeitiger Abhängigkeit zu einander, die können nicht eins und dasſelbe ſein!

Ich will ſchlafen, ich will den Gedanken an die Welt und ihren Jammer los werden, aber ich kann nicht! Der Genius der Erinnerung faßte mich jüngſt, wie einſt ein Engel den Propheten Habakuk bei den Haaren, und ſchleppte mich herum in ganz Deutſchland; da ging es zuerſt nach Regensburg in den Saal, wo der Kaiſer und die Kurfürſten vor langer Zeit ſo oft im Rath geſeſſen, und wo jetzt zur weltgeſchichtlichen Abwechslung die Ziehungen der Regensburger-Lotterie vorgenommen werden, ich ſah den verödeten, verſtaubten, vernachläſſigten Saal mit ſeinem wurmſtichigen Deckengetäfel. und ſeinen morſchen Sitzen vor mir. Ich bin ja auch geſeſſen auf des Kaiſers Stuhl, erſt vor kaum zwei Jahren, und habe geſchrieben daſelbſt auf's Albumblatt, das ein Freund, der mich

begleitet, in diesen denkwürdigen Räumen mir
dargereicht:

> Auf diesen Stühlen ringsum sitzt
> Kein Fürst und kein Elektor,
> Der Kaiserstuhl wird nur benützt
> Vom Lotterie-Direktor.
>
> Ich seh' das Nummern-Rad geschwind
> Um seine Achse sprühen,
> O Waisenkind, o Waisenkind,
> Kannst du die Einheit ziehen?
>
> Soll uns als unser letztes Ziel
> Nicht deutsche Einheit werden,
> Dann ist verloren unser Spiel,
> Und wir sind Null auf Erden!

Der deutsche Ziehungstag, den man wohl allgemein schon seit Jahren in den Gliedern gespürt, von wegen der feuchten Luft und politischen und socialen Donnerwetter-Temperatur, er ist uns gar schnell hereingebrochen! —

Von da führte mich der Genius nach Frankfurt, ich ging herum im Römer, und es war mir als ob alle diese schmalen Kaiserbilder bitter und bleich lächelten, und ob sie ihre Scepter krampfhafter hielten mit ihren Fingern, als hätten sie die Furcht irgend ein Dämon wolle sie ihnen aus den Händen ringen. Und es dünkte mir als ob sie murmelten unter einander, und als ob ich aus ihren grauen Bärten heraus Worte der Verwunderung und Frage vernehme: „Wie? sind wir nicht vollzählig da, und wo soll noch Platz sein für einen neuen? stehen wir nicht so hart aneinander, in unsern aufrechten Bildersärgen, wie in einer dicht angesäeten Gruft; vorüber ist die Ehrenzeit des deutschen Kaiserthumes — es mögen neue Ankömmlinge in der untern Säulenhalle sich begnügen. Der Raum des Römers ist gedrängt angefüllt — die Zeit der deutschen Kaiser ist abgelaufen!" Und wie ich so träumend auf und nieder ging, bald den Fenstern, bald den Wandbildern entlang der Thüre zu, da trat der letzte Ritter Max I. aus seinem Rahmen hervor, derselbe Max, zu dem ich stets eine besondere Vorliebe gehegt — an dessen Grab unter den Stufen des Altares der Burgkirche zu Wienerneustadt ich oft sinnend gestanden, und er führte mich zum Fenster hin, und zeigte mir unten den Frankfurter Cröſus flüchtigen Fußes wie geſchäftiger Gedanken voll vorüber eilen, und er ſagte: „Siehe, einmal iſt die höchſte Macht die Ehre geweſen, die das Volk mir und meinen Kaiſerbrüdern erwieſen hat um Gottes willen, jetzt iſt die höchſte Macht der Beſitz, die Fürſten beneideten uns um die Ehre, und das Kaiſerthum ging unter, die Reichen beneiden die Fürſten um die Ehre, und das Fürſtenthum geht unter, die Völker beneiden die Reichen um den Beſitz, und der Beſitz geht unter! So wird walten der Drang der entfeſſelten Erdgeiſter von unten nach oben zum völligen Umſturz, weil die Fürſten und Völker nicht geglaubt haben an den Segen, der von oben nach unten ſtrömt zur Erbauung!"

Nach dieſen Worten ſah ich den Kaiſer fragend an, und er las die Bewegung meines Geiſtes in meinen Zügen, und fuhr fort: „Du ſcheinſt wiſſen zu wollen, was geſchehen wird in den Tagen, in denen du auf Erden lebſt, und du scheinst zu fragen, ob ich keinen Glauben habe an ein neues deutsches Kaiserthum, an eine neue deutsche Einigkeit und Herrlichkeit? Doch auch vor meinem Geiste ist die Zukunft mit einem Schleier umwoben, aber wenn Deutschland den Glauben verloren hat an Gott, sein Gesetz und sein Gericht — so wird sich auch Deutschland nicht fügen einem Kaiser, seinem Gesetz, seinem Gericht! Und nur wenn von außen die Feinde auf ihren Rossen und Kriegswagen hereinrasseln in's schöne deutsche Reich, und die Aussaat des Geistes vernichten, der sich den Boden dienstbar gemacht hat — da wird vielleicht eine Einigkeit zu Stande kommen — aber eine Einigkeit, die keinen rechten Halt hat, eine Einigkeit in Noth und Bedrängniß, aber keine Einigkeit in Freiheit und Herrlichkeit."

Nach diesen Worten legte sich der Kaiser wieder flach wie ein Todter auf den Sarg seines Bildes, und seine Züge erstarrten gleich den Zügen der andern Kaiserbilder — und der Genius der Erinnerung faßte mich auf's Neue bei den Haaren, und sprach zu mir: du hast nun gehört die Stimme eines großen deutschen Fürsten, eines herrlichen Kaisers, über die Zukunft, ich will dich führen zum Herren eines kleinen Landes, aber alten Stammes. Und so führte er mich den Rhein aufwärts, drohend sah ich vom Straßburgermünster die Tricolore herüberwehen und winken ins deutsche Land; und hinauf und hinauf ging es den Rhein, auf der einen Seite leuchteten alte Burgen und jüngst zerstörte Schlösser aus den dunkeln Ausläufern des Schwarzwaldes, und rechts nickten in blauer Ferne die Vogesen mit ihren Wolkenkronen mir ihren schweigsamen Gruß.

Und mein Begleiter führte mich bei schon hereinbrechender Nacht in die Vorhalle des Freiburgermünsters, knarrend drehten sich die schweren Pforten in ihren Angeln auf — und der helle Blüthengarten, der zur Tageszeit aus allen bemalten Glasfenstern leuchtet, war wie verwelkt, hie und da zitterten in den weiten Räumen die kleinen Flammen der Ampeln und die mächtigen Säulen warfen lange in der Finsterniß absterbende Schatten auf dem Boden hin.

Hinter dem Hochaltare rauschten die Gewässer des Brunnens, als Sinnbild der Lebensquelle, der reinen Lehre der Wahrheit. Ich folgte meinem Führer, bis wir vorm Grabe Bertolds V. standen, des letzten Herzogs aus dem Hause Zähringen. Der Herzog steht aus Stein gehauen in riesiger Größe, angethan mit seiner Rüstung, Dolch und Schwert an Ketten hängend, mit gefalteten Händen auf einem Löwen.

Und es war mir als ob er bewegte seine steinernen Lippen, erst wie zu einem stillen ringenden Gebet, und als ob ich darnach aus seinem Munde die Worte vernähme:

„Ich war einst Herzog von Zähringen, reich und mächtig, zu Andernach haben mich die Reichsstände gegen Philipp von Schwaben zum Kaiser gewählt, ich ließ in meiner Habsucht die bedenkliche Ehre aufwiegen für Gold, meine zweite Gemahlin vergiftete meine beiden Söhne, ihr Haupt mußte zur Sühne fallen, und ich starb, der letzte meines Stammes, das Haus Zähringen stieg mit mir in die Gruft."

Als ich meinen Führer fragend anblickte, weil

ich nicht wußte was die Worte des Herzogs mich angehen, sagte er mir: „Auch Deutschland hat ein Weib genommen, sie heißt: Zerwürfniß, sie hat vergiftet Deutschlands Söhne mit dem Gifte der Zwietracht und des Haders, mit dem Gifte des Unglaubens an Gottes und Menschengesetz. Der Reichen Unglaube würgte die Armen, der Armen Unglaube wird die Reichen würgen."

Und der Führer stellte mich auf die mächtige Plattform unter der großen durchbrochenen Halle des Münsterthurmes, und zeigte hinaus ins deutsche Land Rheinabwärts, und ich sah Feuer brennen, und ich fragte: Sind das die Altarlampen im Dome deutscher Einigkeit? Und der Führer sprach: Das sind brennende Schlösser — das ist die Wuth gegen das Eigenthum, das ist der Haß, vom Unglauben an einstige Ausgleichung groß gesäugt; das sind die Proletarier, die man im Uebermuthe vollends arm gemacht, indem man ihnen den größten, heiligsten Besitz, den Glauben an Gottes Gerechtigkeit, und die Geduld im Lebensjammer weggenommen! Das sind die Grabeslampen deutscher Einigkeit! Wenn das Volk nicht wiederkehrt zum Glauben, so müssen diese Flammen bald überall ausbrechen in den riesigen Gebälken des deutschen Domes, und er wird krachend zusammenstürzen im Brande lodernder Flammen, die er selbst angezündet, selbst in sich genährt hat!

Und wieder faßte mich der Genius, führte mich in einen Kanzleihof und zeigte mir eine Scene, die daselbst vor einigen Jahren gar oft sich ereignet. Es war ein öder, kalter Wintertag und Bauern standen entblößten Hauptes vor der Kanzleithüre, sie durften den Hut nicht aufsetzen, denn der strenge Geßler, der Amtmann, erlaubte es nicht. Geßler trat heraus und zeigte ein recht grobkörniges Benehmen, man sah, daß ihm die Liebe der Bauerncanaille nicht sehr am Herzen lag. Mir erbarmten die armen Schelme, wie sie zitterten vor der Kälte des Winters und vor dem eisigen Antlitz des Tyrannen.

Das ist ein Bild von vergangener Zeit, sagte mir der Genius, und er führte mich nicht gar weit in eine Ständekammer, und da hörte ich denselben Geßler in wüthenden Ausdrücken und mit heftigen Geberden radicalisiren, und der Freiheit fanatisch das Wort reden!

Verwundert wandte ich mich über diesen Wechsel zu meinem Begleiter, der sagte mir: In der Kammer redet man anders unter den Herren Ministern, und um des Volksjubels willen, als in der Amtsstube unter verknechteten dummen Bauern.

Und der Genius faßte mich wieder und führte mich nach Hause, und sagte mir noch zum Abschied die Worte in die Ohren: Wo keine Liebe und keine Demuth ist, da ist auch keine echte Freiheit. Wo Hochmuth und Stolz ist, da tritt der Mensch aus seinem Verhältniß zu seinem Schöpfer heraus — und das ist Lüge, und wo Lüge ist, da ist keine echte Freiheit. Die echte Freiheit besteht nur in der Wahrheit. Und wo Lüge ist, da gibt es auch keine Einigkeit, da gibt es nur Anfeindung, Haß und Zerwürfniß. Nur die Wahrheit kann frei und einig machen.

Nach diesen Worten erwachte ich und fand mich wieder auf meinem Lager, es war um die Morgenstunde, der Wind schüttelte an den Fenstern, und der Regen prasselte nieder, es war ein trübes Wetter und ich dachte an Deutschland! Und wenn Einer wünscht, daß der Himmel heiter werde, so bin ich gewiß auch dabei!

Die Proletarier.*)

Es wird mir ganz unheimlich, wenn ich Abends die Proletarier von den öffentlichen Arbeiten heimkehren sehe. Auch der Landmann ist arm, aber er hat seine Hütte, aus welcher ihn Niemand hinauswerfen kann. Was ist es für ein trauriger Anblick um einen Menschen, der in seiner äußeren Erscheinung seinen ganzen Jammer zur Schau trägt! Ein erbärmliches zerrissenes Gewand, Gesicht und Arme von der Sonnenhitze gebräunt, eingefallene Wangen, zum Theil von der Noth, mehr aber vom beständigen Tabakrauchen, und auch noch von andern Umständen. Wie trostlos sieht es in den Wohnungen dieser

---
*) Geschrieben im September 1848.

Leute aus? Kennt ihr die öden, abgestorbenen Gassen in den Riesendörfern um große Städte herum? Tausende und tausende haben gar keine Ahnung, wie es erst in den Zimmern aussieht, das muß man selber gesehen haben. Für den armen Teufel, der im Winter in einer solchen Spelunke wohnen muß, ist die schlechteste Bierkneipe noch ein Parfümladen mit Aetherdüften geschwängert. Da wandeln sie nun ihrer Heimat zu, sie haben fast zwei Stunden bis zum Arbeitsplatze zu gehen. Männer und Weiber, Bursche und Mädchen, viele schleppen Kinder in ihren Armen, die sie bei Seite legen, während sie den Spaten handhaben, oder das weinende Klageinstrument, den Schiebkarren, vor sich herführen. Jetzt tragen die meisten einen jungen Baum, oder Reiserbündel, oder ein Stück Holz auf den Schultern, wie sie es trotz Gesetz und Waldfrevelstrafe — auf ihre Massen pochend, aus den Forsten und Auen, die dem Arbeitsplatze nahe liegen, sich in der Mittagsstunde sammeln und Abends mitnehmen. Ein Gegenstand, kaum einige Kreuzer werth und vollwichtig; denn es ist grünes, feuchtes Holz — stundenweit geschleppt nach einem harten Tagwerke! Das ist Armuth, bittere Armuth! Wer kein Herz von Stein im Leibe hat, der muß beim Anblicke solchen Hungers, solchen Elendes zum Ausrufe kommen: Mich dauert dieses souverainen Volkes! ich meine, mit Titeln ist dem armen Volke nicht geholfen, eine einzelne Brodanweisung auf einem kleinen Papier ist jedem lieber, als das täglich an allen Straßenecken klebende, großmächtige Adels= diplom der Volkssouverainität. — Wer sich, wenn auch nur ein klein wenig, auf Gesichter versteht, kann in den Zügen der müde Vorüber= trabenden dieß und jenes lesen. Wie ist der eine Reichthum und Adel des Geistes, der die Fleisch= masse durchleuchten soll — wie ist die Ebenbild= lichkeit Gottes gar so sehr aus manchem Antlitz gewichen? An diesen verworrenen Stirnen, an diesen rollenden Augen zeigt sich nur der Glaube an den Jammer und die Noth des Erdenlebens, der bald in seine Glaubenswerke umschlagen kann, wenn irgend eine Anregung die Verzweiflung auf die Spitze treibt — es ist in diesen Gesich=

tern so wenig Hoffnung auf Gott, so wenig
Liebe zu finden. Die Leute tragen den Stempel
des wahren und echten Proletariats an sich, und
der ist außer der leiblichen Armuth, der Mangel
an geistigem Besitz, der Mangel an Glauben
und Hoffnung auf Gott und seine ausgleichende
Gerechtigkeit. Und das ist der Höhenpunkt des
Jammers! das macht erst die Armuth zu einem
Elende, größer noch, als es einst im Heiden-
thume war, das steigert die Armuth zur Verzweiflung — das ist das Proletariat!

Was ist nun der echte Hochverrath an der
Volkssouverainität? Der echte Hochverrath ist:
durch tausenderlei Lügenkünste das arme Volk
um sein einziges tröstliches und erhebendes Gut
bringen, um die Religion, um Gottes ausgleichende
Gerechtigkeit! Mit der Religion ist der Mensch
und fühlt sich der Mensch in all' seiner leiblichen
Armuth als eine moralische Persönlichkeit, er hat
den Adel der Kindschaft und den Adel der Eben-
bildlichkeit Gottes, den er sich nicht abkaufen läßt,
er läßt sich nicht mißbrauchen zu Aufruhr und
Todschlag! Jene lieblichen Tageshelden aber, die

da wollen Aufruhr und Blutvergießen, um ihren Willen durchzusetzen, die fühlen sich gehemmt in ihrem Fortschritt, wenn ihnen ein armes, aber an Gott gläubiges, ein religiöses Volk gegenüber steht. Der Glaube und die Religion müssen also fort, der Arme muß durch die Presse um sein höchstes Gut, um seinen Glauben gebracht werden; dann erst ist er fähig zu allem, zu was ihn die eben herrschende Niederträchtigkeit verwenden will, dann ist er das blinde Werkzeug jedes Volksrebners, der ihn aufhetzt mit seinem gestachelten Wort, dann ist der Arme erst vollkommen entehrt, denn es adelt ihn nicht mehr das göttliche Sittengesetz, und er folgt blindlings jedem schreienden Lügner, und er wird zum Werkzeug jedes Lumpen, der ihm große Worte vormacht.

Wer sollte nun nicht schaudern vor diesen Menschenmassen, die man absichtlich mit teuflischer Bosheit um ihre moralische persönliche Selbstständigkeit gebracht hat, um sich nöthigen Falles mit ihrem Herzblut die Republik zu erkaufen oder mit ihrem Herzblut vorläufig Versuche dafür anzustellen?

Wer fühlt sich nicht von heiligem Zorn durchglüht, wenn er einen erbärmlichen Kerl sieht, der das Volk mit den Worten begrüßt: „Souveraines Volk!" und der hundertmal diesen Gruß über seine Lippen bringt, und der im Herzen sich denkt: O ihr dummen Teufel, ich halte euch nur diese Speckseite hin, um euch in die Falle zu locken, um euch dorthin zu führen, wo ich euch eben nöthig habe. Eine freche Stirne gehört dazu, auf offener Straße zu schmeicheln und zu buhlen um Fäuste, Sensen und Schaufeln, und dabei herumklimpern mit der klingenden Spielmünze der Volkssouverainität.

Bei derlei Schauspielen übernimmt nun zweifelsohne die ehrenwertheste und erhabenste Rolle jener Theil der Bürger, der desto mehr Bravo schreit, je mehr seine Geschäfte schleichen, je mehr sein Handel zum Stocken anfängt, so wie der Sterbende desto lauter röchelt, je mehr sein Blut in Stockung geräth.

Das Armenwesen ist jedenfalls eine der schwersten Aufgaben der neuen Staatsmänner-Versammlungen. Daß es dem neuen Staate bisher noch sehr wenig gelungen ist, diese Frage zur allgemeinen Zufriedenheit zu lösen, ist kein Geheimniß. Besitzer und Nichtbesitzer sind beide gleich unzufrieden. Der Besitzer hat tausend Aengsten vor den Proletarierhorden, und schreit: Warum thut der Staat nichts, um sie in Ruhe und Ordnung zu erhalten? Und die Proletarier schauen mitunter schon mit wahren Hyänenblicken auf die Reichen. Wie die Hyäne den im Wüstensand verscharrten Leichnam wittert und ihn ausgräbt und auffrißt; so wollen echte Proletarier auch einmal über das todte, von Reichen verscharrte Gold herfallen, und sich damit gütlich thun. Geschieht etwas, um die hungernden Hyänen zahm zu machen? Vom Sättigen kann ohnedies gar keine Rede sein! Nein, es geschieht nichts — es wird im Gegentheile Alles aufgeboten, um sie zu größerer Wuth und Blutbegierde aufzustacheln! Wie, ist es aber nicht Verrath an der heiligen Menschheit, die Proletarier Hyänen zu heißen? Ich heiße sie nicht Hyänen, weil sie arm sind, sondern weil sie Proletarier sind, aber zu Proletariern und Hyänen habt ihr sie gefließentlich gemacht, oder sie dazu machen lassen, indem ihr ihnen den Himmel weggenommen, und sie auf die Erde angewiesen habt; — auf der Erde aber könnt ihr sie nun nicht befriedigen. Diejenigen, welche die Volksmassen um die Wahrheit des Glaubens an Gott, Erlösung und Ewigkeit bringen, um sie dann als Werkzeuge zu ihren Umtrieben zu haben — das sind die wahren Teufel der Gesellschaft, aber auch diesen Teufeln wird schon hier auf Erden noch ihr Theil werden, und meiner Ansicht nach wird ihnen hier die historische Weltgerechtigkeit so wenig ausbleiben, als einst die göttliche. Wenn das Proletariat es einmal erkennen wird, wie man es nur zu beliebigen Zwecken gebraucht hat — und es dann wegwerfen möchte, wenn es abgenützt ist, dann wehe euch ihr Hetzer und Verführer! Wie ihr den heiligen Glauben verläugnet habt, so habt ihr ihn auch den Armen weggenommen, nun wird euch der glaubenslose Arme als eine rohe, mächtige Naturgewalt gegenüberstehen, und eure List wird nicht mehr ausreichen, ihn bändigen zu können. Einmal wird der Schleier des

Truggewebes zerreißen, und das wird ein Tag der Gerechtigkeit sein in der Weltgeschichte, eine von den vielen Ouverturen zum einstigen göttlichen allgemeinen Gericht!

Gespräch mit einem Todtengräber.*)

Es hat den Anschein gehabt, als wäre die Beamtenherrschaft von einem eigenen Dämon besessen gewesen, der sie unaufhörlich stachelte, alle möglichen Mittel zu ihrem eigenen Sturze anzuwenden. Ich will von den hundert Fällen, die mir vorgekommen sind, einen hier anführen. Ich ging während meines Aufenthaltes zu N. in Niederösterreich an dem sehr romantisch gelegenen Gottesacker vorüber, und sah den Todtengräber eben beschäftigt, einem neuen Gaste seine Wohnung zu bereiten. Hohe Berge mit dunklen Föhren auf ihrem Scheitel standen im Hintergrund, von einer Seite leuchtete die Sonne durch die hell-

---

*) Geschrieben im Oktober 1848.

grünen Rebenblätter der Weinhügel, die Mauer des Friedhofes, welche gegen Norden steht, bildet eine hohe Steinwand, der ruinenhafte Ueberrest einer alten Burg der Babenberger, mit hohen durchbrochenen Fenstern, mit verfallenen Waffenkammern und zerstörten Gemächern, und über diese Mauer ragt der hohe imposante gothische Kirchenbau. Lerchen trillerten nah und ferne, der Morgenthau glänzte auf den Gräsern, Blumen oder Sträuchern, die auf die Grabeshügel gepflanzt waren, die ganze Maienluft eines Frühlingsmorgens war erwacht, nur die Kreuze auf eingesunkenen Gräbern neigten sich wie schlafestrunken einander zu, und schläfrig guckten die Dohlen aus ihren Mauerlöchern heraus. Die hohen Wände gaben immer einen leisen Widerklang, so oft das Steingerölle, welches der Todtengräber herauswarf, klingend vom eisernen Spaten wegflog. Das Grab galt einer Jungfrau, die noch vor acht Tagen heiter und fröhlich in's Leben hinaussah, und eher alles Andere erwartet hätte, als daß in so kurzer Zeit Meister Hämerlein sie in seine Knochenarme nehmen wird, um mit ihr den letzten, den Todesreigen zu tanzen.

Ich grüßte den Todtengräber und wir fingen mit einander zu reden an. Er meinte, "es sei doch eine recht betrübte Geschichte so in der Jugend aus der Welt hinaus zu müssen, und da nun eingeschlossen sein für ewig, und Alles, Alles aus!" Während er so seine Betrachtungen hielt, hatte er wieder mit der Hacke gearbeitet, die Schläge fielen dumpf, und er zerbrach einen halbmorschen Sarg; es lag wie gewöhnlich nichts als Moder im alten Kasten, dann einige Beine und der Schädel; und um die Schläfe wand sich ein Drahtgeflechte als Ueberbleibsel eines Kranzes aus gemachten Rosen, wie man sie Unverheiratheten mit ins Grab zu geben pflegt. Der Mann warf den Schädel hinaus, ich hob ihn auf, um ihn anzusehen. Es ist was Eigenes um das Grinsen, dieß stille unheimliche Gelächter eines Todtenkopfes, mir geht es immer durch Mark und Bein. Der Todtengräber bemerkte, er habe die auch gekannt und begraben, deren Kopf ich in Händen habe, sie sei mit ihm ver=

wandt, ein braves Mädchen gewesen, und habe müssen eben so jung ins Gras beißen, wie die, welche sie heut ablösen wird. Ich meinte, sie habe wahrscheinlich die Lungensucht gehabt, so viel aus dem Kopf zu ersehen ist. Der Mann blickte erstaunt auf, und sagte: so viel er weiß, habe es ihr an der Brust gefehlt, es wundere ihn nur, wie ich das noch aus dem Todtenschädel herauslesen könne, nachdem doch manche Doktoren die Krankheit nicht kennen, wenn sie gleich den ganzen lebendigen Leib vor sich haben. Ich errieth die Krankheit nur so von ungefähr aus den blendend weißen Zähnen; aber es freute mich den Nagel auf den Kopf getroffen zu haben und von dem Manne von wegen meiner tiefen Arzneigelehrsamkeit angestaunt zu werden; o der Mensch ist oft so kindisch, so außerordentlich eitel! — Darnach hielt der Gräber inne mit seiner Arbeit, er legte die Hände an sein Werkzeug, lehnte sich an die Erdwand, machte eine Miene, der man es ansah, es liege ihm was Rechtes auf dem Herzen, und begann ungefähr wie folgt: „Es ist doch ein wahres Elend mit dem Menschen, hier sich schinden und plagen müssen in der Welt, und dann dies Ende, und aus und Alles aus! Ich grabe nun schon seit sechzehn Jahren hier herum; früher machte ich mir weniger daraus, ich glaubte an eine Auferstehung, aber das ist doch alles nichts anders als Dummheiten und Schnurrpfeiferei!" Ich fragte ihn nun natürlich, wie es denn gekommen sei, daß er den Glauben an die Auferstehung verloren und dafür die trostlose Lehre des „Nach dem Tode allesausseins" eingewechselt habe? Er entgegnete, das habe ihn ein gar gescheiter und großer Herr gesagt, der Rath N., der einige Sommer von Wien aus heraußen gewesen, und bei dem er als Hausmeister in Diensten gestanden. Nun fragte ich den Mann, ob er sich denn nicht auf einzelne Aeußerungen des Herrn Rathes zu besinnen wisse. Da wußte er gar manche zu erzählen. Es waren so die gewöhnlichen Gemeinplätze, die den verzweifelten Ungläubigen stacheln, mit seinem Unglauben auch Propaganda im Volke zu machen, und Proseliten der Verzweiflung zu gewinnen. „Wie könnt ihr doch so dumm sein, meinte der Herr Rath und euch von den Pfaffen bei der Nase herumführen lassen? Wozu geht ihr Sonntags in die Kirche und laßt euch Dummheiten vormachen, ist es nicht besser, wenn ihr während der Zeit zu Hause etwas schafft — und wäre es auch nur zerrissenes Gewand flicken u. s. w. Und der Schüler fragte den großen Meister der Glückseligkeitslehre, was denn nun von der ganzen Geschichte zu halten sei, und was nach dem Tode mit dem Menschen geschehen werde? und ob denn nicht auch was Wahres an der Religion sei. Und der Meister erwiderte lächelnd: Nun nach dem Tode ist es eben aus, aber die Pfaffen wollen, daß Ihr Ihnen Geld auf Seelenmessen bringt; es ist genug, wenn man ein ehrlicher Mann ist, das ist der wahre Gottesdienst und alles andere ist nichts als eitles Pfaffengerumpel!" Als ich mich darnach wunderte, wie denn der Todtengräber gegenüber dem Rathe einen so großen Glauben gezeigt, daß er so geschwind war, den Glauben an die Kirche und an Gottes Wort, das in ihr gelehrt wird, alsbald über Bord zu werfen; da zeigte es sich, daß der Meister im Unglauben den Schüler durch nichts mehr als durch seinen hohen Rang einschüchterte: denn, meinte der Erdenmann, sehen Sie, so ein Rath, der muß doch etwas Rechtes gelernt haben und außerordentlich hoch studirt sein, sonst wäre er nicht Rath geworden, und ein Paar Bänder mit Sternen hatte er noch überdieß im Knopfloch gehabt. Und besonders hat den Todtengräber der Umstand in seinem Glauben an die Lehre des Rathes befestigt, daß er denselben öfter in Gesellschaft des Pfarrers sah, daß der Pfarrer oft beim Rath speiste, und daß beide da oft recht lustig miteinander gewesen sind; und es ihm oft gedünkt habe, obwohl er das nicht gewiß behaupten könne, sie hätten sich sogar über die Leute, die noch was glauben, recht lustig gemacht. — Es ergibt sich hieraus, wie ein Seelsorger mit offenbar Ungläubigen keinen unterhaltlichen Verkehr pflegen, und ihren Umgang ja nicht um die Lust der Gesellschaft willen suchen soll, denn es hat sonst den Anschein, als ob der Seelsorger mit den Ansichten eines solchen Mannes entweder einverstanden wäre, oder ob es ihm doch wenigstens gleichgültig scheine, wie und was man von Kirche und Christenthum, und von den höchsten Angelegenheiten des Lebens für eine Ansicht und für einen Glauben oder Unglauben habe.

Da suchte ich nun dem Manne in einem längeren Gespräche zu zeigen, wie das Evangelium doch noch ganz was anders sei, als die Grillen eines nichtsnutzigen Rathes, dessen Lebensbeschreibung wie der Todtengräber selber gestand, eben keiner Heiligenlegende gleich sah. Und ich hatte die Freude, den Mann über meine Worte recht ernst und nachdenklich zu sehen; und es war der Schluß seiner Rede, als er aus dem Grabe stieg: „Wenn die Sachen so stehen, da muß ich halt doch wieder anfangen an den Sonntagen in die Kirche zu gehen!"

So wirthschafteten nun manche Bureaukraten hie und da unter dem Volke, und dem eingeschüchterten Klerus fehlte es hinwiederum auch hie und da an Wissenschaft, an Muth, oder an moralischer Kraft, diesen Leuten kühn entgegenzutreten; und so wäre es hiemit auch wiederum ein wenig gezeigt, wie eben die intelligenten Stände oft die Hände geboten und fleißig dazu beigetragen haben, um unsere religiösen und sittlichen Zustände auf jenen Grad der Vollkommenheit emporzubringen, auf welchem sie gegenwärtig sich befinden.

Und es trillerten die Lerchen auf den Aehrenfeldern, und die Steinröthel und Finken erlustrirten sich und schmetterten ihren Gesang von den hohen Burgruinen herab, und die Maienluft wehte den feinen Blüthengeruch der Reben vom nahen Weingebirge, und die Sonne leuchtete so herrlich über das schöne Land Oesterreich, seit Heinrich von Ofterdingen von manchem Sänger hoch gepriesen; mir ward aber damals schon in Erwägung mancher Zustände recht traurig zu Muthe, denn es war nichts Gutes von der Zukunft zu erwarten.

Mein Verkehr mit armen Schulgehilfen.*)

Es ist mir einmal in den Sinn gekommen, mir über Kirche, Schule und Schullehrer einige Gedanken zu machen. Habe es hierin auf keine Gehäßigkeit abgesehen, und diese ist auch nicht meine Art und Weise. Ich kann aber deßwegen doch das, was weiß ist, nicht schwarz, und was schwarz ist, nicht weiß nennen. Ich habe mich recht gut davon überzeugt, daß der Stand der Schullehrer, besonders der Landschullehrer, am besondersten aber der Landschulgehilfen nicht zu den beneidenswerthen und auch nicht zu den privilegirten Ständen gehört. Morgen bei Tagesgrauen wird im untern Thurmraume, wo die Seile herabhängen, das Ave geläutet. Das ist im Sommer außerordentlich früh, und der junge Mann (wenn er auch schon in den Fünfundvierzigen ist, so lange er Gehilfe ist, darf er sich

---

*) Geschrieben im Oktober 1848.

nicht alt fühlen) bliebe noch gerne liegen, und hörte die Vögel auf den Feldern so von Ferne her singen, und den Kuhhirten seine erbarmungswürdige Trompete vor dem Schulhause mißhandeln, und die Rinder der Gemeinde brüllen und die Schafe und die Hammel blöcken im Diskant und Baß. Aber da hilft nichts, er muß auf. Und ist es Winter, so kann er wohl etwas später zu seinem anziehenden Dienst gehen, aber dafür bläst der Wind unheimlich bei den Thurmlöchern herein, und sendet kleine Schneesternlein, die an Händen und Gesicht anfahren und zerschmelzen. Dann kommt der Orgeldienst, und er bemeistert oder beschülert, wie er es eben in der Kunst weiter oder weniger vorwärts gebracht hat — das wurmstichige Instrument. Nun geht die Schule an. Wenn ihm die losen Schuljungen nicht einen Narren um den andern stechen, oder wenn sie seine Gebrechen nicht abgelauscht haben, um sich heimlich darüber im halberstickten Gelächter zu erlustriren, so kann er von Glück sagen, daß er es in Handhabung der Autorität so weit gebracht habe. Hat er es mit dem Feberschneiden, und Ruhigrufen, und Handführen und Buchstabengeheul und Syllabirgeschrei ein paar Stunden ausgehalten; dann bekommt er sein Mittagsessen, und bliebe der junge Mann immer so bescheiden, als größtentheils dies Mittagsessen ist, so würde er nie aufhören liebenswürdig zu sein. Und wieder geht die Schule an, mit ihren Bußanstalten für die Jugend, mit Ohrenkneipen und Fingerklopfen, aus der Bank stehen und knieen, Adelsprädikate und Titulaturverleihungen, und es wird 3 Uhr Nachmittags. Jetzt kommt der Musendienst; was ist das für eine Höllenmarter vom ut re mi fa so la bis hinauf zu den verwickelten Applikaturgriffen des Geigeninstrumentes! Ruhig bleiben sie hängen die abgewetzten Violinen auf dem großen schwarzen Wandbrett in Reih und Glied den ganzen Tag über, und sehen auf die Schuljugend und ihr Getriebe herab, und es hat den Anschein, als ob sie unzufrieden wären mit dem nicht genug schnellen Fortschritt, und ob sie wie grämliche Prüfungskommissäre lange Gesichter machten. Hat der arme Gehilfe, oder wo kein Gehilfe ist, der Meister diese Tortur aller Sinne, die wahrlich nur die Angewöhnung erträglich macht, geduldig ausgehalten und überstanden, und kommt der Abend herein, wer wird es ihm verargen, wenn er sich eine erlaubte Unterhaltung sucht, und nicht mit zu großer Gewalt den Schulstaub aus seiner Kehle entfernen will. Und wird es dunkel, so geht der Weg wieder durch den Friedhof, um die Glocke zum Gebete zu läuten, und zitternd tanzen die Wellenringe der Luft über die Gräber hin, verkündend die Erlösung vom Tode, und den Lebenden, die beten, strömen sie wie ein Balsam ins blutende Herz, aufgerissen von der Trübsal und Sorge des verlebten Tages. Ich habe da öfter an verschiedenen Orten mit den Gehilfen in Schul- und Meßnerdienst Zwiesprache gepflogen, und es war mir eine Freude einzugehen in die Freuden und Leiden, in die mannigfachen Lebensinteressen eines jeden, und wir redeten oft lange Zeit bis der Mond heraufgestiegen war über die Gräber des Friedhofes, und die Heiligenstatuen an der Kirche wie lebendig sich zu regen schienen, und die Heuschrecken voll der Lebenslust ihre Abendlieder sangen, und die Fledermäuse aus altem Gemäuer uns um die Köpfe schwirrten. Es ist was eigenes um dieß starre Naturgesetz — das so wenig sich kümmert um die ringenden leidenden Gedanken des Menschengeistes. Da drüben auf der Anhöhe ist im Schloßpark ein fröhliches Leben. Gäste sind angekommen. Die laue Sommernacht wird im Freien genossen. Bald tönt schallendes Gelächter von Frauen, bald ein Männerchor, bald ein Toastgeschrei herüber, und oben hängt derselbe Mond wie über dem Friedhof, und im Grase schreit dasselbe Gethier, und in den Baumwipfeln rauscht dieselbe Luft, und dieselben Sterngebilder zieren den hohen blauen Himmelsdom, wie hier über den Gräbern. Da unten ruhen seit Jahrhunderten zumeist Bauersleute, die mit der Erde ihr Leben lang gerungen haben in jedem Witterungswechsel, und die Korn und Wein ihr abtrotzten unter vielen Mühen mit dem Schweiß ihres Angesichtes. O es ist nichts Süßes und nichts Heiliges in diesen starren Naturgesetzen, und hätte der Geist keine andere Aussicht, keine andere

Hoffnung, kein anderes Gesetz, kein anderes Ende, als hier in den Erdenfurchen auf= und unterzugehen, so könnte er seines Daseins nie wahrhaft froh werden. Einem Menschen, dem in der Umgebung von Grab und Kirche nicht die geistige Sehnsucht nach Erlösung aufgeht, der den Gedanken nicht versteht, warum die Kirche ihre Gläubigen, wenn sie dahingeschieden, um die Tempelmauern reiht, der es nicht einsieht, wie nur in der Erlösung der Trost im Erdenjammer und in seinem Brenn= und Culminationspunkte: im Tode zu finden sei, einem solchen Menschen ist es schwer nahe zu kommen, denn er ist, ob nun ein Gelehrter oder Ungelehrter, ein Mensch, der nichts anders sein will, als ein Thier und der vom Thiere sich nur unterscheiden will durch höhere Anlagen, der aber mit dem Thiere dasselbe Ende und die Vernichtung zu haben vermeint.

Sind nun Lehrer, mit denen ich redete, durch das, was man oft als Bildung und Aufklärung vorgibt, hie und da auf dem Holzweg gewesen, so hat es an meiner Mühe gewiß nicht gefehlt, einen zurecht zu bringen, und daß ich weder hart noch bitter, noch hochmüthig war, zeigte sich aus dem Umstande, daß keiner, der je mit mir geredet, das nächste Mal, wenn eine Gelegenheit zu einem Gespräche sich fand, mir ausgewichen ist, und wie im Gegentheile mancher mir dankte, weil ihm jetzt dieß und jenes klar geworden sei, wovon er früher keine rechte Ahnung gehabt, und was im zweifelhaften Dunkel ihm vor dem Geiste geschwebt. Alles das muß ich voraussenden, daß man mir ja nicht hinaufdisputiren könne, ich sei ein Schullehrerfresser und abgesagter Feind unserer Schulmänner — es würde eine solche Verunglimpfung meiner Persönlichkeit auch nicht Stich halten, weil viele Lehrer selbst, mit denen ich in freundschaftlichen Beziehungen stehe, gewiß dagegen Einsprache thun würden. Und dennoch liegt mir manches gegen Lehrer auf dem Herzen, und das muß heraus, ich kann es nicht mehr länger an mir halten. Ich ehre den Lehrerstand, ich kenne seine Leiden, seine Mühen, seine Opfer, ich kann aber eben deßwegen gegen jene nicht gleichgiltig sein, die ihren Stand nicht kennen wollen und verunehren, und die sich besonders jetzt durch ein fürchterlich dummes Geschwätz über Schule und Kirche breit machen. Ich will hiebei nicht einmal den Schwätzern die ganze Schuld aufladen, und zeigen, daß auch noch wer anderer ein gut Theil davon auf seinen Schultern zu tragen hat. Was aber schlecht ist, sei es nun in Kirche oder in Schule an einem Geistlichen oder Lehrer, das kann man doch vernünftiger Weise nicht gut heißen. Wenn Lehrer sich von einem geistlichen Oberaufseher gedrückt fühlen, oder mit Härte oder Unhöflichkeit behandelt, so habe ich gegen eine derlei Klage gewiß nichts einzuwenden; es muß nur bedacht werden, daß die Kirche weder Härte, noch Grobheit gebietet, sondern gerade das Gegentheil, es muß ferner bedacht werden, daß die Behandlungsweise, welche gegen Lehrer bisher üblich war, mehr von den Staatsgesetzen als von den Anordnungen der Kirche ausgegangen ist, und das oberste Lehrwesen doch zunächst vom Staate und seinen Autoritäten, und nach seinem Willen, und nach seinen von ihm selbst fabricirten Schulgesetzen dirigirt wurde. Es ist ein natürlicher Rückschlag, daß der ganze Haß gegen den Polizeistaat nun auch insofern die Kirche trifft, in so ferne diese ihr eigenthümliches freies Lebensgebiet verlassen hat, und von den mannigfachen Rubrikennetzen des absoluten Regimes eingefangen wurde. Das verstehen aber eben so Wenige sich auseinander-zuhalten, und Manchen, denen es an Fähigkeit hiezu nicht gebräche, fehlt der gute Wille hiezu. Wäre die Behandlung der Lehrer im echt freien kirchlichen Geiste eingeleitet, so würde sich gewiß kein Lehrer, der ein Christ ist, darüber zu beklagen haben; denn in dieser Weise kann die Kirche wohl eine Aufsicht, aber keine Knechtschaft ausüben. Ist aber der Lehrer kein Christ, und ist er sonach ein Heide, so möge er das offen und ehrlich erklären, und es den christlichen Aeltern sagen, ob sie gesonnen sind, daß er dann ihre Kinder zu Heiden mache, und sie frühzeitig in dem Heidenleben unterrichte. Nun ist aber die Kirche die Mutter der in Christus wiedergeborenen Menschheit, und ihr darf es nicht gleichgiltig sein, was für einen Unterricht diejenigen empfangen, welche ihr durch die Taufe geistiger Weise geboren sind. Hierin muß nun jedenfalls die Gemeinde eine vollgewichtige Stimme haben. Wie eine katholische Gemeinde dem Bischof sagen kann, er möge einen Seelsorger entfernen, der offenbares Aergerniß gibt, oder der Irrlehren predigt, eben so muß der katholischen Gemeinde auch das Recht zustehen, einen Schullehrer entfernt wissen zu wollen, der ihre Kinder von dem katholischen Glauben abwendig macht. Würde aber der Staat sich dann um einen solchen Lehrer annehmen und der Gemeinde sagen: „Du mußt diesen Menschen behalten, er wird deine Kinder Lesen, Schreiben und Rechnen, und auch vielleicht Geographie lehren, (daß sie auf der Landkarte im Dorfwirthshause auf den Namen ihres Dorfes hindeuten können, bis die ganze Gegend des Dorfes, das Weichbild ringsherum durch einen weiten schmutzigen, fetten Fleck schon von Weitem sich kund gibt) und um Religion kümmern wir uns nicht;" dann würde der Staat durchaus nicht mehr den Namen eines freien constitutionellen Staates, sondern den eines heidnischabsoluten verdienen, der den Aeltern die Freiheit raubt, sich um das Theuerste, um ihre Kinder, in der heiligsten Angelegenheit des Lebens, in der Religion zu kümmern. Wenn nun ein Schreier hierin das Glück des Lehrerstandes zu finden vorgäbe, daß er nach Gutdünken mit der Religion der ihm anvertrauten Kinder umspringen dürfe; dann hätte die Gemeinde nicht nur das Recht, sondern auch die Pflicht, gegen einen solchen Eingriff in ihre heiligsten Rechte dringend zu protestiren. Das haben nun die Heidenlehrer sehr gut begriffen, oder man hat es ihnen von der durchtriebenen pfiffigen Seite der Heidenwelt beigebracht — wie sie sich ja nicht unter den Schutz der Gemeinde stellen, sondern vom Staate einen absoluten Schutz petitioniren sollen, so daß den Gemeinden das Recht, auf die Erziehung ihrer Kinder den nöthigen Einfluß zu haben, geraubt werde. Dieses Verlangen heißt demnach nichts anders als: Wir wollen unsere Ansichten ohne Rücksicht auf den Willen der Gemeinde den Kindern derselben beibringen, und der Staat ist hierin im Recht, sogar einen Zwang gegenüber der Gemeinde auszuüben, daß die Kinder derselben, ihr junger Nachwuchs ächt aufgeklärt, und vor der gefährlichen Verdummung, die vom geistlichen Stande ausgeht, geschützt werden. Ueber das, was gewöhnlich unter dieser Verdummung und Knechtung verstanden wird, dürfte es nicht unnöthig sein, einige Worte fallen zu lassen.

Aufklärung und Verdummung.*)

Aufklärung und Verdummung! Das sind die beiden Pole, in denen sich jener Theil der deutschen Bevölkerung im Schreiben und Lesen ergötzt und belustigt, der an Gemeinplätzen seine Freude hat, und den gänzlichen Mangel aller wissenschaftlichen Bildung mit einigen Phrasen aus Tagesblättern zu maskiren strebt. Was sind nun die äußersten, und was die engsten Grenzen der so-

---

*) Geschrieben im Oktober 1848.

genannten „Aufklärung." Die engsten Grenzen sind: Derjenige, welcher den Namen eines Aufgeklärten verdienen will, darf keinen gewissen Glauben haben, er muß dem Zweifel anheimgefallen sein, er muß den Hochmuth haben, über Gott und Ewigkeit, Himmel und Hölle, Tod und Gericht, Witze zu reißen oder die Feigheit, Witze darüber anzuhören, ohne dagegen eine Einwendung zu machen. Die äußersten Grenzen aber, oder das folgerichtige Ende dieser Aufklärung besteht im fertigen Unglauben, in völliger Verläugnung eines persönlichen Gottes, wie der persönlichen Unsterblichkeit des Menschen. Wer damit nicht einverstanden ist, der wird zur Klasse der Verdummer oder Verdummten gezählt, und ist er ein Geistlicher, sei er Katholik oder ein positivgläubiger Protestant, so wird er der „Volksverdummung" beschuldigt. Die wahren Aufklärer im Sinne des Zeitgeistes oder vielmehr des Zeitungsgeistes sind nun diejenigen, die gar keinen Glauben haben, die mit ihren Interessen nur im Dießseits, hier auf Erden wurzeln, und die auch an andern den Glauben an Gott, Jenseits und

Erlösung mit der Wurzel auszureißen suchen, und das sind die religiösen Radikalen. Wer von Glaube, Hoffnung und Liebe, von der Erbsünde und vom Gottsohn Jesus Christus, oder von der innern dreieinigen Wesensentfaltung Gottes redet, der ist Dummkopf, Pfaffe oder Pfaffenknecht. Anfangs mit Journalistik, und wenn das Volk gehörig fanatisirt und in Grund und Boden verdorben und ungläubig ist, so wird die Verfolgung mit Kreuz, Schwert (Galgen oder Schaffot) — wie ungefähr in den ersten Zeiten des Christenthums nicht ausbleiben. Daß die Folgen des Nichtchristenthums, das heißt der Verläugnung der ewigen Wahrheit, fanatische Wuth, Mord und Todschlag, thierische Wollust und teuflische Grausamkeit sind, könnten wir so ziemlich vor unsern Augen sehen. Unchristliche Lehrer führen nun die künftige Generation schon von zartester Jugend an einem schrecklichen, gräuelvollen Leben zu. Wer das Wort Christi und der Kirche achtet, wer darauf horcht, und demselben gehorcht, der kann kein anderes, als ein tugendhaftes, heiliges Leben führen, und Segen wird er in seiner ganzen Umgebung verbreiten. Wer aber den Geboten Christi und der Kirche nicht gehorcht, der wird um so mehr Verderben anrichten, jemehr er sich vom Gebote des Logos, der alle Menschen (auch im Gewissen) erleuchtet, die da in die Welt kommen, entfernt hat.

Was soll man nun über pädagogische oder Schullehrerzeitungen sagen, in denen der Unglaube förmlich gepredigt wird, in welchen die plumpsten und dummsten Verläugner des Christenthums ihr freches Spiel treiben, und Dreieinigkeit und Erlösung und die Dogmen des Christenthums überhaupt mit den rostigen Waffen aus der alten rationalistischen Schule angreifen und Rosseaus Emil u. dgl. in den Himmel erheben? Daß die Erziehungskunde Rousseaus in der französischen Revolution ihre bluttriefenden Früchte getragen, scheinen diese Herren ganz vergessen zu haben, und man weiß in der That nicht, soll man mehr ihre Frechheit und Niederträchtigkeit, als ihre Unwissenheit und Bornirtheit bewundern. Daß Rousseau kein Philosoph im eigentlichen Sinne gewesen, daß er den spekulativen Gedanken um kein Zollbreit vorwärts oder rückwärts gebracht, rechts oder links gerückt hat, daß er sich in echt französischer Weise nur in den sogenannten praktischen Ergüssen, und in rednerischer, schöngeistiger, prinzipienloser Phrasendrechselei ergangen, daß die Kinder seiner Erziehung wahre Teufel der Menschheit werden müssen, und von Tugend kaum mehr als den Namen kennen lernen, das sind Dinge, die einem bornirten Kopf zu hoch und zu unverständlich sind. — Da bedauern mich nun die armen Lehrer und Lehrgehilfen vom Herzen, die sich in pädagogischen Zeitschriften von ähnlichem Kaliber ihre Bildung holen, und die nicht so viel wissenschaftliches Rüstzeug für das Christenthum während ihrer Lehrzeit bekommen haben, um den belletristischen Trödel und das Citatenwesen aus Leihbibliotheksbüchern, was ihnen irgend ein eingebildeter, nichtsnutziger Autor hinaufwerfen will — mit Ekel und Verachtung zurückzuweisen, um im Verständniß ihrer heiligen Aufgabe, mitzuhelfen an der christlichen Bildung der ihnen anvertrauten Jugend, und so befestigt auf dem Boden der christlichen Wahrheit stehen zu bleiben.

Es ist wohl wahr, trotz der besten Erziehung, trotz der tauglichsten Lehrer, kann der Schüler ausarten, er kann schlecht werden; bei uns aber dürfen wir das Gegentheil annehmen, wenn wir bei uns wackere und brave Schullehrer finden, so müßen wir sagen, sie sind es trotz der schlechten und mangelhaften Erziehung geworden. Wie lax und miserabel wurde der katechetische Unterricht im Christenthum für den Lehrer selbst zu seiner eigenen Ueberzeugung ertheilt? Wäre ein ordentlicher Unterricht, im letzteren Sinne nach Möglichkeit ausgeführt, nicht tausendmal besser gewesen, als das Herumkramen in todten katechetischen Formeln? Gewiß die geknechtete Staatskirche oder vielmehr der kirchenverknechtende Staat trägt sein gutes Theil an dem gegenwärtigen Zustande der Volksschule; denn gewiß ist es, daß eben der Blöde und Unwissende am ehesten der pfiffigen Bosheit des religiösen Unglaubens in die Schlinge geht!

Der Staat selber hat sich in seiner absoluten

überwacherischen Tendenz jene Lehrer durch Nichtbildung, d. h. durch Vernachläßigung einer reelen chriſtlichen Erziehung herangebildet, die in Dorfſchenken gegenwärtig (1848) wühlen und agitiren und das große Wort führen.

Möchten die vielen Lehrer, denen die Strömung der Zeit das Kreuz noch nicht aus dem Herzen geriſſen, ſich um eine ſolidere Belehrung kümmern, als jene, die ihnen in ſchlechten, erbärmlichen, pädagogiſchen Blättern dargeboten wird; mögen ſie zu ihrem und der ihnen Anvertrauten Heil tiefer eindringen in die heilige Lehre der Kirche, daß zur innern Sicherheit des Glaubens auch die äußere Gewißheit einer nach Zeit und Möglichkeit jedes Einzelnen gepflogenen Wiſſenſchaft komme. Die guten Willens ſind, werden es auch thun, und jene, die wahrhaft etwas gelernt haben, und die was Rechtes wiſſen, die werden auch in der Schul- und Kirchenfrage zu einem echten Verſtändniß gelangen; ſie werden es einſehen lernen, daß Kirche und Schule, Prieſter und Lehrer Hand in Hand gehen müſſen, um die Jugend ſo viel als möglich hier auf Erden zu ihrem zeitlichen Wohle, und zu einem unverdrossenen Hinblicke auf das ewige Ziel des Menschen zu erziehen. Gebildete, verständige und rechtliche Lehrer werden gewiß derselben Ansicht sein.

Schlagwörter.

Die Schlagwörter, mit denen man die Massen in Bewegung setzt, sind gewöhnlich unverständlich und nebelhaft — und ihr Zauber ist zumeist um so größer, je mehr sie verschwommen sind, und je weniger sie in ihrer Bedeutung sich abgränzen lassen. Wie oft Vögel oder vierfüßige Thiere, die gemeinschaftlich mitsammen wohnen, durch einen Schrei die ganze Heerde elektrisiren, und sie entweder auf eine Gefahr, oder auch auf einen nahen Raub aufmerksam machen, so verhält es sich auch mit politischen oder socialen Schlagwörtern, welche nur auf eine gewisse Zeit Geltung haben, welche die Massen in Bewegung setzen und mit sich fortreißen. Diese Schlagwörter sind am Ende nichts anders als Naturlaute — die elektrische,, schlummernde Leidenschaften im Schooße des Naturlebens aufregen, und die Thätigkeit des freien Geistes hemmen und in den Hintergrund schieben. „Je mehr Schlagwörter, desto weniger Gedanken," das ist bei Tagesschreibern vorzüglich als Norm anzunehmen. Das Schlagwort bringt tausende unter Einen Hut, denn jeder stellt sich unter dem Worte eben nur das vor, was er will, und jeder zieht beim Wortbegriff die ihm gefälligen Gränzen, und jeder will, daß alle andern das Wort akkurat so verstehen sollen, wie er selber es versteht. Doch, grün ist der Lebensbaum der Praxis, und dürr bleibt alle Theorie! Wir wollen unsere Gedanken in Beispielen und Thatsachen aus einander setzen. Ich weiß einen Spießbürger, der ein sehr reicher Mann ist, und so oft sich Gelegenheit bietet, darauf lospolitisirt was Zeug hält. Er steht groß da in der Kunst des Schimpfens, und ist seit den Märztagen besonders scharf hinter den Aristokraten hergewesen.

Hat auch Flugblätter darüber zusammengekauft, und weidlich sie verschlungen, und Abends in einer Kneipe unter Gelächter und Beifall zu allgemeiner Kurzweil sie vorgelesen, freute sich auch insonderlich, als die vom Adel von ihren Einkünften vieles verloren und hie und da aus einem Schlosse von den Bauern eine Feuerwerksfronte gemacht und zur Unterhaltung der umliegenden Ortschaften niedergebrannt wurde. Bei all diesen sehr weit ausgespannten liberalen Anlagen war der Spießbürger hartherzig und kniferisch mit seinen Arbeitern, hochmüthig in seinem Einherschreiten, bewunderungverlangend in seinen Reden, ungeheuer eingebildet auf sein Geschäftstalent, und den daraus geflossenen Reichthum. Während der Mann auf die Aristokraten schmähte, wußte er es nicht, und es war seinem sonstigen Scharfsinn gänzlich entgangen, daß er selbst einer der verworfensten Aristokraten war, daß er eben die Schattenseiten des Adels, die aristokratischen Sünden des Hochmuthes, des Eingebildetseins, des Stolzes, wenn auch nicht auf Abkunft, doch auf Vermögen, im höchsten Grade inne hatte.

Bei seinem ewigen Aristokratenfressen stimmten ihm nun Leute der verschiedensten Ansichten bei, denn das Schlagwort paßte für alle. Es stimmten ihm diejenigen bei, welche unter Aristokratie nur die Sünden des Adels verstanden, ohne deßhalb den Adel überhaupt anfechten zu wollen, es stimmten ihm aber auch die von der äußersten Linken bei, die aufgewühlten Proletarier, die unter einem Aristokraten einen jeden verstehen, der einen bessern Rock anhat als sie anhaben, ein besseres Logis bewohnt als sie bewohnen, kostspieligere Speisen genießt als sie genießen, oder feinere Manieren zur Schau trägt, als sie haben. Dem Spießbürger entgeht also in seiner Verblendung und Dummheit die furchtbare Folgerung, welche aus seinen Ansichten und aus seinem Geschimpfe für ihn selbst und für seine werthe Persönlichkeit sich entwickelt. Denn bei der großen Gelehrigkeit für communistische Anklänge und Gedanken, die jetzt wie ein Zündstoff in den Massen des Volkes liegt, wird für den Einen, der nur zwei Groschen im Sack hat, bald ein jeder ein Aristokrat sein, von dem er weiß, daß er in Besitz von fünf Groschen sich befindet. Derselbige Spießbürger, von dem wir sprechen, zeigte auch eine außerordentliche Freude, als es hieß, man habe ein gewisses Landkloster geplündert, alles zerschlagen, und am Ende das Nest angezündet, und es waren seine Worte: „Ist ihnen schon recht geschehen den verfluchten Pfaffen." Aber siehe da, es dauerte kaum Einen Monat, so hatte gedachter Spießbürger sich irgend einen Proletarier durch ein hochmüthiges Wort, was in früheren Zeiten nichts bedeutet und nichts gegolten hätte, zum Feinde gemacht; es fiel diese Feindschaft in die Zeit der Katzenmusiken mit vollem Orchester, und Eines Abends war das Haus des Mannes von Volkshaufen umringt, ein nervenzerstörendes Geheul erhob sich wie das Geschrei der wilden Jagd oder des Geisterheeres im Odenwalde, die Fenster flogen ein, kostbare Möbel wurden zertrümmert, Schmuck geraubt, Zerstörung angerichtet. Nun hätte der Mann zur Einsicht gelangen können, daß für den Proletarier auch der Besitzende ein Aristokrat ist — und daß ebenso, wie er dem Adeligen seinen Grafen- oder

Fürstentitel nicht gönnen wollte — der Proletarier auch den Hausherrntitel nicht vertragen will.

Und ich weiß auch eine Spießbürgerin, die sich außerordentlich ergötzte, wenn es in Flugblättern losging über Pfaffenherrschaft und Pfaffenknechtschaft, und die mitsammt ihren Töchtern den Vormittag der Tage des Herrn in selbstvergötterndem Putz und übertriebenen Toilettencultus zugebracht — und über Kirche und Gottesdienst sich durch den Zschokkischen Andachts-Hoppel-Poppel längst hinausgebildet und hinausphilosophirt hat, und die somit ihre Religion auf ein Minimum von gefühliger Schöpferallmachtsanerkennung herabgebracht — und ihre Gebetsrationen auf einen bisweilen beim Ausflug in eine romantische Gegend ausgestoßenen Naturherrlichkeitsbewunderungsseufzer herabgesetzt hat; und die sich stolz dünkte in dem Ausspruche, den sie schon um des fremdklingenden Wortes willen in Gesellschaften nicht oft genug wiederholen konnte: „Ich habe keine positive Religion." Sind auch allerhand junge Männer von feinen und groben Manieren ins Haus gekommen, und haben der glorreichen

Geiſtreichkeit der Frau Mama gehörige Bewunderung gezollt, und ſie eine ſtarke Frau, eine Freigeiſtin und geniale Dame geheißen, was Alles ſehr gut aufgenommen wurde. — — Was mag ſich nun die geiſtreiche Dame gedacht, und welchen Troſt mag ſie in den Stunden der Andacht, oder im Schäfferiſchen Laienbrevier, was ſie um ſo mehr bewunderte, je weniger ſie verſtand, wo die ganze Geſchichte hinauswill — ſich herausgeleſen haben — als ſie erfuhr, daß eine ihrer Töchter ſchändlich verführt, und der überreiche Verführer ſich fortgemacht habe, ohne im mindeſten ſich herbeizulaſſen auch nur der Verführten die geraubte Ehre wieder herzuſtellen, jeden dahinlautenden Antrag und Appellation an ſein Gewiſſen als fabelhaftes Gewäſche mit Hohngelächter von ſich weiſend. Wird nun die geiſtreiche Dame und Mutter zur Einſicht gelangt ſein, daß es eine ganz richtige und ſtrenge Folgerung iſt, wenn ihre Töchter und die liebenswürdigen Herren Geſellſchafter eben ſo wenig auf eine poſitive Moral, auf ein poſitives Sittengeſetz etwas halten, als die geiſtvolle

Mama auf eine positive Religion etwas halten wollte?

O sie sind schrecklich die Folgerungen und nothwendigen Nachsätze der Schlagwörter, und der unverstandenen Nachschreierei von anscheinend nicht so schlechten Modewörtern und Modesätzen, schrecklich oft für's Familien- und nicht minder für das öffentliche Leben.

Und wie haben es viele vom schriftstellernden Adel gehalten, als vor einigen Jahren das Pantheisiren in der lyrischen Poesie in besonderen Aufschwung gekommen? Haben sie da nicht selber fleißig mitgegraben an ihrem eigenen Grabe, und nicht fleißig mit Hand angelegt bei Zerstörung ihres eigenen Besitzes. Und doch ist es ihnen nur um Verbreitung des damals geltenden Schlagwortes der verlogenen pantheistischen Weltanschauung zu thun gewesen: „Gott ist Alles, und Alles ist Gott?" Und weiß ich auch eine Aeußerung eines solchen Cavaliers, der, als man ihn aufmerksam machte, wie seine Poesien in grellem Widerspruche stünden mit den Lebensäußerungen und Verfügungen der Oberamtleute seiner Herrschaften gegenüber dem Bauernvolke, da meinte der Mann, er habe in der Welt zwei Rollen durchzumachen, und als Dichter sei er etwas anders, denn als Gutsbesitzer. Das ist freilich wohlfeil, sich in allgelesenen und hochgepriesenen Büchern bewundern zu lassen, und durch Deutschland reisen, und Lobphrasen einathmen von wegen der hohen Begabung und Genialität, und von wegen radicalem Reimgeklingel, das behagt besser, als die Nachricht, daß die Herrn Bauern dem Radical-Dichter ein Schloß niedergebrannt, und seine Amtsvögte durchgeprügelt haben. Aber die verblendete Selbstsucht sieht nie weiter als auf ihren augenblicklichen Vortheil und vermag sich nicht zu denken, wie andere Leute, aus unsern Gedanken und Aussprüchen und Handlungsweisen, auch zu ihrem Vortheil und für ihre Nutzanwendung Folgerungen oder Schlußsätze herausziehen, die dem in sich abgeschlossenen blinden Selbstsüchtigen freilich nicht immer gefallen wollen.

Und auch geistliche Herren hat es gegeben, die sich in ihrer weltlichen lieblichen Stellung um so sicherer vermeinten, je fester sie sich an die morschen cannelirten aus Rohr fabricirten Säulen der Staats- und Polizeiherrschaft anlehnten, und die keine Ahnung hatten von einem freien selbstständigen Kirchenleben, die nicht nur nichts thaten, um ein solches zu erringen, ja die im Gegentheile wenn es irgendwo auftauchte, dieses noch niederzuhalten suchten in ihrem felsenfesten Aberglauben an die felsenfeste Dauer absoluter Staats- und Polizeisysteme — sie wollten nie das Opfer des Kampfes, die Mühe und Arbeit bringen, und dachten nicht daran, wie nur in der Durchführung der Opferidee der Priester im Volke Wurzeln schlagen kann, daß er in Zeiten der Stürme Halt und Bestand habe, und wie auch der Oberhirt durch Liebe, Demuth und augenscheinliche Opfer sich in seinem Clerus festwurzeln müsse, um unerschüttert dazustehen, wenn die Donnerwetter und Sturmwinde heranbrausen — hätten diese Herren sich auf's Folgern, auf die Schlußsätze verstanden, so wären sie auch zur Einsicht gelangt, daß jener, welcher sich an's morsche Rohr anlehnt, auch mit dem morschen

Rohre umfallen muß, wenn es zusammenkracht; und daß Kirchenhäupter von jeher um so fester und unerschütterter dagestanden sind, in den Stürmen der Zeit, je freier sie vom vergänglichen Staatsbaume emporgewachsen, und je weniger das Gelüste in ihnen war, sich wie eine Schlingpflanze an die weltliche Gewalt anzuklammern! Und muß nicht jeder, wenn er sein Leben überschaut, eben jene Thaten als die größten Thorheiten anerkennen, die er ausgeführt hat, ohne der ewigen, und auch oft, ohne der zeitlichen Zukunft zu gedenken. Das ist der Adel des Menschengeistes; er hat eine Vergangenheit, eine Geschichte, und er hat eine Zukunft, eine Prophetie. Der wahre Christ ist sich dieser Zukunft gewiß — und er stellt bei jeder Lebensthat die Gedanken an diese Zukunft wie wachsame Vorposten weit hinaus vor das Lager der Gegenwart, um seine Handlungsweise darnach einzurichten. Jede Handlung, die uns entfernt von unserm Einen Ziele, von der Liebe Gottes — ist verwerflich; daß sei bei allem, was wir beginnen, Folgerung und Schluß, bestimme unser Thun und Lassen.

An Pius IX. in Gaeta, vom Clerus der Wiener Diöcese.*)

Heiligster Vater!

Die Zuchtruthe der göttlichen Gerechtigkeit ist wach worden über den Nationen und die strafende Hand des Herrn ist ausgestreckt wider sie, weil sie es versäumt haben, Ihm zu dienen im Glauben und heiliger Furcht und verschmäht haben, sich zu erkennen allesammt als ein Eines und einiges Volk in Seiner heiligen Kirche. Den blinden Heiden gleich wissen sie in der Eitelkeit ihres Sinnes nur von den Göttern des Landes, in dem sie geboren sind, und haben sie schmählich zerrissen das Band der geistigen Wiedergeburt, das sie in Einheit umschlungen hat. Sie sind abgeirrt von dem Wege, der zum Heile führt,

---

*) Der Autor bringt hier die von ihm abgefaßte und Sr. Heiligkeit in lateinischer Sprache zugesendete Adresse, nachdem diese aus uns nicht erforschbaren Gründen von dem Herausgeber sämmtlicher Adressen an Pius IX. nach Gaëta nicht veröffentlicht wurde.

von der Wahrheit, die den Frieden bringt, von dem Einen Leben, das Alle belebt in Einem Geiste, denn sie haben Christus verläugnet, welcher der Weg, die Wahrheit und das Leben ist. Nicht erfassen sie sich als das auserwählte Geschlecht, das königliche Priesterthum, das heilige Volk, das erworbene Volk, auf daß sie die Tugenden Desjenigen verkünden, der aus der Finsterniß in sein wunderbares Licht uns berufen hat (I. Petr. 2. 9.). Und weil der Glaube klein geworden, und die Verkehrtheit überhandgenommen, ist auch die Liebe erkaltet und der Friede verschwunden, und haßerfüllt und feindselig stehen unter dem welterschütternden Rufe: "Volk gegen Volk" in gräßlicher Fehde die Nationen sich gegenüber.

In diesen traurigen Kampf wollte die Verkehrtheit auch Dich verwickeln, heiligster Vater! Und bei der Würde und Stellung, wornach Du der Stellvertreter des Zeichens bist, dem widersprochen werden wird, stürmten Widerwärtigkeiten auf Dich ein, über die wir aus tiefstem Herzen mit Dir sowohl trauern, als leiden. Dennoch verzagen wir nicht. Denn obgleich die göttliche Vorsehung es zugegeben, daß die Leiden der Kirche in Deinem Leben sich ganz besonders darstellen und gleichsam, wie die Wunden des Heilandes sich abspiegeln, so hat sie doch weder Dich, noch uns ohne Hoffnung gelassen. Denn wir haben eine feste prophetische Rede, daß die heilige Kirche Gottes eben durch Kampf und Trübsal ihrem Triumphe entgegeneilt. In ihr wirst auch Du siegen mit dem Zeichen des Kreuzes, das Du, wie der Heiland, demüthig und sanftmüthig auf Deinen Schultern trägst.

Ja Du hast schon gesiegt. Dem nachfolgend, der Dich zu seinem Stellvertreter auf Erden berufen, bist Du auf den Kampfplatz getreten, und ob auch die Mächte der Finsterniß alle Gewalt brauchten und List auf List, Trug auf Trug häuften, bist Du doch als Sieger aus dem Kampfe hervorgegangen. Dieß aber ist Dein Sieg, den Du errungen — Deine Liebe, mit welcher Du alle Gläubigen Christi, die Glieder der ganzen Kirche umfassest; Deine Liebe, die dem Hasse weder Raum gibt, noch dienen mag; jene heilige Liebe, die im Leben des Erlösers leuchtet und die Welt im Dulden und Leiden überwindet, ist Dein überaus herrlicher Sieg.

Während wir daher bei der Treue, die als Deine Söhne an Dich uns bindet, nicht umhin können, zu trauern mit Dir, freuen wir uns zugleich, den Sieg schauen zu dürfen, den Du errungen hast.

Möge daher dieses erste freie Wort der Liebe, das uns zu sprechen vergönnt, den Weg finden zu Deinem Herzen, und wenigstens mit einigem Trost es erfüllen, indem es Dir Zeugniß gibt, daß wir Deine treuen Söhne geblieben. Denn — konnte zwar geraume Zeit hindurch in unsern Landen der freie Verkehr gehemmt werden, durch welchen Priester und Gläubige Gemeinschaft pflegen mit ihrem Haupte, dem Stellvertreter Christi, so konnte es doch unserm Herzen nicht verwehrt werden, seinem Zuge nach jenem heiligen Sitze zu folgen, von Dem die Einheit ausgeht. Weder Mißgunst, noch Bosheit, noch List und Schlauheit der Feinde des heiligen Primates der Kirche konnte unsere treue Liebe zu

Dir, Vater der Väter! bisher vermindern. Ebenso werden aber auch keine Künste, von wem immer sie ausgehen, und keine Hindernisse, von wem immer sie uns in den Weg gelegt werden mögen, ein Hemmniß für unsere kirchlichen Bemühungen sein. Wohin Du immer, heiligster Vater, Deine Schritte lenken mögest, werden unsere Herzen Dir folgen. Was immer die göttliche Vorsehung mit Dir verfügen und wohin immer sie Dich rufen mag, wirst Du im Geiste uns mit Dir haben. Und jeden Tag, den der Herr der Ewigkeit uns erleben läßt, bitten und beschwören wir Ihn, der da ist der Vater der Barmherzigkeit und der Gott alles Trostes, daß Sein Joch Dir sanft, und Seine Bürde Dir leicht werde, und daß Er die Kraft von Oben Dir ertheile, der Du auch unsere Stärkung bist, weil wir, wie die Glieder mit dem Haupte, Dir verbunden sind.

Es stärke und wird uns stärken jenes erhabene Wort, das Du in Deinem Leben sowohl ausprägst, als predigst: „Der Schüler ist nicht über den Meister." (Matth. 10. 24.) Und:

„Haben sie Mich verfolgt, so werden sie auch euch verfolgen." (Joh. 15. 20.)

Daher werden wir nicht minder in der Trauer als in der Freude, sowohl in Nöthen und Trübsalen, als im erwünschten Frieden der Kirche, indem wir jene Gelöbnisse der Treue und des Gehorsams, welche die zu Würzburg versammelten Bischöfe dem heiligen Stuhle abgelegt haben, zu den unsrigen machen, unerschütterlich an dem nothwendigen Mittelpunkte der kirchlichen Einheit festhalten und sowohl jeder für sich, als in Vereinigung mit den Gläubigen zum Erhalter und Lenker der Kirche ohne Unterlaß beten: „Der Herr erhalte Dich und verleihe Dir Leben und Heil auf Erden und übergebe Dich nicht in die Hände Deiner Feinde."

Zu Deinen Füßen knieend, flehen wir endlich, heiligster Vater, nach der Fülle Deiner zärtlichen Liebe sowohl für uns, als für die Gläubigen in Demuth um Deinen väterlichen Segen.

Wien in Oesterreich, am Feste der heiligen Jungfrau Scholastika, im Jahre des Heils Eintausend achthundert vierzig und neun.

(Folgen die Unterschriften.)

Eine Strafanstalt unter Leitung der barmherzigen Schwestern.

Jene "Ementen," welchen Christus der Gekreuzigte ein "Aergerniß" und "eine Thorheit" ist, und die durch jedes christliche Institut sich schon im Vorhinein beleidiget fühlen, haben in jüngster Zeit gegen alle Anstalten der christlichen Charitas sich verschworen und das Volk gegen dieselben mit allen schmählichen Mitteln gehässiger Lüge und Verleumbung aufzuhetzen gesucht.

Schreiber dieses, der eben in Lankowitz bei Köflach in Untersteiermark war, vernahm, daß hier eine große Strafanstalt für weibliche Sträflinge unter Leitung barmherziger Schwestern sich befinde; da wollte er mit eigenen Augen sehen, wie es denn in einem solchen Institut zugehe. Er ersuchte nun den Pfarrer im Franziskanerkloster zu Lankowitz, derselbe möge ihn der Oberin des Hauses vorstellen. Diese ist eine geborene Baronesse Lazzarini; sie mag ungefähr 30 Jahre alt sein; die feine Bildung einer Dame aus gutem und reichem Hause findet sich bei ihr mit der Demuth und Bescheidenheit der Klosterfrau in einem angenehmen Einklange. Der Bitte, von der inneren Einrichtung des Hauses sich unterrichten zu dürfen, wurde mit großer Bereitwilligkeit sogleich nachgekommen. Die Oberin wußte durchaus nicht, daß ein Besuch komme. Sie führte mich vorerst in Begleitung der „Kerkermeisterin" in die Küche. Diese Kerkermeisterin, ebenfalls eine barmherzige Schwester, ist eine kleine schmächtige Person, mit einem sehr friedlichen und einnehmenden Gesichtsausdrucke; also durchaus von jener Vorstellung verschieden, die man sich gewöhnlich zu machen pflegt, wenn man das Wort „Kerkermeisterin" vernimmt.

Die Oberin sagte zu mir: „Die Küche, d. h. die Kost der Gefangenen, ist den meisten Angriffen ausgesetzt, darum führe ich Sie gleich zuerst in die Küche, und Sie mögen sich überzeugen, wie die Speisen beschaffen sind, welche hier die Gefangenen bekommen." Ich versuchte auf diese Aufforderung hin die Kost der Gefangenen, dann die der Kranken — welche die gleiche ist, wie sie die barmherzigen Schwestern selbst bekommen — und ich gewann einmal die Ueberzeugung, daß der vierte Theil der Gefangenen in ihrer Freiheit gewiß nicht so reinliche und gut gekochte Speisen bekommen haben, als ihnen solche hier verabreicht werden; und dann möchte ich vom Herzen wünschen, daß Gefangene auch in jenen Häusern eben so gut mit Nahrung versorgt werden möchten, die weltlicher ökonomischer Fürsorge anvertraut sind. Die ganze Küche wird von zwei Schwestern besorgt. Gefangene haben nur Wasser, Holz und Kohlen herbeizuschaffen, und die Küchengeschirre zu spülen — die ganze Kocharbeit haben ausschließlich nur diese zwei Schwestern übernommen.

Die Regierung bezahlt durchschnittlich für jede Gefangene und auch für jede barmherzige Schwester pr. Kopf einunddreißig einen halben Kreuzer, und von diesem Betrage und von der Arbeit der Gefangenen muß das ganze Haus, d. h. müssen alle Theile der gesammten Verpflegung für die ganze Regie und für alle Gefangenen (an 230) bestritten werden. Nun sind 31½ Kreuzer ö. W. nach unseren gegenwärtigen Geldumständen 4⅓ Silbergroschen preußisch, oder auch ehemalige Konventionsmünze in Silber! Für die Schwestern und die Gefangenen muß nun Gewand, Speise, Beheizung, Arzt, Apotheke, Hauseinrichtung — kurz, Alles in Allem bestritten werden.

Hierauf ging es in das Webezimmer. Ungefähr 12 Sträflinge weben hier Linnen und Wollenzeuge. Beim Eintritte der Oberin in jedes dieser Arbeitszimmer erheben sich sämmtliche Sträflinge und sprechen: „Gelobt sei Jesus Christus." Die Oberin erwiedert: „In Ewigkeit." In jedem Arbeitszimmer ist ein Kruzifix oder ein Bild der seligsten Jungfrau, oder auch eine andere Heiligenstatue. Stellen der heiligen Schrift, welche auf die Gefangenen und ihr gegenwärtiges Loos eine tröstliche und erhebende Beziehung haben, sind an den Wänden in den Zimmern und Korridoren allenthalben zu lesen. Die Religion bewahrt die unglückliche Verbrecherin vor Verzweiflung — in der Reue findet sie ihre Versöhnung mit Gott, dem Beleidigten, wieder. Das Alles soll nun abgeschafft — und der arme Mensch, der durch Noth, vielleicht auch durch schlechte Bücher oder Zeitungen zum Verbrecher geworden — soll nun nach dem Willen derselben schlechten Bücher und Zeitungen wie ein wildes Vieh, ohne den Trost der Religion an seine Kette geschmiedet und der hellen Verzweiflung überlassen werden! Das ist der Wille moderner Volksfreunde, wenn sie auch heuchlerisch vorgeben, ihnen sei es um pure und geläuterte Humanität zu thun. Nun bringt man aber mit den Doktrinen der Humanität die Wuth gegen die bestehende Gesellschaft, mit welcher der Verbrecher zerfallen ist, nicht aus seinem Kopfe heraus; denn die Humanität ist ein ganz blödes Wort, das gar keine Bedeutung hat. Die Heiden haben die Humanität auch in hohem Grade besessen und doch dabei ihre Sklaven todtgeschlagen und dieselben in die Fischbehälter geworfen, weil die mit Menschenfleisch gefütterten Fische besonders schmackhaft sein sollten — wie es nämlich die heidnischen Feinschmecker sich gegenseitig versichert haben.

Nun ging es in die Wäschekammer. Rings auf Stellen liegt die Leibwäsche der Gefangenen; jedes Stück ist mit einer Nummer gemerkt. Jede Gefangene bekommt drei Hemden und die andere Wäsche im Verhältnisse zum Wechsel. Die Schlafsäle sind reinlich und werden an kalten Wintertagen sogar geheizt. Jedes Bett besteht aus einem Strohsack, einem Linnentuch darüber, einem Polster und einer wollenen Decke. In der Waschkammer besorgen die Gefangenen die Reinigung ihrer Wäsche. In der Backkammer wurde eben geknetet und der Backofen war geheizt. Jede Gefangene erhält täglich ein Pfund Brot; Jene, die schwer arbeiten, bekommen mehr, und Jene, die zur Stillung des Hungers damit nicht ausreichen und um Brot bitten, wenn sie ihre Portion verzehrt haben, erhalten auch mehr! Manche der Gefangenen machten das aufrichtige Geständniß, daß es ihnen hier in ihrer Haft in Bezug auf leibliche Nahrung besser ergehe, als es ihnen in der Freiheit ergangen ist. Die Schlafzeit dauert von ¾ auf 8 Uhr Abends bis 5 Uhr Morgens. Da gibt es ferner Zin=

mer, in denen feine Wäsche genäht — andere, in denen Kirchenwäsche gestickt — wieder andere, in denen der Bedarf an Schuhen von den Gefangenen selber hergestellt wird. Eine Schwester lernte förmlich das Schuhmachen, und diese unterrichtet dann eine Anzahl der Gefangenen und der Zwänglinge darin. Zwänglinge werden Jene genannt, die wegen Arbeitsscheu oder Vagabundiren in die Anstalt geschickt werden, diese werden natürlich viel leichter, denn sie werden nicht als Verbrecher behandelt. Auch findet sich da eine eigene, ganz gute Hausapotheke; eine Schwester ist geprüfte Apothekerin und macht behende nach der Visite des Doktors die Arzneien in einem eigenen Laboratorium. Gemüse werden in den Gärten des Hauses gezogen. Die Milch liefert ein kleiner Meierhof von sechs Kühen. Die Kapelle, in welcher täglich von dem Seelsorger des Hauses (einem Franziskaner des in der Nähe liegenden Klosters Lankowitz) der Gottesdienst gehalten wird, ist besonders sorgfältig geschmückt. Auf der Epistelseite neben dem Altar steht ein lebensgroßes Bild des Heilandes; die

Hände sind mit Ketten an eine Säule gebunden, der Spottmantel hängt um seine Schultern. Die Gefangenen sehen in diesem Bilde der Unschuld und Liebe den Kerker und die Haft gewissermaßen zu Ehren gebracht, und sie mögen im Anblicke des Gerechten, der hier gefesselt vor ihnen steht, gewiß mit um so größerer Geduld ihr Loos ertragen, wenn sie bedenken, daß sie es für ihre Vergehen sich selber zugezogen haben, und wenn sie die heilige Versicherung an ihre Seelen herankommen und in dieselben eingehen lassen: daß sie durch das geduldige Ertragen ihres Geschickes um Gottes Willen und zur Sühnung seiner heiligen Gerechtigkeit wieder Gottes Kinder und in sein Wohlgefallen aufgenommen werden, und daß die Möglichkeit da ist: durch aufrichtige Reue die Schmach, welche sie hier zu erleiden haben, für ewige Zeiten zu tilgen!

In einer eigenen Kammer hängen die Ketten und Fußeisen für jene Gefangene, denen der Urtheilsspruch diese Erschwerung ihrer Strafe auferlegt. Ich sah die Eisenbänder, die an die Fußknöchel zu liegen kommen, mit einem Geflecht aus Hanf umsponnen; diese Erleichterung des Bandetragens haben die barmherzigen Schwestern aus eigenem Willen unternommen. Wir hoffen, daß kein strenger Gesetzmann daran einen Anstoß nehmen wird, meinen aber, diesen Akt der Fürsorge für die armen Unglücklichen besonders erwähnen zu sollen.

So habe ich die Strafanstalt in Lankowitz gefunden, und ich kann mit einem ehrlichen Namen für meinen Bericht einstehen; die Schmäher ähnlicher Anstalten ziehen es vor, ihren Namen zu verschweigen; auch wollen sie sich nicht durch den Augenschein überzeugen, wie derlei Anstalten eigentlich und in Wahrheit aussehen, denn es ist diesen Herren um die Wahrheit nicht zu thun.

Ich fragte die Oberin, ob ich die Redakteure und Berichterstatter von Zeitungen, die bisher über Strafanstalten unter geistlicher Leitung geschmäht haben, auffordern dürfe: dieselben mögen zu jeder Tagesstunde an jedem beliebigen Tage nach Lankowitz kommen und sich selbst überzeugen, wie es hier zugehe.

Die Frau Oberin erwiederte: „Jeden, der eine Anweisung von Ihnen bringt, und den Erlaubnißschein zum Besuche von Seite der k. k. Statthalterei in Steiermark für den Eintritt sich erwirkt und denselben vorweist, werde ich mit Vergnügen in allen Theilen des Gefangenhauses herumführen und seine Fragen über die Zustände dieses Hauses beantworten. Wem es um Wahrheit zu thun ist, der möge immerhin kommen."

Sollte es nun einem Herrn Redakteur oder Berichterstatter um einen wahren Bericht zu thun sein, so wird der Gefertigte demselben einige Zeilen an die Frau Oberin in Lankowitz mitgeben; hat er sich dazu die Erlaubniß der besagten k. k. Statthalterei eingeholt, so mag er denn jeden beliebigen Tag nach Lankowitz kommen, und er wird die Ueberzeugung gewinnen, daß es die Gefangenen mindestens in keiner weltlich geleiteten Strafanstalt besser haben, daß nirgends auch für ihre sittliche Erhebung, die nur auf Grundlage der positiven Religion möglich und haltbar ist, mehr gesorgt wird, und daß die Schwestern, von denen viele aus guten Häufern sind, hier in diesem ihrem Berufe ein großes und schweres Opfer um Gottes willen bringen; denn um den Lohn der Welt, d. h. um Schimpf, Lüge und Verläumbung aller Art einzuernten, sperrt man sich nicht freiwillig mit den Gefangenen ein.

Die Oberin — eine feingebildete Frau, über deren Antlitz die Anmuth echt christlicher Liebe und sittlicher Reinheit ausgegossen ist — wird jede Frage über die Leitung des Hauses in ungekünstelter Bescheidenheit beantworten.

Wer also ein wahres Urtheil über ein Institut dieser Art sich bilden und für Andere aussprechen will, dem ist die Gelegenheit hierzu dargeboten.

Wir wollen sehen, ob Einer von den Belehrern des Volkes von dieser Gelegenheit Gebrauch machen will.*)

Stift Rein, in Steiermark, den 30. Aug. 1862.

Sebastian Brunner.

---

*) Es sind seither über drei Jahre vergangen, und keiner der Aufgeforderten wollte von obiger Gelegenheit Gebrauch machen!

Inhalt.

	Seite
Das polnische Rom	1
Eine Fahrt ins Krainerland	34
Kleine Reisebilder von 1863	49
Herbstblätter von 1863	81

Gedanken über religiöse und sociale Zustände und Vorurtheile.

1. Ein öder Spaziergang	105
2. Inmitte der Gräber	112
3. Glauben und Nichtglauben	118
4. Mensch und Vieh	121
5. Die sogenannten „ehrlichen Männer"	129
6. Leichen Armer und Reicher	133
7. Ja, die Geistlichen selbst	146
8. Sind also Alle, die nicht in der katholischen Kirche leben, verdammt, wenn die Kirche die alleinseligmachende ist?	153
9. Alle Religionen sind gut	159
10. Nur naturgemäß leben!	165
Aus dem Leben eines neuen Philosophen	170
Ein fürchterlich abgebrannter Philosoph	193
Ein noch fürchterlicher abgebrannter Philosoph	200

	Seite
Betrachtungen über Heine in der Zeit vor und nach seinem Tode.	
1. Heinrich Heines Apotheose	211
2. Romancero von Heinrich Heine	214
3. Der neujüdische Augustinus	219
4. Ein Bekenntniß von Heine	222
5. Eine Vertheidigung Heines	226
6. Wie die Reform-Juden in Wien Heine vergöttern	227
7. Das nennt man belehrt	230
8. Wichtigthuerei und Unbedeutendheit	241
9. Geständnisse schöner Seelen	253
Der komische Cultus des Genius	262
Der große Bann über die Juden	274
Erinnerung an den Archäologen Marchi S. J.	276
Drei noch nicht veröffentlichte Briefe des Helden von Leipzig, Fürst Karl von Schwarzenberg	282
Ein lateinischer Dichter des Mittelalters	291
Unsere Rechtszustände in der Tagespresse	259
Eine Abwehr gegen die brutalen Angriffe der „Presse"	300
Gedanken während der Revolution 1848	
Das einige Deutschland	309
Der Proletarier	320
Gespräch mit einem Todtengräber	328
Mein Verkehr mit armen Schulgehilfen	337
Aufklärung und Verdummung	348
Schlagwörter	355
An Pius IX. in Gaëta vom Clerus der Wiener Diöcese	366
Eine Strafanstalt unter Leitung der barmherzigen Schwestern	372

www.ingramcontent.com/pod-product-compliance
Lightning Source LLC
Chambersburg PA
CBHW032012220426
43664CB00006B/222